초·중등 예비교사, 현직 교사를 위한

수학교육 및 교재론

신현성 지음

教友社

P·R·E·F·A·C·E

이 책은 최근의 교수학습이론을 학교현장에 효율적으로 적용하는 문제를 주의 깊게 다루었기 때문에 최근까지 개발된 이론을 수학과 교재연구에 직접 활용하는 연계성을 강조하였다. 우리 교사들은 교실 수업에서 교수학습 이론과 수학교재영역(예를 들면 수와 연산)을 따로 분리해서 생각하지 않고 수업에서 두 관점을 통합하려고 하는데 이 점은 매우 바람직한 교실 현상이다. 따라서 이러한 경향에 알맞은 전문서적이 나와야 하고 이 책이 이를 최대한 반영했다고 본다. 다만 지면의 제약 때문에 책에서 제시한 이론과 기법을 구체적으로 수업에 활용하는 동영상의 양이 너무 많아 이 책에 넣지 못하였으나 개발된 수업 동영상을 출판사를 통해 볼 수 있을 것이다.

이 책은 8개의 단원으로 구성되었고 각 단원에는 수학교육의 교수학습이론과 교재내용이 함께 있어, 독자가 이론을 교재에 바로 활용하여 이론의 이해는 물론이고 자신의 창의적인 수업 아이디어를 실천해보도록 했다. 1장에서는 교수요목 선정의 기법을 이론적 탐구에 국내외 이들 요목의 선정결과를 비교했으며, 2장에서는 수학의 교수학습이론을 고전적 이론에서부터 최근의 비고우스키의 구성이론 및 후기 구성주의인 상황학습의 이론까지 폭넓게 이들 이론의 교육적 의미를 논의하였다. 물론 이들 이론에 바탕을 둔 수업동영상도 개발되어 동영상을 보면서 이론을 이해하려는 독자들에게 도움을 주려 했다. 3, 4장에서는 개념학습과 개념의 계열구성에 알맞은 이론탐구와 이를 수와 연산에 적용하는 공간을 마련하였고, 5장에서는 교육과정의 기하영역에 기하교수학습의 이론을 접목시켰다. 6, 8장에는 계산절차와 평가에 대한 이론탐구를 거쳐 각각 측정영역, 확률영역의 교재에 이를 반영하였다. 7장에서는 교육과정의 모든 영역에 문제해결을 어떻게 활용할 것인가를 논의하였다.

학교현장에서 수학지도에 관련된 수업모형을 개발하고 교재를 창조하는 활동은 매우 중요함을 우리는 잘 알고 있다. 일부 수학교사들 중에는 교수학습이론은 학교교육에 별 도움이 되지 않는다고 말한다. 그러나 확실한 점은 이들 이론은 많은 학생들을 대상으로 계속해서 실험하고 그 결과를 관찰했다는 점이다. 끝으로 이 책이 나오기까지 적극적인 후원을 아끼지 않으신 교우사 오판근 사장님과 직원들에게 감사를 드린다.

2010년 1월

저자 씀

Chapter 1
수학의 본질, 수학내용의 선정

01

수학의 본질

인간의 마음을 표현한 수학은 인간의 의지, 심사숙고한 추론, 미적가치의 추구를 반영하며, 기본요소로 논리, 직관, 해석과 구성, 일반성, 개별성을 밑바탕으로 한다. 여기서 일반성은 그림에서 설명할 수 있다. 아동들은 사각형, 오각형의 대각선 의수 2, 5를 구한 학생은 "n각형의 대각선의 수는 얼마인가?" 라는 질문에 접하고 패턴을 알아보고 $\frac{n(n-3)}{2}$라 대답한다. 이것들의 특징은 지향하는 목표가 서로 다를 수 있지만 수학자들은 이들을 통합하고 조절하여 인간생활에 유용하게 쓰이도록 만든다.

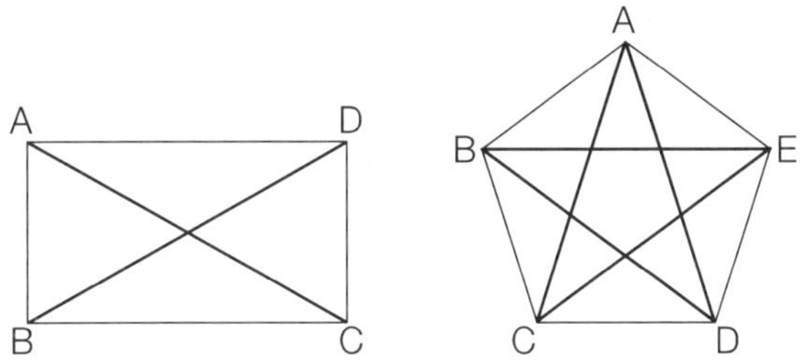

일단 생활에 유용한 측면으로 만들어진 수학(예, 땅의 측량을 위해 피타고라스정리)은 결국 순수이론적인 면으로 발전되어간다. 이점이 엔지니어, 물리학자들이 수학의 발전에 크게 공헌을 한 이유이다. 기록에 의하면 B.C 2000년경에 바빌로니아 사람들은 오늘날 초급수준의 대수에 대한 많은 자료를 가지고 있었다고 한다. 그러나 오늘날 수학의 기초는 B.C 4세기 또는 5세기경 그리스에서 발전해 왔다고 본다. 그리스는 페르시아 왕국의 초기부터 알렉산드리아 시대까지 폭넓게 동양의 문화와 교류를 하였고, 수학을 곧 그리스 여러 도시에서 철학적인 논쟁의 중심에 서게 했다.

그리스인들은 수학적 개념인 연속, 운동, 무한, 측정에서 단위사용의 이해에 많은 어려움이 있음을 깨달았고, 수학에 새로운 기법인 공리론적 방법을 적용하려고 했다. 이를 반영한 결과가 유클리드 원론임을 우리는 알고 있다. 이후 공리론적방법은 수학의 중요한 성격으로 발전되었지만 그들은 실세계와 연결된 수학도 발전시켰다. 그들은 같은 표준으로 잴 수 없는 양에 관련된 어려움을 일찍 느낀 관계로 수의 발전에 관심이 적은 반면 기하에 공리론적 방법을 도입하는 데 많은 시간을 투자했다. 2000년 동안 그리스의 기하가 수학의 중심학문으로 자리 잡으면서 자연스럽게 수의개념과 대수적조작의 혁신은 더디게 진행되었다. 17세기에 들어오면서 해석기하와 미적분이 나오면서 수학의 혁명이 일어났으며, 엄격성과 공리론적 방법에 이은 증명의 강조가 퇴조하고 직관, 추측 등과 같은 다소 엄밀성이 떨어진 수학의 발전이 있었다. 그러나 19세기 프랑스 혁명을 맞이하면서 새수학의 정신으로 복귀하였고, 그리스 수학의 공리론적 방법, 논리적 엄밀, 추상성의 탐구로 회귀하였다. 지금 우리세대도 이러한 분위기에 쌓여있으며 순수수학과 응용수학의 균형된 이해를 바라고 있다. 엄밀한 공리론적 방법을 강조한 순수수학을 지나치게 강조하면 수학의 구성, 직관, 동기유발과 같은 중요한 면이 소홀히 되는 위험에 빠진다. 그렇게 되면 수학이라는 학문은 수학을 사랑하는 많은 사람들의 관심 밖에 머물게 된다. 지나친 논리적 해석을 수학의 모든 영역에 적용하기보다 이미 개발된 수학의 여러 개념에 대한 깊은 이해와 개념간의 연결 등이 현대수학의 관점에서 올바른 접근이다. 이상의 간단한 요약에서 학생을 상대로 수학을 가르치는 수학교육자들은 수학을 구성과 해석(또는 구조)으로 보려한다. 먼저 해석의 의미를 점, 선, 면에서 설명하여보자. 해적적인 관점으로 점, 선, 면을 지도하려면 다음과 같은 순서로 학생들에게 설명한다.

오른쪽 그림과 같이, 한 선 위에는 무수히 많은 점이 있다.

또, 아래 그림과 같이 한 면 위에는 무수히 많은 선이 있다.

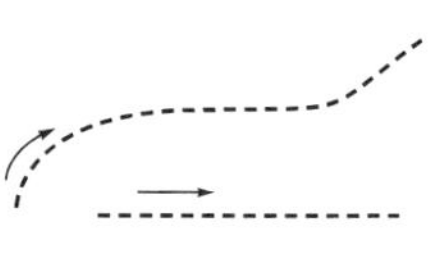

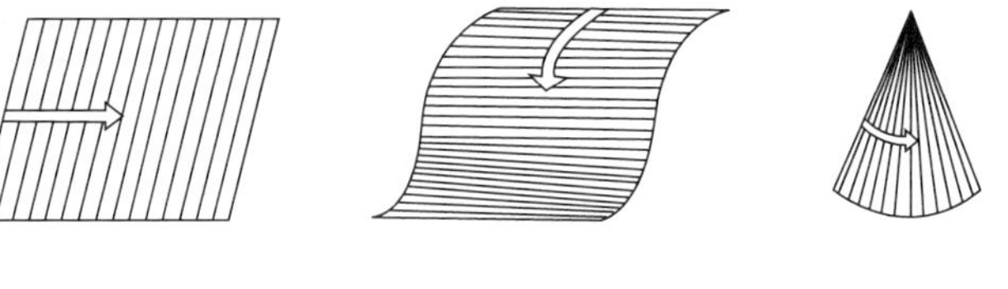

위의 그림과 같이 점이 움직이면 선이 되고 선이 움직이면 면이 된다.

그러나 구성적인 관점에서는 무정의 용어 "점"을 그림과 같이 학생들이 늘보는 아파트단지의 자기집을 표현하는 수단으로 본다.

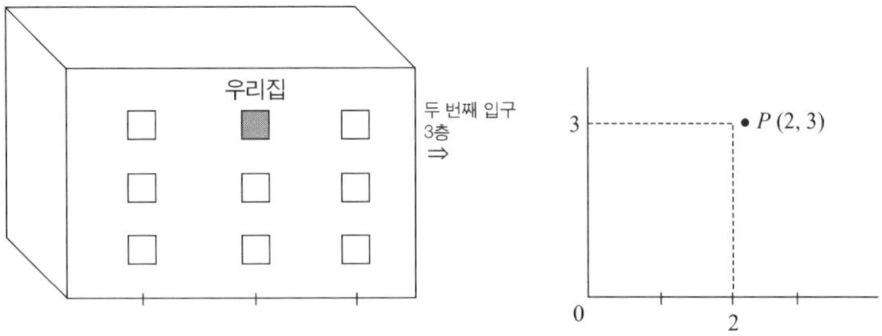

이와 같이 교실에서 수학의 개념을 구성적으로 보아야 할 때가 많다. 이유는 다음과 같은 상황이 자주 일어난다.

T : 그림에서 두 점 A, B를 지나는 직선은 몇 개인가?

S : 6개입니다. 7개입니다. 무수히 많이 있습니다.

이 상황은 NCTM에서 어느 중학교의 수학선생님이 발표한 상황으로 많은 학생이 점은 크기와 면적이 있는 것으로 알고, 점이 굵으면 두 점을 지나는 직선은 많음을 답안지에 써낸 것이다.

수학사를 관찰하면서 우리는 수학은 많은 사람들에게 많은 의미를 준다는 것을 알았다. 즉, 지식의 조직, 아이디어의 추상적인 시스템, 유능한 도구, 세계를 이해하는방법, 연역적인 추론 시스템, 미학적인 경험과 창의성 등이다. 이들 활동을 크게 나누면 수학은 지식을 조직한 몸체(결과)이면서 창의적인 활동(과정)으로 분류하기도 한다. 아래 보기에서 추상하는 과정, 구성 과정 등은 과정을 의미하고 해석적인 관점을 결과로 본다. 이렇게 분류하는 이유는 수학을 지도하는데 유용하기 때문이다. 보통 학교에서는 수학의 결과 측면을 강조한다. 다음을 보자.

어떤 도형의 한 꼭짓점에서 출발하여
(1) 연필을 떼지 않고
(2) 같은 변을 두 번 이상 지나지 않고 그 도형을 그리는 것을 한붓그리기라 한다.

다음 물음에 답하여라.

(물음 1) 순찰자는 두 지역의 중요지점 4지점을 연결하는 도로망을 이용하여 모든 지점을 통과하는 순찰을 계획하고 있다. 모든 지점간 임의의 도로들 한번씩만 통과하려 돌아오려 한다. 가능한가?

(물음 2) 다음 그림은 두지역의 중요지점과 도로망을 점과선으로 나타낸 것이다. 이 그림에서 선은 도로, 점은 지점을 나타냈다. 임의의 선을 한번만 통과하고 모든 지점을 지날 수 있는가?

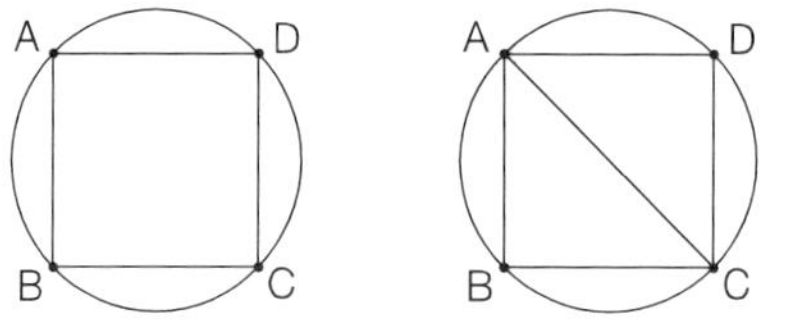

(물음 3) 위에서 한붓그리기가 가능 도형의 특징을 일반적으로 말하여라.
학생들은 물음 3에서 다음과 같은 학생의 대답이 있을 것이다.

(1) 홀수점이 없는 도형은 어떤 꼭짓점에서 출발해도 그 출발점에서 끝나는 한붓그리기가 가능하다.
(2) 홀수점이 2개 있는 도형은 한 홀수점에서 출발하여 다른 홀수점에서 끝나는 한붓그리기가 가능하다.

산출을 중시하는 교사는 앞에서 맨 마지막 일반화 (1), (2)를 설명하고 보기를 들어 줄 것이며, 그러나 과정을 중시하는 교사는 물음 (1),(2),(3)을 매우중시하고 학생들과 질문을 통해 물음(3)을 자발적으로 대답하게 한다. 때문에 의사교환이 활발하게 이루어지지 않으면 과정을 효과적으로 지도할 수 없다. 수학사를 통해 수학의 본질을 산출 · 과정의 측면으로 논의했지만 좀 더 교육적인 시각으로 수학을 볼 수 있다. 이들을 나열하면 다음과 같다.

(1) 수학은 의사소통의 수단을 학생들에게 주며, 컴퓨터 기술은 이 수단을 강화시켜 준다.

(2) 수학은 지적인 활동을 강화시켜 준다.

수학은 높은 통합적 구조를 가진 독특한 학문이다. 다시 말하면, 지식구조가 지극히 계통적이면서 논리적 추론을 통해 엄격하게 지식을 창출하는 구조를 가졌다. 이러한 힘을 과학 쪽에서 자주 본다. 예를 들면, 태양계에서 여덟 번째 행성인 해왕성은 1846년 이전에는 발견하지 못하였는데, 이 행성은 지구에서 너무 멀리 떨어져 있어 보통 망원경의 기법으로는 힘들었기 때문이었다. 천문학자 르비리에(Leverrier)는 태양계의 일곱 번째 해성이고 공전주기가 84.02년인 천왕성 운동에 불규칙성이 있다는 사실을 알아냈다. 그는 수학적인 계산을 함으로써 이러한 편차가 다른 행성의 만유인력에 의하여 이루어진다는 사실을 발견했다. 이 사실에 바탕을 두어 거리계산을 하였고, 이결과를 그 해성을 관찰하던 친구에게 주면서 정확한 위치를 지적해 주었다(Aleksandrow, 1963).

(3) 수학은 유용하다.

수학이 과학, 경제, 공학 등에 유용하게 활용이 되는 경우를 자주 본다. 또 지진의 강도, 소리의 강약, 환경 등에 이용됨으로써 우리 생활에 수학이 가까이 있다는 것을 알 수 있다. 그러면, 우리는 직장인으로 어떤 수학적 활동을 하는가? 몇 가지를 열거하면, 첫째는 직장 또는 사회생활에서 해결해야 할 과제를 수학적 문제로 설정할 수 있고, 둘째는 직장에서 생기는 수학적 또는 과학적인 문제에 다양한 해결방법을 접근시킬 수 있고, 셋째는 실세계 문제를 해결하는데 다른 사람과 같이 상호협력을 할 수 있다. 이상에서 수학의 본질을 여러 관점으로 분석하였다. 그러면 우리 교육과정은 수학의 다양함을 교육과정에 어떻게 반영시켜주는가? 이에 답하기 위해서는 초, 중등학생들을 위해 어떤 내용을 선정하고 어떤 방법으로 이들을 지도하는가?를 살펴보아야 한다.

수학은 구조의 연구라 해도 좋은데 어떻게 이 구조가 인간에 자리 잡게 되느냐?는 오랫동안 교육, 심리의 연구문제였다. 중요한 점은 구조는 개인의 경험 속에서 재조직이 된다는 것이며, 이러한 경험은 피아제의 관찰에서 본 것처럼 구체물 조작에서 본 경험이 주가 된다. 실제로 7살과 11살 사이에서는 가설적 경험이 아닌 구체적 조작이라는 경험에서 수학의 구조가 만들어진다고 그는 말한다. 일반 수학적 구조가 학생들의 머릿속에 들어오면 구조 내의 개념관계 또는 구조와 구조사이의 관계가 탐구된다. 중요한 점은 구조의 발생초기에는 해석적 방법으로는 구조를 만들지 못한다는 점이며 조합의 개념이 초기에 학생들에게 형성될 때는 공식 $\binom{n}{r}=\dfrac{n!}{r!(n-r)!}$ 으로부터 형성이 되지 않고, 실생활 소재에 관련된 구체적 활동(경험)으로부터 온다는 것이다. 즉, 어른방법의 사고는 학생들에게는 구조를 만드는 데 오히려 독이 된다. 결과적으로 말해서 학생들의 구조획득의 초기에는 구성적이지 해석적이 아니라는 것이다.

구성은 수학의 이해에 밀접하게 관련되어 있다. 앞에서 점의 교육을 어떤 방식으로 지도하는가를 논하였지만 이번에는 면의 경우를 보자. 어떤 교실에서는 면을 지도할 때 우리 마을의 지도를 가져와 다음과 같은 질문을 한다.

> 학생들이 지도에는 교회, 학교, 소방서가 위치해 있다. 새로 이사 온 우리집은 교회에서 am, 소방서로부터 bm, 학교로부터 cm 떨어진 공통(겹치는) 영역 내에 집을 지으려한다. 연필로 이 영역을 빨갛게 색칠하여라.

이 지도에 교사는 색칠한 부분을 면이라고 설명할 것이다. 앞의 수학사에서 읽은 대로 수학은 만들어가는 과정을 강조하는 구성과 공리론적 방법에 의한 엄밀한 추론을 동반한 결과를 강조하는 해석방식이 시대에 따라 반복이 되었다는 것을 알았다.

이 사례에서 교사는 점, 면의 개념이 교실에서 어떻게 추상이 되고 있는지 보여주고 있다. 그는 교과서에서 점의 수준에 해당하는 내용을 구성적으로 추상하는 과정을 학생들에게 경험시켜준다. 원래 추상은 서로 다른 사건 중에서 공통된 성질을 얻어내는 것을 말하며, 이러한 추상에서 얻어진 결과를 기호로 나타낸다. 일단 기호로 추상화를 표기했다면 다른 추상을 생각한다. 즉, 생각의 범위를 점점 확장하는데 이 과정을 일반화라 한다. 앞에서 점의 개념을 추상한 학생은 선, 면의 개념도 차례로 이해하고 다음과 같은 문제해결의 상황에서 원에대한 어떤 성질을 얻을 수 있다.

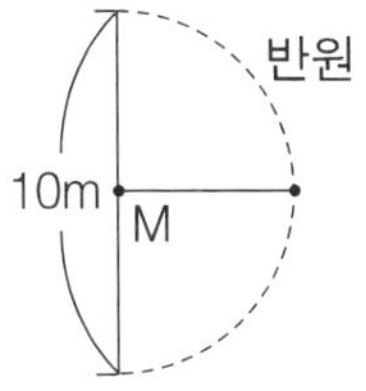

염소가 10m 벽면 중점 M에서 5m 길이의 줄에 묶여있다. 염소가 걸어 다닐 수 있는 영역을 색칠하여라.

지금까지는 많은 전문가가 엄선한 수학내용을 지도하는 방식을 약간 소개했다. 그러면 초, 중등학생들에게 어떤 수학내용을 선정해야 할까? 다음에서 살펴보자.

02

수학내용의 선정

앞에서 수학의 본질을 이야기했다. 그러면 수학의 본질에 알맞은 내용을 어떻게 선정해야 학교 교육에 반영해야 할까? 는 중요한 질문이다. 이를 위해 세계의 모든 나라는 목표를 정하고, 그 목표에 맞게 교수과목을 정한다. 먼저 우리나라의 경우를 보자.

일반 목표

수학적 지식과 기능을 습득하고 수학적으로 사고하고 의사소통하는 능력을 길러, 여러 가지 현상과 문제를 수학적으로 고찰하고 합리적으로 해결하는 능력을 기르며, 수학에 대한 긍정적 태도를 기른다.

1) 초등학교

기초적인 수학적 지식과 기능을 습득하고 수학적으로 사고하고 의사소통하는 능력을 길러, 생활 주변에서 일어나는 현상과 문제를 합리적으로 해결하는 능력을 기르며, 수학에 대한 긍정적 태도를 기른다.

가. 생활 주변에서 일어나는 현상을 수학적으로 관찰하고 조직하는 경험을 통하여 수학의 기초적인 개념, 원리, 법칙을 이해하는 능력을 기른다.

나. 수학적으로 사고하고 의사소통하는 능력을 길러, 생활주변에서 일어나는 문제를 합리적으로 해결하는 능력을 기른다.

다. 수학에 대한 관심과 흥미를 가지고, 수학의 가치를 이해하며, 수학에 대한 긍정적 태도를 기른다.

2) 중학교

기본적인 수학적 지식과 기능을 습득하고 수학적으로 사고하고 의사소통하는 능력을 길러, 사회나 자연의 현상과 문제를 수학적으로 고찰하고 합리적으로 해결하는 능력을 기르며, 수학에 대한 긍정적 태도를 기른다.

가. 사회 현상이나 자연현상을 수학적으로 관찰, 분석, 조직하는 경험을 통하여 수학의 기본적인 개념, 원리, 법칙과 이들 사이의 관계를 이해하는 능력을 기른다.

나. 수학적으로 사고하고 의사소통하는 능력을 길러, 사회 현상이나 자연 현상의 문제를 합리적으로 해결하는 능력을 기른다.

다. 수학에 대한 관심과 흥미를 가지고, 수학의 가치를 이해하며, 수학에 대한 긍정적 태도를 기른다.

3) 고등학교

발전된 수학적 지식과 기능을 습득하고 수학적으로 사고하고 의사소통하는 능력을 길러, 여러 가지 현상과 문제를 수학적으로 고찰하고 합리적으로 해결하는 능력을 기르며, 수학에 대한 긍정적 태도를 기른다.

가. 여러 가지 현상을 수학적으로 관찰, 분석, 조직하는 경험을 통하여 수학의 발전된 개념, 원리, 법칙과 이들 사이의 관계를 이해하는 능력을 기른다.

나. 수학적으로 사고하고 의사소통하는 능력을 길러, 여러 가지 문제를 합리적으로 해결하는 능력을 기른다.

다. 수학에 대한 관심과 흥미를 지속적으로 가지고, 수학의 가치를 이해하며, 수학에 대한 긍정적 태도를 기른다.

위의 일반 목표에는 수학의 본질에서 논한 여러 사항들이 초등적인 표현 방식으로 잘 기술되어 있다. 즉, 생활주변에서 일어나는 현상과 문제를 합리적으로 해결

(수학의 유용성)하고, 수학적 지식과 기능을 습득하고 수학적으로 사고(지적인 활동)하고, 의사소통하는 능력(수학적 의사소통)을 기르며, 수학적 가치를 이해하는 증의 중요한 활동이 빠짐없이 기록되어있다. 현행수학과 교육과정에는 이러한 목표에 알맞게 선택된 교수과목으로 크게 5개영역 – 수와연산, 도형, 측정, 확률과 통계, 규칙성과 문제해결이 잘 정리되어있다. 각 영역에 알맞은 교수과목을 간략하게 정리하면 다음과 같다.

수와 연산

양을 재고, 위치를 정하고, 자료를 수립하고 정리한다든지, 패턴을 연구하려면 수를 알아야 한다. 더구나 자릿값의 이해는 수를 아는데 필수적인 활동이다. 특히, 수 관계는 숫자문제에 대한 해의 합리성을 판단하는 중요한 교수과목이며 앞으로 이해하게 되는 여러 분야의 관계를 이해하는데 중요한 역할을 한다. 그런데 이를 성공적으로 수행하기 위해서는 수에 대한 지식이 필요하다. 이때, 모든 상황에서 수 기호를 가지고 하는 활동은 구체물 조작 또는 구성적 활동과 연결을 한다. 연산의 이해도 매우 중요해서 실세계를 살아가는데 유용하고 앞으로 배우는 대수에서 이 개념이 중요한 위치를 차지한다. 연산지식은 수 지식과 상호작용하면서 실생활 문제해결, 암산이나 지필계산의 개념적 발달을 위한 틀을 제공한다. 현행교육과정에서 수와연산에 관련된 학년별 교수과목은 다음과 같다.

1학년	2학년	3학년
· 100까지의 수 · 간단한 수의 덧셈과 뺄셈 · 두 자리 수의 덧셈과 뺄셈	· 1000까지의 수 · 두 자리 수의 덧셈과 뺄셈 · 세 자리 수의 덧셈과 뺄셈 · 곱셈 · 분수의 이해	· 10000까지의 수 · 네 자리 수의 덧셈과 뺄셈 · 곱셈 · 나눗셈 · 분수 · 소수의 이해

4학년	5학년	6학년
· 다섯 자리 이상의 수 · 자연수의 사칙계산 · 여러 가지 분수 · 분모가 같은 분수의 덧셈과 뺄셈 · 소수 · 소수의 덧셈과 뺄셈	· 약수와 배수 · 약분과 통분 · 소수와 분수 · 분모가 다른 분수의 덧셈과 뺄셈 · 분수의 곱셈과 나눗셈 · 소수의 곱셈과 나눗셈	· 분수의 나눗셈 · 소수의 나눗셈 · 분수와 소수의 혼합 계산

위의 교수요목을 보면 수학사의 발전과정과 그 맥을 같이 했음을 알 수 있다. 고대 이집트, 바빌로니아 시대부터 힌두-아랍시대까지 발전한 기수법을 4학년까지 가르치고, 이후 분수와 소수를 도입하여 0과 자연수와는 다른 수 체제를 도입하려 했다. 실생활에서는 분수와 소수가 자주 사용됨을 우리는 경험한다. 이를테면, 피자 하나를 5명의 학생이 나누어 먹도록 한다든지, 몸무게를 25.8kg으로 말하는 것은 자연스러운 현상이다. 이러한 실생활적인 측면을 떠나서 분수와 소수는 앞으로 공부할 수학의 유리수, 실수를 이해하는 데 꼭 필요한 개념이다.

중 1학년	중 2학년	중 3학년	고 1학년
· 집합 · 소인수분해 · 최대공약수 · 십진법과 이진법 · 정수의 개념과 대소관계, 사칙계산 · 유리수의 개념과 대소관계, 사칙계산	· 순환소수의 의미 · 유리수와 순환소수의 관계 · 근삿값과 오차, 참값의 범위 · 근삿값의 표현 방법	· 제곱근의 뜻과 성질 · 무리수의 개념 · 수직선에서 실수의 대소관계 · 근호를 포함한 식의 사칙계산	· 집합의 연산법칙 · 명제와 조건 · 명제의 역, 이, 대우 · 필요조건과 충분조건 · 실수의 연산 성질, 대소 관계 · 복소수의 뜻과 기본성질 · 복소수의 사칙계산

중등에서는 초등에서 연습한 0과 자연수의 기수법, 분수와 소수를 이용하여 유리수와 실수를 정의했음을 알 수 있다. 이를테면, 순환하지 않은 무한소수를 가지고 무리수를 도입했다든지 분수를 이용하여 유리수라는 수 체계를 만들었다. 한편 0과 자연수 내에서 수의 성질 소수, 합성수, 최소공배수, 소인수분해 등을 탐구한다.

도형과 측정

기하는 실세계를 살아가는 유용한 수단이며, 사고훈련에도 큰 역할을 한다. 또, 실세계를 질서정연한 방법으로 표현하고 설명하는데 큰 도움을 준다. 학생의 공간적 이해는 수학을 학습하는데 활력소로 작용하며 기하적 세계를 이해하고, 2차원과 3차원도형에 대한 특징을 통찰하는 역할을 한다. 역으로 도형사이의 상호관계와 도형의 변화는 공간감각을 기르는데 필요한 요소이다. 측정도 많은 수학적 개념과 기능, 문제해결을 발전시키는데 큰 역할을 한다. 수학사를 보면 측정은 수개념 발달과 밀접하게 관련 있음을 알 수 있다. 이를테면, 분수와 소수를 학습할 때 측정을 활용하는 것은 자연스러운 일이다. 현행교육과정에서 이를 영역을 학년별로 다음과 같이 나열하였다.

1학년	2학년	3학년
· 각과 여러 가지 삼각형 · 다각형의 이해	· 직육면체와 정육면체의 성질 · 합동 · 대칭	· 각기둥과 각뿔의 성질 · 원기둥과 원뿔의 성질 · 여러 가지 입체도형
· 각도 · 평면도형의 둘레 · 직사각형과 정사각형의 넓이 · 어림하기(반올림, 올림, 버림) · 수의 범위(이상, 이하, 초과, 미만)	· 평면도형의 넓이 · 무게와 넓이의 여러 가지 단위	· 원주율과 원의 넓이 · 겉넓이와 부피 · 원기둥의 겉넓이와 부피

4학년	5학년	6학년
· 입체도형의 모양 · 평면도형의 모양	· 기본적인 평면도형질 · 입체도형의 구성	· 각과 평면도형 · 평면도형의 이동 · 원의 구성요소
· 양의비교 · 시각 읽기	· 시각과 시간 · 길이 · 측정값 나타내기	· 시간 · 길이 · 들이 · 무게

위의 교수요목을 보면 초등에서는 실생활에서 관찰을 통하여 모양(각, 직사각형 등)을 추상하고, 이들 분석을 이용하여 성질을 탐구하는 과정으로 짜여져 있음을 알 수 있다. 또 수학사의 발전처럼 도형과 측정(길이, 넓이, 부피)를 통합하여 모양에 대

수를 접목시켰다. 그러나 학문적인 성격(증명, 공리론적 기법)은 중등으로 넘겼다. 덕수궁 돌담에서 평면도형의 문양을 관찰하고, 전통가옥의 문창살에서 도형을 관찰하며 도시에서 평면 위에 입체도형이 다양하게 들어서는 공간을 이해하는 활동이 초등학교에서 강조되고 있다.

중 1학년	중 2학년	중 3학년	고 1학년
· 점, 선, 면, 각 · 점, 직선, 평면의 위치관계 · 평행선의 성질 · 간단한 작도 · 삼각형의 결정조건과 합동조건 · 다각형의 성질, 내각과 외각의 크기 · 부채꼴의 중심각과 호의관계 · 부채꼴의 넓이와 호의 길이 · 원과 직선, 두 원의 위치관계 · 다면체, 회전체의 성질 · 입체도형의 겉넓이와 부피	· 명제의뜻과 증명의 의미 · 삼각형과 사각형의 성질 증명 · 도형의 닮음 · 닮은 도형의 성질 · 삼각형의 닮음조건 · 평행선 사이에 있는 선분의 길이의 비 · 삼각형의 중점연결정리 · 닮은 도형의 넓이와 부피	· 피타고라스의 정리 · 삼각비 · 원에서 현, 접선에 대한 성질 · 원주각의 성질 · 원에 내접하는 사각형의 성질 · 원과 비례에 관한 성질	· 두 점 사이의 거리 · 선분의 내분, 외분 · 직선의 방정식 · 두 직선의 평행, 수직 조건 · 점과 직선 사이의 거리 · 원의 방정식 · 좌표평면에서의 원과 직선의 위치관계 · 평행이동과 대칭이동 · 부등식의 영역

중등에서는 기하에 관련된 교수요목이 재미없는 것으로 변했음을 알 수 있다. 기하의 기본개념인 점, 선, 면, 각에 대한 정의와 성질이 딱딱하게 도입되어, 학생들은 개념과 원리의 이해에 어려움을 느끼고 유클리드 기하의 중요한 성질을 증명하는 과정이 대폭 강화되었다. 우리나라 학생들의 공간이해능력이 현저하게 떨어지는 이유를 중등에서 찾을 수 있다. 그러나 교사가 조금 신경을 쓰면 재미있게 수업을 할 수 있다, 점, 선, 면, 각에 대한 도입을 할 때 도시를 방문(슬라이드)하여 이들 기초개념을 관찰한다든지 아파트 단지의 축소모형을 교실에 가져와 재미있는 상황을 만들면서 모둠활동을 할 수 있다. 또 도시의 바쁜 생활을 파워포인트로 소개하면서 거리, 내분외분, 평행과 수직, 원과 직선의 관계 등을 소개할 수 있다.

확률과 통계

자료를 정리하고 해석하며 합리적인 의사결정을 하는 것은 사회에서 요구하는 기능이다. 이러한 활동은 학생들에게 매우 흥미 있는 일이어서 학교를 졸업하고 사회에 진출하여 수학을 의미 있게 활용하고 탐구하는 기회를 가지는데 큰 발판을 마련해준다. 또, 통계와 확률은 사회, 과학, 환경등과 같은 타과목과 수학을 연결하는 통로역할을 한다. 뿐만 아니라 수업활동을 다양하고 역동적으로 할 수 있도록 유도한다. 다시 말하면 그들의 활동과 결론에 대해 논의하고 기술할 때 의사소통을 가능하게 그 기능을 강화시켜준다. 학년별로 이들 개념에 대해 학습할 내용을 연결해 보면 다음과 같다.

1학년	2학년	3학년
· 한 가지 기준으로 사물 분류하기	· 표와 그래프 만들기	· 자료의 정리, 자료의 특성 (막대그래프, 간단한 그림그래프)

4학년	5학년	6학년
· 꺾은선그래프 · 자료를 목적에 맞는 그래프로 나타내기	· 줄기와 잎 그림, 그림그래프 · 평균	· 비율그래프(띠그래프, 원그래프) · 경우의 수와 확률

초등에서 통계는 실생활 자체이다. 아동은 매일 통계적인 상황에 직면하고 스스로 의사결정을 해야 한다. 부모님이 일년간 용돈을 어떻게 사용했는지 설명하라고 하면 표와 그림을 이용하여 간결하게 설명해야 하고, 우리 동네에 어른들의 건강상태를 어떻게 간결하게 표현해야 할지 고민할 때도 있다. 우리 반, 또는 국가에서 일어난 일은 보고서로 요약하는 숙제도 있을 수 있다. 이와 같이 실생활 또는 자연현상의 경험에서 자료를 모으고, 표현하고, 해석하는 과정 속에 통계가 있다.

중 1학년	중 2학년	중 3학년	고 1학년
· 도수분포표, 히스토그램, 도수분포다각형 · 도수분포표에서의 평균 · 상대도수의 분포와 누적도수의 분포	· 경우의 수 · 확률의 뜻과 기본성질 · 간단한 확률의 계산	· 중앙값, 최빈값, 평균 · 분산, 표준편차	· 합의 법칙, 곱의 법칙 · 순열 · 조합

중등에서는 초등학교에서 연습한 것을 바탕으로 좀더 정교한 방법으로 자료를 분석하고 표현하는 일을 한다. 자료를 표, 도수로 정리하고 이를 분포그림으로 나타낸다. 이들 분포에서 분포를 알려주는 대푯값(평균, 중앙값 등)을 계산한다. 이러한 분포를 표현하는 기술은 고등학교의 정규분포, 이산분포를 효과적으로 이해하는 것과 연결되었다. 또 미래를 예측하고 불확실한 상황을 이해하기 위해 확률을 도입하는 것도 특징이다.

규칙성과 문제해결

일상생활에서 규칙을 찾아 수학적으로 표현하도록 훈련을 받은 학생은 자기가 살고 있는 세계를 수학에 연결하는 방법을 이해한다. 우리는 살아가면서 많은 정보를 분류하고 조직하는 능력을 필요로 한다. 수, 기하, 측정 및 확률과 통계 등에서 규칙성을 찾아 서로 관련시키는 활동은 고급수학 또는 창의적인 실생활을 유지하는데 필요한 능력이다. 저학년에서는 모양, 디자인, 수, 사건 등에서 규칙성을 찾는 활동을 하다가 고학년으로 갈수록 이렇게 모은 직관력을 바탕으로 함수적 관계를 얻게 한다. 이후 학생은 문자와 기호를 사용하는 일반화의 시각을 가진다. 교육과정에서는 다음과 같이 학년별로 이를 개념을 연결했다.

1학년	2학년	3학년
· 규칙적인 배열에서 규칙찾기 · 자신이 정한 규칙에 따라 배열하기 · 100까지의 수 배열표에서 규칙 찾고 말하기 · □를 사용한 식 · 실제로 해보기, 그림 그리기, 식 만들기 등으로 문제를 해결하기	· 다양한 변화의 규칙 찾기 · 수 배열에서 규칙 찾고, 규칙에 따라 수 배열하기 · 곱셈표에서 여러 가지 규칙 찾기 · 미지수 구하기 · 식 만들기 · 규칙 찾기, 거꾸로 풀기 등으로 문제를 해결하기	· 규칙에 따라 여러 가지 무늬 꾸미기 · 표 만들기, 예상과 확인 등으로 문제를 해결하기

4학년	5학년	6학년
· 다양한 변화 규칙을 수로 나타내고 설명하기 · 규칙을 추측하고 말이나 글로 표현하기 · 규칙적인 무늬 만들기 · 규칙과 대응 · 단순화하기, 논리적 추론 등으로 문제를 해결하기	· 비와 비율 · 하나의 문제를 여러 가지 방법으로 해결하기 · 주어진 문제에서 필요 없는 정보, 부족한 정보 찾기 · 문제해결의 타당성 검토하기	· 방정식 · 비례식 · 연비와 비례배분 · 정비례와 반비례 · 문제해결 방법 비교하기 · 문제의 조건을 바꾸어 새로운 문제 만들기 · 문제해결 과정의 타당성 검토하기

규칙성은 수학과 교육과정에서 70% 이상을 차지하는 중요한 영역이다. 지금까지 언급한 영역에 규칙성이 관련되어 있다. 초등에서는 위의 교수요목을 따로 정리했지만 교사는 수와 연산, 도형과 측정, 확률통계, 계산과 알고리즘의 모든 영역에서 규칙성을 찾아 그 사례를 학생들과 토론하는 것이 바람직하다. 위의 교수요목을 보면 처음에는 수의 배열이나 식에서 규칙성이 있는 경우를 찾아보고, 윗학년으로 가면 도형의 배열(무늬꾸미기)에서 규칙을 찾아보고, 고학년에서는 중요한 비와 비례에서 규칙을 찾아보는 활동으로 구성되었다. 비와 비례는 중등에서 함수와 연결되는 복잡하고 중요한 토픽이다. 직관적으로 다양한 내용영역에서 규칙성을 탐구하는 과정으로 짜여 있어 교실활동이 한결 의미있게 전개된다. 그러나 자연세계에서 수의 배열, 식, 비례를 가져와 교과서를 들어와야 한다. 좀 복잡하지만 해바라기 씨앗, 솔방울 등의 배열에서 재미있는 탐구도 권장할 만한다.

방정식과 부등식

앞에서 검토한 교수요목은 주로 초등교육에서 취급하는 수학내용인데 이들 내용은 학습의 비형식적인 과정을 중시했다. 즉, 구체적인 활동을 이용하여 개념을 이해하면서 기호사용은 중등으로 넘겼다. 교육과정에 계산과 알고리즘을 강조한 부분이 수와연산에 주로 있지만 중등에서 시작하는 방정식과 부등식의 전단계로 초등에서 경험할 수 있다. 이때 미지수 x는 간접적으로 사용할 수 있고 알고리즘의 습득이 주가 될 수 있다.

중등에서 절차 정리식으로 계산, 알고리즘의 교육을 강조한 교수요목으로 다음을 들 수 있다.

중 1학년	중 2학년	중 3학년	고 1학년
· 문자의 사용 · 식의 값 · 일차식의 덧셈과 뺄셈 · 일차방정식 · 등식의 성질	· 이차식의 덧셈과 뺄셈 · 지수법칙 · 다항식의 곱셈, 곱셈공식 · 다항식의 나눗셈 · 등식의 변형 · 미지수가 2개인 일차방정식 · 연립일차방정식 · 부등식의 해, 기본성질 · 일차부등식 · 연립일차부등식	· 간단한 다항식의 인수분해 · 이차방정식과 그 해 · 이차방정식의 활용	· 다항식의 연산 · 항등식 · 나머지정리 · 다항식의 인수분해, 약수와 배수 · 유리식 무리식 · 이차방정식의 판별식, 근과계수의 관계 · 간단한 삼차방정식과 사차방정식 · 연립방정식 · 부등식의 성질과 활용 · 절댓값을 포함한 일차부등식 · 이차부등식과 연립이차부등식 · 절대부등식

앞에서 설명한 교수요목을 다른 나라에서도 취급할까?는 학교에서 자주 나오는 질문이다. 각 나라는 문화와 사회, 정부정책에 따라 초, 중고등학교에 알맞은 교수요목을 선정한다. 다음은 영연방국가의 대표적인 교수요목의 사례이다.

수와 연산

- 0과 자연수
- 분수
- 소수
- 덧셈과 뺄셈
- 곱셈과 나눗셈
- 어림하기
- 비, 비례, 퍼센트
- 유리수, 무리수

측정

- 길이, 면적, 부피, 시간, 온도, 무게

· 밀도, 스피드, 비율
· 근사과정
· 극한, 적분

공간

· 기하모델, 각, 평행선
· 기본도형, 삼각형, 평행사변형
· 대칭, 회전, 평행이동, 확대
· 문양만들기
· 다각형
· 3차원 공간
· 좌표기하
· 유클리드 기하
· 변환기하
· 네트워크
· 삼각법

기회와 데이터

· 확률, 기댓값
· 무작위추출
· 상대도수

데이터 조정

· 자료수립, 정리
· 통계적 추론

대수

· 함수
· 방정식

이들 내용을 살펴보면 우리나라의 국민 공동기본기간의 교육과정과 비교할 때, 함수(규칙)을 조금 늦게 도입한다든지, 기하대신 공간이라는 용어를 쓰는 등 다소미미한 수준의 변화가 있으나 교수요목을 삭제하는 경우는 없다. 다만 우리와 크게 다르게 교육과정을 강조하는 부분은 수학적 탐구(발견)를 교수요목으로 지정하여 (1) 수학적 표현 (2)순서의 배열 (3)판단 (4) 문제 해결의 전략을 다룬 교수요목이 맨 앞에 제시된다. 우리나라의 경우는 교수요목을 함수, 순열, 방정식등과 같이 내용영역으로 제시하며, 수학적 탐구는 교수방법에 권고사항으로 처리한다.

수학적 표현

· 수와 연산에 관련된 문장을 읽고 쓰며, 그림과 그래프를 해석한다.
· 수학적 용어, 문장을 해석하고 사용한다.

순서와 배열

· 패턴과 규칙을 확인하고 기술한다.
· 공간 및 수의 패턴을 만든다.
· 공간적인 패턴에서 가설(추측)을 세운다.

판단

· 실세계에서 일어나는 일에 대해 결과와 가설, 추측 등을 설명한다.

문제해결의 전략

· 문제해결의 전략을 이용하고 같은 문제를 푸는데 여러 전략을 비교한다.
· 문제를 설정하고 수학적 질문을 확인한다.
· 공간과 측정에서 구조적인 근사활동을 한다.
· 수조직에서 열린 탐구 활동을 한다.

동북아시아에 있는 각 나라의 교육과정은 상당히 비슷한 면이 있다. 일본의 교육과정을 보면 교수요목이 우리가 아주 비슷하며, 중국의 경우는 기하교육이 우리보다 크게 강조된다. 북미지역의 교육과정은 아시아보다 영연방국가들의 교육과정과 비슷한 면이 있다.

03 내용선정의 흐름

새수학 이전에는 수학과 교수요목이 계산의 정확성과 속도에 성취수준을 맞추었기 때문에 의미 없는 훈련이 수학교실에 자주 있었다. 그러나 브라운웰, 엔겐 등이 유의미 학습을 주장하면서 학문구조, 조직, 과목자체의 내적관계에서 의미를 찾으려 했다(Brownell, 1945). 이때부터, 수학의 구조를 강조하는 교수요목을 교육과정에 소개하였다.

· 범자연수, 분수, 소수 비와 비율의 강조
· 기본연산 덧셈, 뺄셈, 곱셈, 나눗셈의 강조
· 관계성과 일반화 강조
· 소수체계의 강조

이러한 브라운웰의 주장에 Engen(1949)도 "아동은 능동적으로 기호에 의미를 준다"로 동조했다. 학생들은 주어진 대상을 기호로 읽음으로써 의미를 습득하고, 그 기호가 사물을 대신한다고 본다. 그가 주장한 아동의 문제구조에 대한 인식능력은 수학과 교수요목을 종전과 다른 게 만드는데 많은 기여를 하였다. 당시에는 답만 구하는 것을 강조한 교실의 상황에서 학생이 구조를 인식한다는 주장은 매우 신선한 것이었다. 이를테면, 32+88에서 각 자리끼리 더해서 120과 같이 대답하기보다 십진기수법의 원리에 의해

$$\begin{aligned}32+88&=(30+2)+(80+8)\\&=(30+80)+(2+8)\cdots\cdot\text{교환, 결합}\\&=110+10=120\end{aligned}$$

와 같이 계산하는 것은 전보다 크게 발전된 시각으로 보았다.

이와 같이 새수학운동이 시작되기 전에 이 운동의 기틀을 마련해 주는 연구가 활발히 진행되었고 학습을 결과의 획득이라기보다 ① 학습을 의미 있는 변화로, ② 학습을 발전적 과정으로, ③ 학습을 의미 있는 과정으로 보기 시작했다.

수학학습이 의미 있는 변화라는 뜻은 수학학습은 단순한 지식 · 기능 등의 인식이나 획득이 아니라 효과적인 통제기능을 주는 행위 조직 속에서 일어나는 의미 있는 변화라는 관점이다. 한 예로서 325+245의 답을 구하는 문제에서 (300+200)+(20+40)+(5+5)와 같은 지도는 학습내용의 구조화라는 관점으로 볼 때 학습자에게 의미 있는 변화이다. 이러한 조직 속에서의 학습의 과정은 전체에서 부분 – 또는 추상에서 구체 – 으로 가는 속성이 있고 역으로 부분들의 관계를 발견하여 전체, 즉 일반화로 가는 속성이 있다. 특히, 일반화 또는 통합은 높은 수준의 인지적 활동을 필요로 한다.

또, 수학 학습에서 '의미 있는'은 학습은 단순히 기계적인 과정보다 의미 있는 과정으로 이해한다는 뜻이다. 수학적 의미 자체는 수학의 조직들 사이에 존재하는 관계를 말한다. 이러한 관계는 수학적인 개념이나 내용의 일부분만을 강조하거나 연습함으로써 얻어지는 것이 아니고 부분과 부분을 연결하는 학습, 전체를 들여다보는 학습을 통하여 얻어진다. 따라서 이러한 관계를 습득한다는 사실은 수학의 기본 조직을 이해하고 이러한 이해를 바탕으로 얻어진다. 조직, 의미, 발전 등이 과정으로서의 학습을 대신하는 용어들이다. 일반적으로 의미 있는 수학학습은 실생활에 있는 구체적인 문제 장면을 통하여 이루어지고 이렇게 얻은 학습의 결과를 실생활의 복합적인 문제에 응용으로 돌리려 할 때 가능해진다고 한다.

이를테면 다음 소재는 학생들이 이해를 바탕으로 개념을 얻는 것으로 이들 구성은 조직, 의미, 발전 관계를 거친다.

1995년에 오존층이 약 50km 깊이였다. 과학잡지에 의하면 매년 1%씩 오존층이 파괴된다고 한다. 즉, 전년도의 99%만이 남는다고 한다.

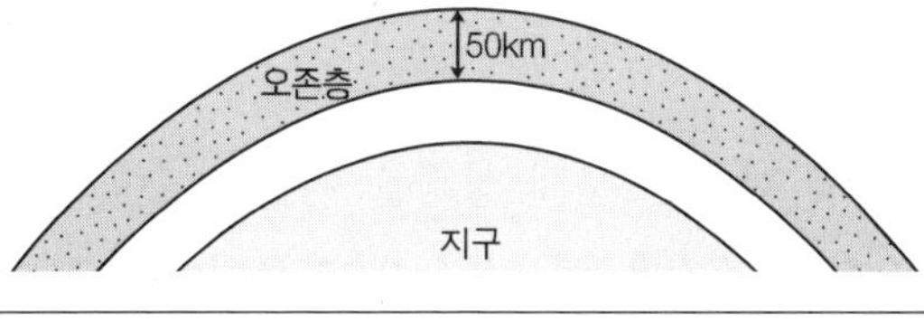

(1) t가 1995년 이래 지나간 해의 수이고 ω (t)가 오존층의 폭(깊이)이라고 하자.

0년 이후 오존층의 깊이=ω (0)=50

1년 이후 오존층의 깊이=ω (1)=50×0.99=50×(0.99)km

2년 이후 오존층의 깊이=ω (2)=(　　　　)=(　　　　)km

3년 이후 오존층의 깊이=ω (3)=(　　　　)=(　　　　)km

⋮

5년 이후 오존층의 깊이=ω (5)=(　　　　)=(　　　　)km

(2) 그래프를 그려라.

(3) 그래프에서 $t=2\frac{1}{2}$(1997년 7월)일 때 ω (t)값을 계산하여라.

오존층이 1995년의 반절 두께로 되는 해는?

오존층이 1995년의 $\frac{1}{4}$의 두께로 되는 해는?

오존층이 100m의 두께로 되는 해는? 이정도이면 오존층이 없는 것과 거의 같다고 과학자들은 말한다.

(4) 다음 표를 완성하여라.

1995년 이후 년 수 (t)	0	10	20	30
오존층의 두께(km)	50			

(5) 다음을 계산하여라.

$$\%\text{변화} = \frac{(\text{새로운 두께})-(\text{전의 두께})}{\text{전의 두께}} \times 100\%$$

$$= \frac{w(10)-w(0)}{w(0)} \times 100\% = (\qquad)\ \%$$

$$\%\text{변화} = \frac{w(20)-w(10)}{w(10)} \times 100\% = (\qquad)\ \%$$

$$\%\text{변화} = \frac{w(30)-w(20)}{w(10)} \times 100\% = (\qquad)\ \%$$

위의 3가지 계산(%변화)에서 무엇을 알았는가?

문제는 지극히 실생활에 유용한 문제 상황을 이끌어 수학적인 개념들을 이해하려 하고 이러한 이해는 수학적 조직을 이해하는데 활용되어야 한다. 예를 들어 변수의

뜻, 방정식의 뜻, 해의 뜻을 함축적으로 나타낼 수 있는 문제 상황은

> 6,500원짜리 자전거를 사기 위해 1주일에 200원을 저축하기로 했다. 현재 1,500원이 저축되어 있다면 몇 주 후에 가능한가?

와 같은 실생활의 상황을 도입해야 한다.

이러한 견해에 대하여 버킹검(Buckingham, 1938)은 다음과 같이 말하고 있다.

수학의 어떤 개념이 의미 있게 학습된다면 그 개념이나 조직은 전체로서의 수학의 한 부분으로 스며든다. 다른 한편으로 의미 있는 수학은 의미 있는 수의 양적인 경험을 학생에게 줌으로써 실제의 생활 장면에 처해 있는 아동들에게 통찰력을 준다. 보다 구체적인 예를 들면 수의 조직을 의미 있게 배운 아동이 그것을 수학의 한 줄기로서 이해하게 되고 실생활에서 보는 복잡하게 관련된 문제 상황에서 쉽게 적용할 수 있다.

이러한 견해들은 결국 수학 교과과정을 어떻게 구성하느냐와 밀접하게 관련이 있다. 대략 다음과 같이 세 가지 안을 생각할 수 있다.

첫째는 수학과 교과과정을 수학적인 체계의 일부로서 지극히 논리적으로 구성하느냐, 둘째는 수학과 교과과정을 논리적인 수학의 체계보다 현실생활에 유용한 내용별로 구성하느냐, 셋째는 위의 두 가지 아이디어를 혼합하느냐 인데 어떠한 항목을 선택하더라도 학습자가 자기가 배운 수학적인 내용 또는 수학의 조직을 복합적인 수학적 문제 상황에 쉽게 적용할 수 있는 수학적 사고를 기르기를 바라는 것이며 이러한 수나 양적인 사고활동은 산수를 수학체계의 한 부분으로서 수학이라는 큰 체계 속에서 서로의 상호 관련성을 가지게 할 때 가능 해진다. 통합된 논리적 조직의 한 부분으로서의 수학이 이해되어야 할 것이다.

이러한 생각은 1950년대의 새수학 운동의 사상으로 이어진다. 여기서 의미 학습은 발견학습과 문제해결 학습을 강조한다. 두 학습방법이 시사하는 것은 수학적 사고이다.

현행 수학과 교육과정도 셋째의 관점을 가지고 있다. 이를테면 중등학교에서 가

장 중요시하는 함수, 관계 영역은 초등학교 저학년부터 조직적으로 도입하며 중등 내용과 연결한다. 이를테면 현행교육과정에서 규칙성 찾기(함수)의 체계를 살펴보자.

1 규칙 찾기

① 여러 가지 물체, 무늬, 수의 배열에서 규칙을 찾고, 그 규칙에 따라 배열할 수 있다.
② 자신이 정한 규칙에 따라 물체, 무늬, 수 등을 배열할 수 있다.
③ 100까지의 수 배열표에서 수의 규칙을 찾고 말할 수 있다.

1 규칙 찾기

① 물체나 무늬의 다양한 변화 규칙을 찾아 설명할 수 있다.
② 수 배열이나 수 배열표에서 규칙을 찾고, 그 규칙에 따라 수를 배열할 수 있다.
③ 곱셈표에서 여러 가지 규칙을 찾고 설명할 수 있다.

1 규칙 찾기

① 규칙을 정하여 한 가지 도형으로 여러 가지 무늬를 꾸밀 수 있다.

1 규칙 찾기

① 다양한 변화 규칙을 수로 나타내고 설명할 수 있다.
② 규칙 찾기 놀이를 통하여 규칙을 추측하고 말이나 글로 표현할 수 있다.

2 규칙적인 무늬 만들기

① 밀기, 뒤집기, 돌리기 등의 방법을 이용하여 한 가지 무늬로 새로운 무늬를 만들 수 있다.

3 규칙과 대응

① 두 양 사이의 대응 관계를 나타낸 표에서 규칙을 찾고, □, △를 사용하여 식으로 나타낼 수 있다.

위에서 교수요목을 관찰해 보면 규칙찾기의 초기에는 학생들은 자기가 살고 있는 실세계속에서 규칙이 있는 현상 또는 사건 등을 경험한다. 이를 경험 속에서 패턴을 찾기 위해 학생들은 정보를 분류하여 표를 만들고 조직하는 활동을 한다. 이 과정에서 수, 기하, 측정에 관련된 통합적인 사고를 한다. 이들 경험은 중등에서 함수 등과 같이 추상적인 수학적 아이디어를 얻는데 기초가 된다. 실제로 대도시(예, 경복궁, 덕수궁 등)에는 문양을 소개한 자료가 많고 조각공원 등에서는 규칙과 패턴을 쉽게 찾을 수 있는 소재이다. 교실에서도 모눈종이에서 기하를 도입한 수의 패턴을 구사할 수 있다.

더 나아가서 함수의 분석과 표현, 일반화에 대한 학습활동이 주가 된다. 자동차에 가족함께 타고 가면서 자동차의 속도를 걸린 시간과 간거리로 나타내는 방법을 이야기하면서 대수적 식으로 이들 관계를 표현 할 수도 또는 의미파악을 할 수도 있다. 또는 친구와 같이 공원에서 시간이 지남에 따라 나방의 번식이 다음 표와 같을 때 시간과 나방의 수 사이에는 어떤 패턴이 있음을 토론할 수 있다.

시간	0	10	20	30	40	· · · · ·
나방의 수	2	4	8	16	32	· · · · ·
합계	2	6	14	30	62	· · · · ·

좀 더 과학적인 탐구를 좋아하는 학생은 서해안의 조류간만의차를 기록한 장소를 방문하여 시간이 자남에 따라 파도의 높이를 그래프로 나타내어 주기적인 패턴을 관찰할 수도 있다. 이와 같이 실세계에서 날마다 접하는 규칙성과 관계를 수학적으로 관찰하고 모델링하는 태도는 예측하는 능력을 길러줄 뿐 아니라 수학을 배우는 가장 중요한 가치이다.

위의 사례에서 관찰했지만 수학적인 사실, 기술을 그 자체만을 따로 배우고 사고가 필요한 문제 장면에 이것들을 이용한다는 것이 아니고 구체적 문제 장면을 통하여 사고하면서 수학적인 개념과 조직들을 배운다는 것이다. 이는 장 이론가들이 주장하는 통찰력에 의한 학습이다. 전통적인 산수학습에서는 어떤 연산을 때로는 암기하면서 반복학습을 통해 익히고 이 과정을 문장제 또는 수학적 문제 장면에 활용하였다. 따라서 복합적인 문제 상황에서는 어떠한 연산을 택하고, 어떠한 과정을 구상하고, 이러한 과정을 어떻게 혼합해야 할지, 즉 문제 장면에 알맞도록 자신의 인지활동을 적응시키는 데 어려움을 느꼈다. 바로 이러한 약점들이 문제 해결을 통해 의미학습을 강조하는 이유이기도 하다. 또 다른 중요한 사실은 의미학습은 학습의 전이에서도 결정적 역할을 한다는 점이다. 연결주의자들이 주장하는 기능이론 등은 특별한 본드의 조직으로서 학습을 설명하려 하는데 이것만 가지고서는 어떻게 해서 전에 경험한 학습이 새로운 상황에 전이되는지 또는 학습자가 새로운 문제 상황을 어떻게 창의적으로 인지하는지 설명하기가 무척 어렵다. 사실 수학학습에서는 각 개념을 독립적으로 익힌다는 사실보다 각 개념들 사이에 존재하는 관계의 중심의미를 파악한다는 사실이 더욱 중요하다. 따라서 학습의 전이를 극대화하려면 개념이나 조직의 위계의 복잡성에 관계없이 각 개념과 조직이 가지고 있는 의미를 명확히 파악하고 일반화의 과정을 이해할 때 가능해진다.

이러한 사상을 요약하면 수학을 구조화해서, 발견적인 방법으로 학습해야 한다는 논리다. 1950년대와 1960년대의 새수학 운동은 이 사상에 근거를 두고 있다. SMSG나 UICSM의 교재내용을 보면 쉽게 이해된다. 예를 들어 군(group)의 뜻을 중학교 3년에 도입하기 위해서는 초등학교에서부터 어떤 내용을 계열화해야 할까? 등이다.

1970년대로 오면서 수학교육에서는 브루너, 부르바키 등이 주장한 구조주의와 다른 학습이론이 필요했다. 사회적 분위기로 볼 때 새수학 운동의 좌절기에 들어 있었고 피아제를 비롯한 인지발달론자들의 지적 발달이론이 수학교육에 근거 있는 이론으로 인식되면서 학생들의 이해에 초점을 맞춘다든지, 의미 있는 수학적 장면을 통해 수학의 아이디어를 얻는 수학과정을 강조하자는 학습이론들이 관심이 되었다. 당연히 문제해결의 학습이 강조되고 문제풀이 능력을 신장시키기 위한 연구가 1980년대까지 광범위하게 확산되었다. 문제해결은 크게 두 가지로 발전하는데 하나는 창의적인 전략의 탐구를 통한 문제해결의 학습방법을 고안하는 일이고, 다른 하나는 복합적인 문제풀이의 능력을 신장시키기 위한 문제만들기를 강조하는 일이었으며 비교적 수학자나 수학교육자들의 참여가 돋보였다.

1980년 중반부터 수학교육의 연구에서 종전과 다른 방법이 수학 및 수학교육자들 사이에서 싹트기 시작했다. 간단히 말해서 교실에서 일어나는 교수-학습 활동을 관찰하여 수학교육의 이론을 정립하자는 운동으로, 개념학습보다 문제해결에서 일어나기 시작했다. 이의 배경에는 컴퓨터가 교육의 보조수단으로 교실에 도입되어 교실활동이 역동적으로 변했기 때문이다.

대표적인 변화의 물결은 미국의 중등학교를 위한 교육과정 표준(standard)으로부터 왔다고 볼 수 있다. 표준은 미국사회가 그들의 정보화 산업사회에 알맞은 교육과정을 만들어 보자는 데서 출발했으며, 정보화 사회를 이끌어 갈 수 있는 몇 가지 요인을 잡고 이를 교육현실화로 이끌어 가려는 시도이다. 네 가지로 수학개념의 의사소통, 문제해결, 추론 연결성을 들며 이들의 학습을 설명 하는 데 구성주의자의 견해를 중시했다.

이 표준은 교과서는 아니지만 학교수학에 대한 일반적인 철학, 교재방향, 학교교수학의 약점을 개선시키는 관점 등을 담았다. 대표적인 소재를 들면 다음과 같다.

> 그랜빌 마을의 도로망을 나타낸 그림에서 점은 집의 위치를 선은 도로를 나타냈다. 고속버스 터미널을 설치한다면, 어느 곳이 적당한가?
>
> (1) 이 문제를 해결하는 가장 중요한 것은 무엇인가? 가장 적당한 것을 어떻게 정의하겠는가?
> (2) 이 문제를 푸는 데 차트, 그림, 표, 그래프, 계산기 또는 논리적 추론 등 어느 것을 사용해도 좋다. 단, 최종 답을 낸 이유를 말하여라.

위의 문제는 학생들로 하여금 사고하고, 의사교환하고, 추론을 하는 비교적 쉬운 실생활의 모델링 과제이다. 사실 해를 구하는 것은 그리 바람직한 목표가 아니며, 중요한 점은 열린 활동을 계획하는 것이다.

- 위와 같은 소재와 현행 우리교과서 소재를 비교하여 그 장단점을 논할 수 있다 (각자 해보자).
- 수학을 어떻게 볼 것인지 논의할 수 있는 방법을 위의 소재는 제공하고 있다. 수학을 정의, 정리, 알고리즘 등의 수학적 사실의 의미로 볼 것인가? 또는 학교수학을 자연현상과 실생활의 상황을 설명하고 이해하는 방법을 제공하는 과목으로 볼 것인가? 또는 두 가지 관점을 혼합한 것으로 볼 것인가? 등이다. 표준은 교실에서 해 온 수학을 다른 시각으로 보도록 했다.
- 첫째는 실생활 상황(context) 또는 자연세계의 현상을 개념 획득과정에 도입하여 수학적 이해를 종전과 다른 시각으로 보았고, 수학의 가치를 학생들이 교실에서 생각하도록 했다. 때문에 학생들의 수학시간에 대한 동기 유발을 크게 강화했다

는 평가가 있다.

• 둘째는 교수학습의 방법측면에서 상황은 학생들에게 특별한 의미를 주었다. 즉, 수학은 점진적으로 발전하며, 수학은 우리생활에 밀착이 되어 있고 유용하게 사용할 수 있는 과목이며, 수학은 우리 생각을 깊게 하는데 활용할 수 있는 과목이라는 것이다. 여기서 점진적이란 뜻은 구체적에서 추상적으로 특별한 상황에서 일반적인 상황으로 이동하는 것을 뜻한다. 셋째는 수학의 연결성을 수학 자체내에서 보는 시각을 벗어나 수학과 다른 과목도 연결하는 특성으로 보아야 한다는 것이다.

• 셋째는 세 번째로 실시했던 IMSS 조사에서 새수학 이후 전통적인 수학교육 과정에 수학내용이 너무 과다하게 남았다는 지적이 있었다는(Schmidt, 1998)결과와 관련이 있다. 표준은 이를 받아들이고 교육과정의 내용을 선택하는 기준을 마련했다.

• 모든 시민이 수학적 안목을 가져서 수학을 통해 문화, 사회, 지적 발달, 수학의 실용성을 가지도록 내용선정을 했다.

• 이를 위해 직장, 작업, 건설 등에서 자연스럽게 나오는 내용을 선정하여, 이를 특징과 연결한다.

• 평생교육의 관점에서 수학적인 기초를 마련한다. 이 기초를 가지고 앞으로 건전한 민주시민의 역량을 한층 키워주도록 한다.

• 과학기술과 접목할 수 있는 수학 내용을 중요시 한다.

Chapter 1
연습문제

PART I 학생들이 자주 범하는 오류에 답하여라.

01. 선생님이 구두로 "50의 28%는 얼마인가?"를 물었을 때 한 학생이 나와서 칠판에 다음과 같이 풀었다. 학생은 옳은가?

$$\begin{array}{r} 28 \\ \times 0.5 \\ \hline 14 \end{array} \qquad \text{50의 28%는 14이다.}$$

02. 어느 날 선생님이 수업중에 학생들에게 "50의 62%를 구하라" 했다.
이에 한 학생이 나와서 다음과 같이 풀었다.

$$\begin{array}{r} {}^{9} \\ 1\not{0}0\% \\ -\ 62\% \\ \hline 38\% \end{array} \qquad \begin{array}{r} 50 \\ \times 0.38 \\ \hline 400 \\ 150 \\ \hline 19.00 \end{array} \qquad \begin{array}{r} 50 \\ -\ 19 \\ \hline 31\% \end{array}$$

이 학생을 어떻게 도울 수 있는가?

03. 한 학생에게 선생님이 "50의 $\frac{1}{10}$%를 계산하라" 했을 때, 이 학생은 주저 없이

$\frac{1}{10} = 0.1$ 이고 50의 $\frac{1}{10}$%는 $(0.1)(50) = 5$와 같이 계산했다.

여러분의 대답(조언)은?

04. 선생님이 학생들의 과제를 점검하는 중에 어떤 학생이 다음과 같은 풀이를 해왔음을 발견했다.

$$n\% = \frac{n}{100} = 0.0n$$

이 학생은 옳은가?

05. 비에 대해 이야기하는 도중 한 학생이 "나는 1km를 시간당 4km의 속력으로 걷고 다음 1km를 8km의 속력으로 달렸다. 따라서 나는 2km를 평균 6km로 간셈이다"와 같이 말한다. 여러분의 생각은?

06. 선생님이 교실에서 다음과 같은 문제를 주었다.

희영은 상류 쪽으로 시속 6km로 노를 저어 올라가서 올 때는 8km로 내려왔다. 보트는 잔잔한 물에서는 시속 몇 km인가? 또, 물살의 흐름은 시속 몇 km인가?

한 학생이 말하기를 "6km+8km를 하고 이합을 2로 나누면 이 결과는 잔잔한 물에서 보트의 시속이고 물살의 흐름 속력은 8-7 또는 7-6을 한다."

이 학생의 생각은 옳은가?

07. 비례공부를 하는 학생에게 교사는 "4kg의 고기를 요리하는데 2.5시간이 걸린다. 9시간을 요리 했다면 고기의 양은 얼마인가?"를 주었다. 잠시 후 어떤 학생이 다음과 같은 풀이를 보였다.

$$\begin{array}{r} 0.625 \\ 4\,\overline{)\,2.500} \\ \underline{2.4} \\ 10 \\ \underline{8} \\ 20 \\ \underline{20} \\ 0 \end{array} \qquad \begin{array}{r} 0.625 \\ \underline{\times \qquad 9} \\ 5.595 \end{array}$$

PART Ⅱ 수학교육에 관련된 문제를 해결하여라.

다음 그림은 교육과정에 학생들의 수개념 형성을 위해 할 수 있는 활동을 보인 것이다. 이러한 활동은 (1) 아동이 대상을 수량의 크기로 인식하고, (2) 수세기의 필요성을 인식하는데 중요하다.

모양이 비슷한 것 끼리 묶기

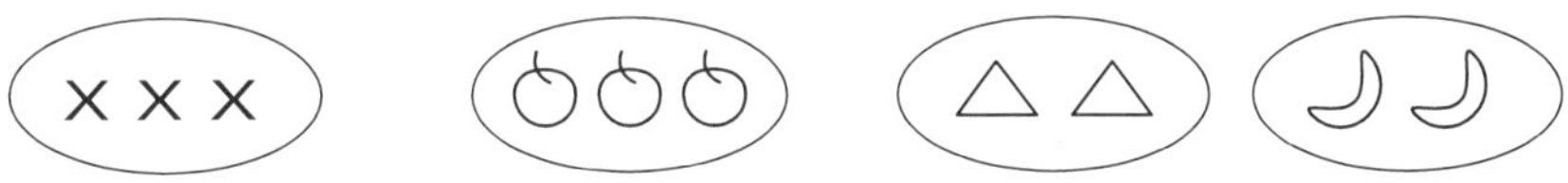

01. 이 그림에서 가장 강조되는 활동을 간단히 쓰면 어느 것인가?

① 결합　　② 분류　　③ 1:1대응　　④ 류별

※ 다음은 현행 교육과정의 제시된 일반 목표이다 [2-4]

가. 생활 주변에서 일어나는 현상을 수학적으로 관찰하고 조직하는 경험을 통하여 수학의 기초적인 개념, 원리, 법칙을 이해하는 능력을 기른다.
나. 수학적으로 사고하고 의사소통하는 능력을 길러, 생활 주변에서 일어나는 문제를 합리적으로 해결하는 능력을 기른다.
다. 수학에 대한 관심과 흥미를 가지고, 수학의 가치를 이해하며, 수학에 대한 긍정적 태도를 기른다.

02. ○○교사는 과수원에서 일어나는 상황을 파워포인트로 보여주면서 "35개의 사과를 한 봉지에 5개씩 담으려한다. 모두 몇 봉지를 준비해야 하는가?"를 질문한다. 그는 항상 이와 같은 소재를 도입하려 노력한다. 이때, 이 교사가 의도하려는 수업활동에 가장 알맞은 목표는 (가), (나), (다) 중 어느 것인가?

03. 목표 (나)의 전반부 "수학적으로 사고하고 의사소통하는 능력"에 알맞은 교사의 활동을 하나만 소개하여라.

04. ㅇㅇ교사는 수학에서 항상 알고리즘 교육을 강조하여 속도, 정확성 반복설명을 중시한다. 다음은 $42 \div 3$의 지도에서 첫 시간에 그가 보여준 지도 사례이다.

$$3\overline{)\,42} \quad \Rightarrow \quad \begin{array}{r} 1 \\ 3\overline{)\,42} \\ 3 \end{array} \quad \Rightarrow \quad \begin{array}{r} 14 \\ 3\overline{)\,42} \\ \underline{3} \\ 12 \\ 12 \end{array} \quad \Rightarrow \quad \begin{array}{r} 14 \\ 3\overline{)\,42} \\ \underline{3} \\ 12 \\ \underline{12} \\ 0 \end{array}$$

이후 반복연습과정이 따른다.

(1) 위와 같은 지도 방법을 찬성하는 또는 반대하는가? 이유를 써라.

(2) 목표가의 "수학적으로 관찰하고 조직하는 경험"에 알맞은 지도계획을 대략 서술하여라.

Chapter 2

수학의 학습이론

01 고전적 학습이론

행동주의-인지주의 학습

교실에서 일어나는 교수 · 학습의 문제는 명확하게 속단할 수 없는 경우가 대부분이며, 최근에 많은 교사와 학부형들 사이에 논의가 되고 있는 것들 중 하나가 "계산기는 개념학습 또는 문제해결 학습이 필요한가? 또 예전 방법으로 계산기를 이용해야 하는지?" 일 것이다.

이에 대해 많은 사람들이 "계산기는 문제해결에서 복잡하고 난해한 계산을 대신함으로써 학습자가 많은 시간을 풀이계획이나 반성단계에 쓰도록 한다"와 같은 실험결과를 보여준다. 만일 교사가 학습에 이러한 실험 결과를 이용했으면 그는 이론적인 위치를 택하였다고 한다. 이와 같이 이론은 학습상황에서 학습자의 행위를 관찰하고 실험하는 것을 기본으로 한다. 이러한 이론은 우리가 교실에서 본 것을 설명할 수 있게 할 뿐 아니라 적절한 행동을 할 수 있게 도와준다. 이러한 이론으로 행동주의와 인지주의가 있다. 전자에 관련된 이론은 자극-반응 사이에 일어나는 학습을 주로 연구한다. 이를테면, 초등학생에게 오백이십팔을 칠판에 써보라고 하면, 여러 대답이 나온다. 그러나

50028
또는 5028
또는 500208

교사는 학생이 모두 528을 정확하게 쓰기를 바란다. 행동주의 이론을 선호하는

교사는 틀리게 답한 학생들에게 정답을 말하고 세 자리 수에 5를 쓰고 둘째자리 수에 2를 쓰고 첫째 자리 수에 8을 쓰는 연습을 반복적으로 하게 한다. 교사는 교구와 같은 학습 자료도 쓰지 않고, 마음속으로는 많은 연습을 통해 오류가 고쳐지기를 바란다. 또, 수업을 할 때 4가지 법칙, 즉 효과의 법칙, 준비의 법칙, 연습의 법칙, 분석의 법칙을 사용하는데 특히 분석의 법칙은 수업할 내용을 쉬운 것부터 시작하여 어려운 것으로 쪼개어 나열하고 설명으로 들어간다. 아마도 위의 과제를 다음과 같이 쪼개어

수는 무엇인가? → 일의 자리 → 10의 자리 → 100의 자리

순서적으로 지도할 것이다. 한편, 후자의 이론을 선호하는 교사는 학생들은 교사가 마련한 적당한 환경과 경험 속에서 상호작용을 통해 관계를 발견한다고 생각한다. 따라서, 모둠활동을 통한 탐구활동을 중시함은 물론이고, 교사는 모둠활동이 잘 일어나도록 학습용 도구 및 경험을 위한 여러 자료들을 준비한다. 위의 과제에서 교사는 놀이활동을 통해 다음과 같은 카드놀이도 할 것이고, 100단위, 10단위, 1단위 블록을 이용하여 427을 표현하는 조작활동을 한다. 따라서 수학적 이해를 바라보는 두 이론의 시각은 크게 다르다. 다음은 987+898의 계산원리를 두 관점에서 제시한 것이다.

$$\begin{array}{r|c|c|c} & 9 & 8 & 7 \\ + & 8 & 9 & 8 \\ \hline 1 & 8 & 8 & 5 \end{array}$$

행동주의자

- 일의 자리, 10의 자리, 100의 자리를 잘 나열하고 교사는 각 자리수의 합이 10을 넘어가면 앞자리에 1을 올린다. 이후는 이 기술을 활용하는 연습과정으로 들어간다.

인지론자

- 1단계 : 100, 10, 1을 표현하는 블록 도입
- 2단계 : 987은 100단위 블록 9개, 10단위 블록 8개, 1단위 블록 7개이고 898은 100단위 블록 8개, 10단위 블록 9개, 1단위 블록 8개이므로 교사는 학생들에게 100단위 블록을 17개, 10단위 블록 17개, 1단위 블록 15개를 모아놓으라고 지시한다.

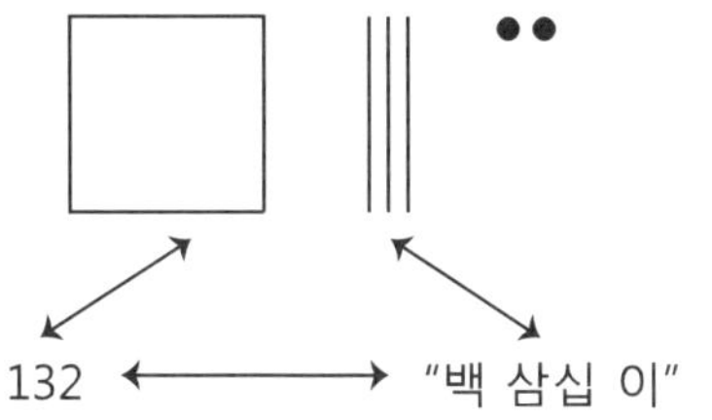

- 3단계 : 각 단위의 블록 수에서 10개가 모아지면 새로운 단위 블록 1개가 생기고, 이것을 바로 앞 단위에 올려놓게 한다. 다음에 정리된 각 자리의 블록을 보고 숫자로 1885를 적도록 한다. 이후는 활용과 연습과정으로 들어간다.

위에서 본 바와 같이 이해에 대한 시각이 크게 다름을 알 수 있다. 즉, 행동주의자들은 이해를 알고 활용하는 활동으로 보고 있으나 인지론자들은 구체적 조작—반영적 활동—상징적 표현 등으로 이어지는 독특한 이해시스템을 가진다. 이러한 인지론자의 관점은 차시수업활동에서 초·중등 구분없이 일관성있게 주장한다(강태성, 그래프 2004).

이에 못지않게 두 이론사이에 논란이 되고 잇는 교실의 관심사가 학습의 전이에 대한 견해이다. 이에 대한 두 가지 시각이 있으니, 하나는 지금 배운 개념 또는 기술은 다른 과제에 옮겨져 응용이 된다는 생각과 특별한 조건 아래서 제한적으로 배운 지식이 전이된다는 견해이다. 이를테면, 일반적인 전이가 가능하다고 주장하는 심리학자 또는 학습이론가들은 기하에서 배운 추론기술은 이후 대수 또는 생활 속에서 발생하는 추론 문제에 전이가 되어 무난하게 활용이 된다는 것이고, 제한적이라는 관점을 가진 이론가들은 이들 주장이 신빙성이 없다고 보며 학습이 자리잡고 있는 환경과 경험 아래에 "동일원소의 전이"와 같은 제한적인 활동이 일어난다는 것이다. 말하자면 교과서에서 일차방정식 $2x+4=6x+12$을 수십개 연습한 학생이 나중에 첨단산업의 기사로 근무할 때 복잡하게 만들어진 일차방정식 문장제를 보고 "나는 배우지 않았다, 풀 수 없다."라고 말하는 것은 어쩌면 당연하다는 것이다. 왜냐하면, 초·중학교에서 일차방정식을 배운 교실 환경과 직장에서 겪게 되는 일차방정식에 관련된 환경은 크게 다르기 때문이다. 직장에서는 $2x+4=6x+12$를 풀어라 하는 환경은 없고 복잡한 현실상황에 대한 모델링적인 상황만 있을 뿐이다. 보다 현실감 있는 다음 소재를 보자(nctm, 1989).

자동차 부속품을 생산해내는 ○○공장에서는 원통모양의 컨테이너 175개를 2개월간 보관할 창고을 찾고 있다. 한 개의 원통은 밑면의 반지름이 1인치 높이가 3인치이다. 그런데, 창고는 다음과 같이 세 종류가 시내에 있었다.

(1) 한 단위면적이 11인치 × 11인치 ······ 월 임대료 67
(2) 한 단위면적이 11인치 × 22인치 ······ 월 임대료 105
(3) 한 단위면적이 11인치 × 33인치 ······ 월 임대료 130

모든 단위는 높이가 10인치이다. 그런데 원통을 쌓는 방법이 두 가지이며 그림으로 나타내면 다음과 같다.

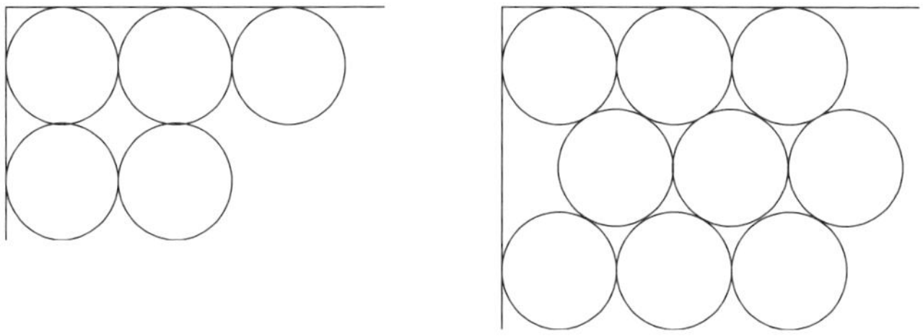

위에서 얻은 정보를 이용하여 다음 두 개의 표를 완성하여라.

■ 직사각형 배열

단위	한 행의 원통수	행의 수	높이	총 개수	두달임대료
11×11					
11×22					
11×33					

■ 정육각형 배열

단위	한 행의 원통수	행의 수	높이	총 개수	두달임대료
11×11					
11×22					
11×33					

위 소재는 초등학교에서 배운 덧셈과 곱셈의 계산기술만 있으면 계산기의 도움을 받아 해결할 수 있는 직장문제인데, 실제로 덧셈과 곱셈을 충분히 연습해도 초등학교를 막 졸업한 학생이 쉽게 해결할 수 없는 문제이다.

이와 같이 학교현장에서는 교사는 많은 교육적인 문제를 해결해야 할 교수학습이론이 필요하다. 이를 이론을 통해 우리는 학생들의 언어문제, 개인차문제, 교재의 표현 문제 등을 해결한다. 다음 단원부터는 이미 개발된 교수학습이론을 점더 깊게 살펴본다.

행동주의 학습

학습(Learning)은 어떤 특정한 상황에서 겪는 경험의 결과로 나타내어지는 조직적 변화이다(W. T. Estes, 1975). 지금까지 소개한 학습이론은 크게 두 가지로 요약된다고 했다. 하나는 행동주의 학습이론이고 다른 하나는 인간의 인지과정을 중시하는 인지학습이론이라고 했다. 전자에 해당하는 조건화 이론은 논리적 경험주의에 근거를 두기 때문에 고정된 자연법칙에 의하여 일어나는 실체(reality)가 있다고 보며 진리도 당연히 자연법칙에 의한 불변인 것으로 본다. 이들 이론이 자주 거론하는 용어로 실체, 환경, 지각, 경험을 말할 수 있는데, 전자(행동주의자)는 실체를 자연현상의 물리적 대상에 감정을 유입하지 않는다. 반면 후자는 눈으로 들어오는 물리적 대상에 자신의 상호작용을 통한 해석을 실체로 본다. 이러한 실체를 보는 눈은 지각, 환경, 경험을 다르게 해석한다. 즉, 조건화 이론에서는 환경을 객관적이며 물리적인 것으로 보기 때문에 누구도 볼 수 있고, 듣고, 냄새를 맡을 수 있고, 느낄 수 있는 대상으로 보는 반면, 인지론자들은 물리적 대상이 되어 개인의 심리적인 환경인 기억, 기대 등과 같은 상상(image)을 포함시킨다. 지금까지 설명한 환경, 지각을 통해 우리는 경험을 창출해낸다. 다음 두 장면은 어느 교실에서도 흔히 볼 수 있는 광경이다.

- 교사는 보기를 통해 (세 자리 수) ÷ (두 자리 수)를 가르친 다음에
  325 ÷ 30 = (   )을 하게 한다.

• 숫자카드 3, 4, 5, 6, 7을 한 번씩만 사용하여 몫이 가장 큰 (세 자리 수) ÷ (두 자리 수)를 하게 한다.

학생 입장에서 보면 두 가지 활동 모두를 경험으로 볼 것인가? 하는 초보적인 문제가 발생한다. 행동주의자들은 유기체가 자극의 결과로 새로운 반응을 배웠는지 또는 이미 지니고 있는 것을 바꾸었을 때 이들을 모두 조건 과정으로 본다. 즉, 어린이가 뜨거운 난로에 손을 놓았을 때 바로 손을 돌리는 행위는 이 관점으로 보아서 경험으로 간주한다.

이 과정에서는 어떠한 사고로 통찰도 일어나지 않았다. 다시 말하면 기계적인 행위로 볼 수 있다. 반면, 인지이론가들은 경험을 이론의 주요 관심사로 보며, 이것을 인간의 목적이 있는 환경과의 교섭으로 설명한다. 이들 용어를 조건과 이론의 관점에서 좀더 기술하면 다음과 같다. 이 이론은 인간의 행위 패턴 또는 반응 속에서 변화를 S-R관계로 설명한다. 자극(S)은 환경에 의해 준비되고 반응은 유기체에 의하여 만들어진 행위로 본다. 이러한 조건화는 두 가지로 나누어지는데 하나는 강화(reinforcement)없이 일어나는 조건화와 다른 하나는 피드백 원리를 동반한 조건화이다. 때문에 조건화 이론에서는 학습은 조건하의 결과로써 일어나는 행위의 변화로 본다. 따라서 교실에서는 항상 교사가 지향하는 목표를 위해 바람직한 자극을 제공하여 행위의 변화를 시도한다. 또 학생들의 행위의 변화가 무엇인지 항상 분석한다.

조건화 이론에서는 데이터로 올릴 수 있는 관찰 가능한 행위가 학습의 대상이기 때문에 학습의 목표를 기술할 때에는 관찰 가능한 행위를 명확한 언어로 표현해야 한다. 이를테면, 다음의 곱셈을 보라.

$$\begin{array}{r} 643 \\ 52 \\ \hline \\ \end{array} \Rightarrow \begin{array}{r} 643 \\ \times \quad 52 \\ \hline 1286 \end{array} \Rightarrow \begin{array}{r} 643 \\ \times \quad 52 \\ \hline 1286 \\ 3215 \\ \hline \end{array} \Rightarrow \begin{array}{r} 643 \\ \times \quad 52 \\ \hline 1286 \\ 3215 \\ \hline 33436 \end{array}$$

어느 교실에 가든 수업시작하면서 칠판에 관찰 가능한 행위를 나타낼 수 있는 명확한 언어로 칠판에 쓴다. 즉, (세 자리 수)와 (두 자리 수)의 곱셈을 능숙하게 처리한다. 그러나, 이 목표진술에서 창의성을 창출한다든지와 같이 명확하게 데이터를

낼 수 없는 부분은 없다. 만일, 교사가 (세 자리 수) × (두 자리 수)를 통하여 실생활에서 복합적인 문장제를 창출할 수 있음을 그 시간의 목표로 생각한다면 이 교사는 조건화 이론을 벗어난 수업을 시도한다고 볼 수 있다. 이러한 이유 때문에 조건화 이론 하에서 수업이 진행되는 교실에서는 학생들의 학습행위를 점수로 환산하여 기록할 수 있다.

다음은 문제해결에서 일어나는 사고활동에 대해서도 두 이론의 차이는 있다, 조건화 이론에서는 사고를 학습에서 생기는 시행착오라는 행위로 설명한다. 이를 테면 쥐가 미로에서 먹이에 쉽게 도달하는 길을 택할 때 시행착오를 이용한다. 인간은 이 사고과정이 보다 정교할 뿐이지 본질적으로 쥐와 같은 사고과정을 겪으며 다만, 인간은 많은 기호들을 풍부하게 결합한 언어를 사용한다는 점이다. 이러한 언어는 행위를 위한 큐(cue, 암시 또는 힌트)가 되며 이 큐는 일종의 자극으로 유기체의 이동을 돕기 때문에 동물보다 높은 수준의 사고과정을 이루어 간다. 몇 가지 원리를 적어보자.

(1) 인간은 선택적으로 큐를 사용할 수 있는 큰 사고 용량을 가진다.
(2) 인간은 스스로 자극을 창출하는 능력이 있고 다양한 반응을 보일 수 있다.
(3) 인간은 큐의 패턴에 근거한 자신의 미래반응을 구상할 수 있다.

다음 문제는 실제 초등학교 고학년 학생이 생각한 문제해결이다. 이 문제를 풀 때에는 문제이해를 연구자와 같이 하고, 푸는 과정은 학생 스스로 수행하도록 했다.

> 복남이는 아저씨 일을 도와주고 얼마를 받았다. 번 돈 중 $\frac{1}{2}$은 연필을 사는 데 쓰고, 나머지의 $\frac{3}{4}$은 볼펜을 사고 맨 마지막 남은 돈을 알아보니 1,500원이었다. 처음 번 돈은 얼마인가?

대부분 학생들은 처음에 20,000원을 번 돈으로 하고, 차례로 큐를 찾아갔다. $\frac{1}{2}$이므로 10,000원이고, 나머지 10,000원의 $\frac{3}{4}$은 볼펜을 샀으므로 7,500원을 볼펜을 사는데 썼고, 맨 마지막 남은 돈은 2,500원이다. 그런데 문제는 주어진 정보는 맨 나중에 남은 돈이 1,500원이므로 이 값은 알맞은 값이 아니고 다시 맨 처음 번 돈을 18,000원으로 해보면…….

이와 같이 하면 18,000원, 16,000원, 14,000원, 12,000원에 이르러 문제에 주어진 정보에 들어맞다고 생각했다.

그런데 이러한 시행착오를 거치는 동안 일부 문제해결자들은 문제에 주어진 큐 $\frac{1}{2}$, $\frac{3}{4}$을 이용하여 적당한 선분을 그려 해결했다.

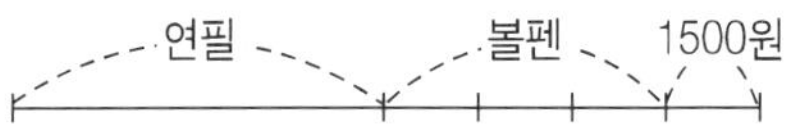

처음 번 돈 (1,500원 × 4) × 2 = 12,000원

한편, 행동주의자 학습이론에서 스키너(Skinner, 1965)의 생각은 오늘날 프로그램 학습의 시초라 볼 수 있다. 그의 이론에 의하면 교사는 학생들의 행위를 만들어주는 빌딩건축가로 볼 수 있어서 학습목표를 세분화하여 매우 작은 과제로 만들고 보충·강화해줌으로 학생은 operants(행동의 집합)가 강화된다. 중요한 용어는 강화인데, 비둘기 실험에서 먹이주기가 강화이며, 먹이주기를 통해 비둘기가 머리내밀기라는 행동(operant)이 증진된다. 스키너에게 교육은 기본적으로 문화를 학생들에게 전하는 일로 보고 이 과정에서 operant 조건이 큰 역할을 한다고 본다. 때문에 교사는 학습이 효과적으로 일어나기 위해서는 도구의 도움을 받아야 한다고 보며 적절한 자극의 통제하에서 반응이 유도되어야 한다고 생각했다. 프로그램 학습(지도)이 이러한 목적에 알맞고 우리나라에서도 70년대 또는 80년대 전국적으로 실시한 경험이 있다.

프로그램 학습은 수학의 어떤 주제(예, 방정식)를 작은 주제를 단계별로 쪼개어 설정하고 이들을 논리적인 계열로 만든다. 학생들은 스스로 이 계열을 따라오고 개인의 학습속도에 알맞게 학습을 진행한다. 각 단계를 즉시 강화할 수 있는 바른 답이 제시하며, 답을 맞힌 학생은 다음 단계로 진행한다.

가네의 과제분석

행동주의자의 대표적인 가네(1970)는 인간의 학습이 일어나는 8가지 유형을 제시했고 이 유형 중에서 수학교육에 관심이 많은 것으로 개념학습, 규칙학습, 문제해결학습을 들 수 있다. 개념은 서로 다른 자극에 대하여 공통된 반응을 보이는 것을 말한다. 일반적으로 개념은 여러 가지 대상에서 공통된 성질을 포착함으로써 학습되며, 가네는 이것을 서로 다른 자극에 대한 공통된 반응을 하는 것으로 해석한다.

가네는 학생들이 새로운 개념을 학습하기 위해서는 어떤 형태로든지 선수학습이 이루어져야 한다. 그보다 즉 새로운 개념을 획득한다는 것은 다음과 같은 학습이 선행되어야만 한다. 즉 자극-반응 학습, 연쇄, 언어적 연합, 구별이 되는 특성들에 대한 다중 변별 등의 학습을 말한다.

예를 들어, 원이란 개념을 학습하는 과정을 생각하여 보자. 첫 번째 단계로는 ○ 모양을 보고서 자기가 생성한 자극-반응의 연결로서 '원'이라고 말하는 학습이 이루어지게 되고, 두 번째 단계는 개별적인 언어적 연합을 획득함으로써 원과 같은 물리적 대상(굴렁쇠, 동전, 자동차 타이어 등)을 확인하게 되며, 마지막 단계로 학습자는 원, 사각형, 삼각형, 타원 등을 구별하는 학습을 하여야 한다.

규칙학습은 개념을 연결하여 수학적인 원리나 법칙, 공식 등과 같은 관계를 식별하게 되는 것을 말한다. 우리가 보통 행하는 연설, 작문, 산술, 기능, 틀에 박힌 일상적인 활동 등은 우리가 학습한 규칙에 의하여 지배를 받고 있다. 학교에서 행해지고 있는 다수의 수학학습은 규칙학습이라 할 수 있다. 우리는 수학에서 셈의 개념으로써 곱셈, 뺄셈, 곱셈, 나눗셈을 학습하고 있다. 마지막으로 문제해결학습을 학습자에게 이전에는 알려지지 않은 높은 수준의 규칙을 형성하도록 하는 학습자에게 독특한 방식으로 규칙의 연쇄와 선택을 요구하는 학습으로 본다. 이들 학습을 위해 가네는 지도목표의 과제분석으로부터 시작한다. 즉 그는 항상 학습자가 무엇을 하기를 기대하는가? 라고 묻는다. 그가 주장하는 이 능력은 구체적인 행동 용어를 사용해서 기술되어야 한다. 여기서 능력이라 함은 어떤 특별한 조건 아래서 특별한 일을 해내는 것을 의미하고 있다. 따라서 수열에서 일반항을 구성하는 능력, 기하에서 증명문제를 해결하는 능력 등을 말할 수 있다. 이러한 능력은 최종목표가 되며 이 최종목표에 도달하기 위하여 가네는 다음과 같은 질문을 던진다.

이 최종목표를 달성하기 위하여 무엇을 알아야 하는가?

즉, 예비과제 a , b 를 해결하지 못하면 최종목표를 달성하지 못한다 하자. 피라미드 그림으로 나타내어 보면 다음과 같다.

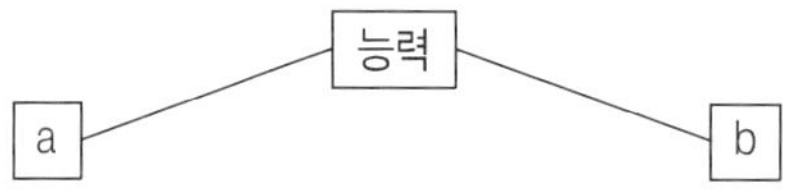

또, 과제 a를 해결하기 위하여 예비과제(prerequisites) c, d를 알아야 하고 b를 풀기 위하여 예비과제 e, f, g를 알아야 한다.

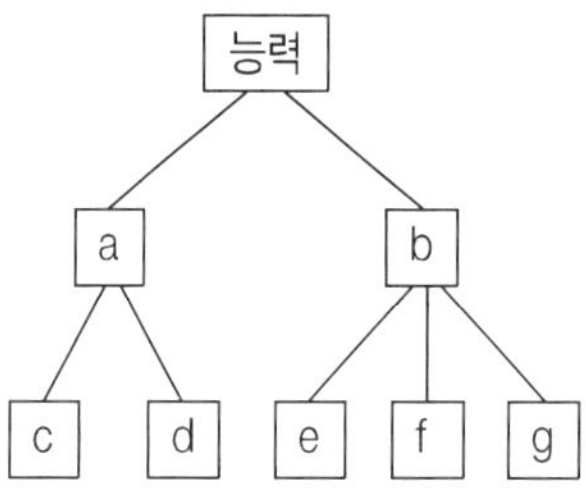

이와 같이 하면 예비과제를 복잡한 피라미드 모양으로 연결할 수 있으며 미리 도달하려는 목표를 얻을 수 있다. 가네가 발전시킨 모델을 구체적으로 보면 위의 표에서 맨 위에 오는 능력이 문제해결이라면 학습자는 이를 위하여 법칙, 원리들을 알아야 한다. 그러나 원리를 이해하기 위해서는 개념을 알아야 하며 이 개념의 예비과제로서 여러 수학적 사실을 알아야 한다.

사실(facts) ⇒ 예비과제로서 ⇒ 개념(concepts) ⇒ 예비과제로서 ⇒ 규칙, 원리(rule, principle) ⇒ 예비과제로서 ⇒ 문제해결(problem solving)

이와 같이 가네는 예비과제의 지도를 만들고 어떤 것이 이미 성취되었느냐를 결정하기 위하여 사전 테스트를 실시한다. 이런 종류의 진단테스트에 응답하는 결과를 보고 무엇을 가르쳐야 할지 정확히 판단한다. 이러한 모델은 프로그램된 지도에 유익하다. 학생들이 예비과제에 높은 성취도를 보였다면 이어서 후속되는 학습을 엄격하게 계획할 수 있다.

마지막으로 스키너의 컴퓨터를 이용한 <u>프로그램학습</u>을 들 수 있다. 그는 프로그램 학습은 매우 효율적인 학습이라고 본다. 왜냐하면 컴퓨터는 적절한 학습행위를 주면서 즉시 강화 프로그램을 줄 수 있기 때문이다. 학생은 각 질문에 즉시 답을 할 수 있고 바른 정답을 받을 수 있기 때문에 강화가 된다. 그는 교사가 주의해야 할 조건화를 다음과 같이 요약한다.

(1) 교사가 목표를 구체적으로 제시하고, 이를 바람직한 학습행위로 정의해야 한다.
(2) 강화시스템은 학습의 행위를 크게 보충해 준다.
(3) 지극히 복합적인 과제를 작은 단위(또는 단계)로 쪼개어 점진적으로 최종 목표에 도달하도록 한다.

이러한 강화 스케줄을 위해서는 컴퓨터는 대단히 중요한 학습도구로 보았고 즉, 컴퓨터는 학습자의 오류를 즉시 기록해주고 이를 수정하는 기능을 가지고 있으며, 학생들의 약점을 쉽게 치유해 줄 수 있는 강화 프로그램을 그림으로 창출한다. 뿐만 아니라 학생 자신에 알맞게 학습속도를 조절할 수 있으며 개인의 능력에 알맞게 풍부한 학습자료(강화 프로그램)을 제공한다.

인지주의 학습

앞에서 말한 바와 같이 인지주의는 경험을 매우 중시하며 인간이 환경과 상호교환을 통하여 통찰력을 얻는 활동을 으뜸으로 생각한다. 듀이(1961)는 "경험으로부터 학습한다는 것은 지금하고 있는 활동(do)과 그 결과로 얻을 수 있는 것 사이의 전후 연결을 만드는 것이다."라고 말한다.

다시 말하면 수학의 학습에서는 학생들이 교실에서 어떤 경험을 창출하며, 이 경험을 전·후 경험에 어떻게 연결하느냐에 주된 관심이 있고, 이때 경험은 능동적이든 수동적이든 관계하지 않는다. 이 과정에서 학생들은 통찰(이해)이 일어난다고 보며, 통찰의 변화를 학습으로 본다. 이러한 견해는 조건화 이론에서 말하는 "학습은 어떤 연합원리 또는 기계적 절차에 의하여 어떤 것을 다른 것으로 연결하는 과정"으로 보는 것과 크게 다름을 알 수 있다. 따라서 인지주의 교실에서는 관찰 가능한 행위를 학습에서 취급하지만 그 결과를 데이터로 산출하는 것이 아니고 개인의 환경, 통찰 등의 변화를 학습의 결과로 본다.

고전적인 학습이론으로 가네의 이러한 설명을 중시하는 오스벨의 학습이론을 알아보자.

오스벨의 유의미학습

학습이론은 어떤 개념의 표현(구체적, 영상적, 상징적)뿐 아니라 수학의 구조(또는 계통적 연결)를 연구한다. 이를 테면, 자연수의 사칙연산을 배우지 않고 정수, 유리수의 사칙연산으로 갈 수 없다. 더 나아가 수의 조직안이 이들 연산이 포함되기 때문에 수의 구조를 파악하지 않으면 연산의 뜻을 이해했다고 볼 수 없다. 아동이 다양한 기본지식을 충분히 가지고 있다면 새로운 개념을 보았을 때 쉽게 동화할 수 있다. 그만큼 수학의 구조를 풍부하게 만들 수 있으나, 그 반대일 경우 새로운 개념 또는 아이디어는 기존의 구조에 동화하지 못하기 때문에 아동은 외우는 수학을 한다.

간단한 알고리즘에서 0.58+0.38을 계산하기 위해서는 아동은 자릿값의 개념을 충분히 익히고 0.1의 자리끼리 더하고, 다음은 0.01 자리끼리 더하는 과정을 통해 덧셈을 한다. 그러나 암기하는 수준의 학습으로는 0.21+0.29998 또는 10진법 이외의 다른 진법에서 덧셈은 생각하기 어렵고, 가장 나쁜 결과는 생각의 융통성 등이 크게 떨어진다는 점이다. 원래 오스벨(1968)의 학습이론은 특별히 수학에만 적용되는 이론은 아니고, 과학과 사회 등에도 그의 이론이 적용된다. 그에 의하면 유의미학습은 새로운 지식이 아동의 기존 지식의 구조에 연결 또는 동화되어 안정적으로 더 발달된 지식구조를 가지는 과정을 의미한다. 세 자리 수의 덧셈을 안정적으로 이해한 아동의 지식구조에 어느 날 네 자리 수의 덧셈이 연결이 될 때 유의미 학습을 한 아동은 새로운 지식을 기존의 지식구조에 동화시키면서 발전된 새로운 지식구조를 만들어간다. 이 지식구조의 초기에는 곧잘 발견학습에 의하여 그 지식구조가 자리를 잡지만 점점 복잡한 지식구조가 되면서 교사의 설명 학습에 의해 이들이 효과적으로 정착된다는 것이다.

이와 같이 유의미 설명을 통해 수업을 진행할 때는 몇 가지 참고하는 원리를 이해해야 한다.

(1) 선행조직자의 원리

선행조직자는 새로운 학습과제의 점진적 증진효과를 최대로 해주도록 인지 구조를 조정하는 방법을 말한다. 이것은 포괄적이고 높은 추상성, 일반성을 지닌 자료이어야 한다. 이를테면, 역함수의 개념 획득을 최대화 하기 위해서는 "역"이라는 추상적이고 일반성을 지닌 경험을 준다는 것이다.

(2) 점진적 분화의 원리

학습내용 중에서 가장 일반적이고 포괄적인 의미를 먼저 제시하고 점차 세분화되고 특수한 의미로 분화되도록 한다는 원리이다. 이를테면 삼각형의 닮음과 합동을 지도할 때 삼각형의 닮음을 먼저 지도하고 구체적이고 세분화된 삼각형의 합동을 지도한다는 것이다. 이 원리는 여러 독립적인 아이디어들을 상호관련하여 이해시키는 데 도움이 된다. 그러나 이 원리에 의해 수학의 지도는 교실에서 잘 일어나지 않는다. 한 예로 종전에는 관계를 배우고 함수로 들어갔으나 그동안 이러한 지도의 문제점이 발견되어 지금은 함수만 가르친다든지 도형에서 합동을 먼저 지도하고 닮음을 지도한다.

(3) 통합조정원리

새로운 개념이나 의미는 이미 학습된 내용과 통합을 해야 한다는 것으로 수학에서는 일찍부터(수학사의 초기) 이 원리를 받아들였다고 볼 수 있다. 수학사를 보면 바빌로니아 또는 그리스 수학에서는 대수와 기하가 통합이 되어 발전되었으며, 현대수학도 이러한 통합의 바탕에서 그 이론이 전개된다.

(4) 요약·정리 또는 내용조직 원리, 학습준비원리

수학의 어떤 내용을 학습할 때는 전에 학습한 내용을 요약하고 정리하면 본 수업에 다루고자 하는 학습이 촉진된다는 것이다.

또 학습의 효과를 최대로 하기 위해서는 학습내용이 계열적·체계적으로 조직되어야 한다.

이들 원리에 의하여 유의미 수업절차가 논의되었다(변영계, 1988). 이를 절차를 요약하면 다음과 같다.

- 선행조직자 예시 : 목표, 선행조직자, 사전지식연결, 학습의욕
- 학습과제 및 자료제시 : 자료의 논리적 조작, 점진적 분화
- 학습인지구조 확정 : 통합조정, 제한적 사고 유도, 학습에 용어정리

지금까지는 두 이론에 대한 개괄적인 설명이 있었다. 마지막으로 사고에 대한 두 입장을 생각해보면 이에 대한 두 집단의 견해가 다르다. 행동주의에서는 사고를 시행착오로 규정하지만, 인지주의자(특히, 상호영향론자)들은 인간이 새로운 통찰(또는 이해)을 얻거나 기존의 통찰을 수정하는데 사용한 반영적 과정을 사고라 한다. 특히 반영적 과정을 다음 5가지로 본다.

(1) 문제정의 (목표인식)
(2) 가설의 설정
(3) 가설의 논리적 적용의 정교함
(4) 가설검증
(5) 결론이끌기

02 과정중심교육이론

피아제 · 부르너 학습

피아제는 지식은 아동에 의해 구성되는 조작적 구성주의를 제시한다. 이 구성에서 가장 중요한 역할을 하는 것은 활동(action)으로 보며, 이 활동은 두 가지 측면 즉, 조직들간의 가역적 상호작용과 적응을 특징으로 들 수 있다. 또 이 적응과정에는 두 개의 분리될 수 없는 과정인 **동화**(assimilation)와 **조절**(accommodation)을 포함한다. 동화란, 인간이 자기의 기관을 통하여 자연을 자기 속으로 끌어들이는 기능을 말한다. 환경 속의 자료를 어떤 인과적 의미로나 기계적인 의미로서가 아니라 자신의 성격으로 인해 환경으로부터의 잠재 재료를 동화를 통해 내면으로 끌어넣는 것이다. 예를 들어 자연수의 덧셈을 배운 어린이는 정수의 덧셈을 배울 때 이미 내적으로 형성되어 있는 도식(자연수의 덧셈)에 맞추려고 한다.

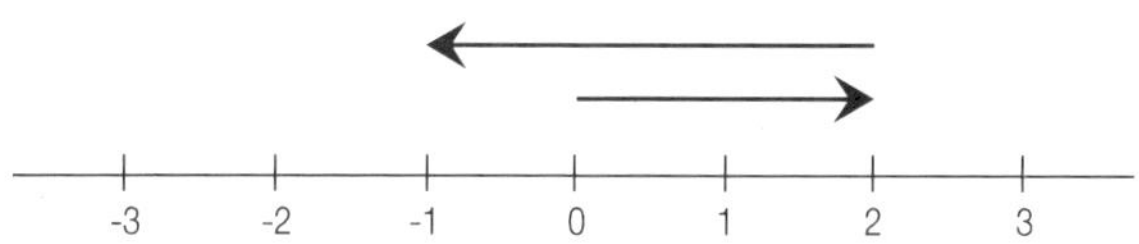

물론 그(그녀)는 자기가 기억하고 있는 지식에 동화시킬 수 없다는 것을 알고 조절과정으로 들어간다. 조절이란 동화와는 반대로 외계가 인간에게 작용하는 것이 아니라 인간이 자기가 잠재적으로 가지고 있는 기능을 작용시켜서 자기 자신을 여러 가지로 통제하면서 적응해 가는 것을 말한다. 어떤 특정한 현실 상황으로 방향 제시된 조작적 행동이 밖을 향해 나가는 과정을 말하며, 조절에서는 일반적 구조를 특성 사태에 적용하게 된다. 새로운 사태에 조절한다 함은 이전의 구조가 분화해서 새로운 구조를 만들어내는 것이다. 위에서 (+2)+(−3)=−1을 어떻게 조절할까? 아마 두 단계로 교사는 지도계획을 만들 것이다.

1단계 : +2의 반대수 −2를 수직선에서 도입

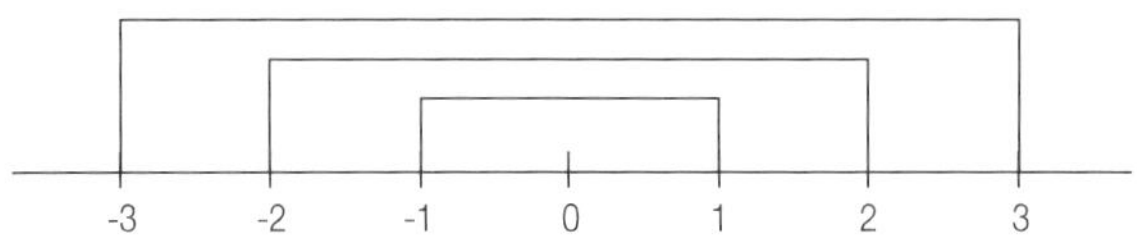

규칙 (1) 기준점 O에서 두 점 (+2, −2) 사이의 거리는 같다.

(2) 방향은 반대이다. 즉, $(+x) \rightarrow (-x)$

2단계 : 수직선의 어떤 점에서 오른쪽으로 2칸 이동했을 때 +2로 약속하고, 왼쪽으로 3칸 이동하면 −3으로 약속한다. 이들 이동의 결과는 다음과 같다. 즉, 그 결과는 처음 기준점 O에서 왼쪽으로 1만큼 이동한 것이며 −1로 나타낼 수 있다.

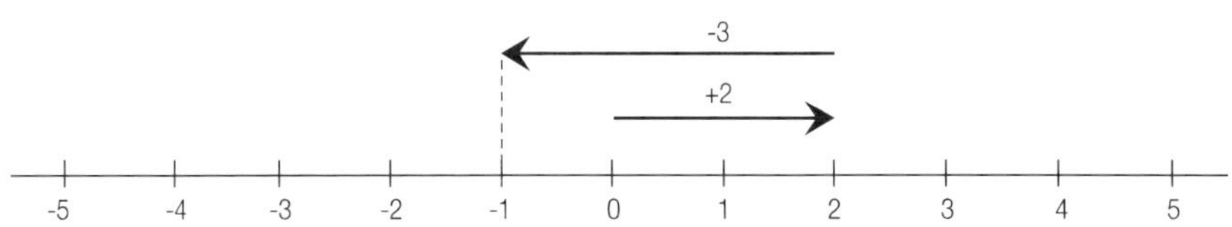

이와 같이 동화, 조절에 의해 아동은 균형(equilibrium), 즉 아동 앞에 있는 이용 가능한 정보가 아동의 기존지식조직에 안착이 되는 상태에 이른다. 이러한 지적인 성장은 사회적 과정이어서 아동들은 물리적 환경을 집단으로 접촉하게 된다. 수학시간에 좌표의 뜻을 혼자 이해하는 것이 아니고 동료들과 대화, 놀이를 통하여 알게 된다. 즉 다른 아동과의 접촉은 자기만의 고집을 수정할 수 있고, 자신의 관점을 다른 사람의 아이디어를 통해 고쳐 나간다.

피아제는 발달하는 아동에서 얻은 실증적 연구에 기초하여 태어나서 16세까지의 4단계 지적발달단계를 제시한다. 재미있는 사실은 그가 제시한 지적발달의 단계의 구조는 수학자들이 만든 수학조직과 밀접하게 대응된다는 사실이다. 예를 들면, 구체적 조작기의 인지구조는 수학의 그룹핑(grouping), 즉 단위원, 역원, 결합법칙, 닫힘성 등과 대응이 되고, 형식적 조작기의 구조는 군과 격자(lattice) 이론에 대응된다.

수학교육에 활용

피아제의 실험결과는 수학교육에도 많은 시사점을 준다. 첫째는 교사의 설명 위주의 대단위 수업은 아동들의 개별수업 또는 소규모 모둠수업으로 이동해야 한다는 점이고, 둘째는 교실 분위기는 항상 구체물 조작과 놀이 등에 수업의 초점을 맞추어야 하고, 셋째는 아동과 호흡은 구체적 조작기의 사고를 발달시키는 데 중요한 역할을 하며, 넷째 수학은 상징·기호·규칙을 동반한 관계의 구조를 중시하는 학문이므로 학습을 시작하고 방향을 잡는데 교사의 책임감이 매우 중요하며 구체적 상황에서 수학적 아이디어를 추상하는 과정에서 기호, 보기, 연습, 문제풀기 등은 필요한 상황이다. 이러한 시사점을 수와 측정에서 구체적으로 알아보자.

피아제의 연구 중에 아동의 수, 측정의 아이디어가 어떻게 발달되는가? 는 교사들에게 재미있는 소재이다. 피아제는 이들 개념의 발달을 알아보기 위해 관찰과 인터뷰 방식을 사용하였다.

수개념과 획득연령대

나이	수대응의 개념	나이	수개념
$4\frac{1}{2}$ 또는 5세	A. 1-1대응이 보존되지 않음. B. 연속량(물, 액체)이 보존되지 않음. 용기의 크기모양에 따라 다르게 대답함 C. 불연속량(구술의 수)이 보존되지 않음 D. 순서가 보존되지 않음 E. 집합수, 순서수, 단위 등을 이해하지 못함 F. 전체와 부분을 구분하지 못함. G. 하나 더하기 일곱은 4 더하기 4와 같지 않다고 함. F. X는 Y와 같고 Y는 Z와 같을 때 X와 Z는 같다고 하지 않음.	6-7세	A. 1-1대응보존, 연속량 보존 B. 불연속량 보존 C. 순서 보존 D. 집합수, 순서수의 이해 E. 전체-부분관계 획득 G. 1-1대응의 추이율 보존 H. 곱셈성질의 획득

나이	수대응의 개념	나이	수개념
5~6세	A. 1-1대응을 구성할 수 있으나 보존되지 않음 B, C가 점진적으로 인식됨 D는 시행착오로 해결됨 그러나 보존이 안됨 E는 점진적으로 이해됨 F는 시행착오에 의해 가능함(순서보존) G, H는 점진적으로 이해됨(전체-부분관계, 덧셈, 1-1대응 추이율)		

위의 표에서 순서는 길이가 서로 다른 막대기를 섞여놓고 길이가 짧은 것부터 긴 순서로 늘어놓는 활동이다. 더 나가서 두 개의 막대기 순서를 보고 위치를 1-1 대응시키는 활동도 포함한다. 또, 측정개념도 수개념의 발달과 비슷하다. 이유는 측정은 수에서처럼 보존성과 단위의 이해가 필요하기 때문이다. 다음 표는 측정개념의 발달을 나이별로 나타낸 것이다.

측정개념의 획득연령대

나이	측정개념	나이	측정개념
$4\frac{1}{2}$~5세	A. 길이, 거리 보존 실패 B. 단위 사용 거리 측정 실패 C. 대강 점으로 위치 표현 D. 길이가 같은 두 선분의 인식 실패	7~8세	A. 거리보존(AB=BA) B. 길이보존, 면적보존 C. 부피의 보존
5~6세	A. 두 길이가 같다는 것을 보이기 위해 서로 가까이 옮김	8~9세	A. 재는 물건보다 짧은 자를 사용 B. 단위 반복사용 가능 C. 단위로 면적 계산 D. 시행착오로 변의 길이와 넓이, 부피 관계를 파악
6~7세	B. 길이를 재기 위해 손바닥으로 잼 C. 불규칙적인 거리 보존 D. 거리를 어림하기 위해 자를 사용 E. 시행착오로 면적의 보존	8~10세	A. 면적 S, T가 있을 때 면적 S-T를 인식

위에서 아동의 면적 보존은 면적의 측정 전에 나타나며, 비슷한 시기에 부피의 보존과 단위를 이용해 부피를 재는 개념이 얻어진다는 것이다.

일반적으로 피아제의 이론에서 우리는 교육과정을 구성하는 몇 가지 시사성을 얻을 수 있다. 첫째는 활동적 학습원리로서 행동의 내면화를 통한 조작을 강조한다는 점이다. 여기서 행동의 내면화를 통한 조작을 원의 정의를 이용하여 설명할 수 있다.

원은 한 점에서 같은 거리에 있는 점의 모임(집합)으로 약속한다. 보통 교실에서는 원의 그림을 칠판에서 보이고 이 정의를 해석해 준다. 그러나 피아제는 다음과 같은 순서로 원의 정의를 지도해주길 권한다.

- 1단계 : 보물섬의 지도를 보아라. 점의 가운데 소나무를 중심으로 5개 지점에 보물이 묻혀있다. 어디에 묻혀 있을까?
- 2단계 : 모눈종이에 소나무 아래 점 O으로부터 5cm 거리에 있는 지점을 점으로 나타내어라.
- 3단계 : 2단계에서 어떤 도형이 만들어졌는가? 이 도형은 어떻게 약속하겠는가?

이러한 과정에서 행동의 내면화를 통해 원의 개념이 얻어짐을 볼 수 있다. 이 뿐만 아니라 그는 인간의 인식이 통합되고 조직될수록 환경과 더욱 효과 있게 상호관련한다는 통합의 원리라든지 사고의 기본적인 요소는 이미지가 아니라 조작이라는 조작적 원리라든지 또는 아동의 교육은 지적발달단계에 순응해야 한다든지 등을 제시한 바 있다. 이 중에서 통합적 원리는 수학과 교육과정에서 가장 중요한 단어가 되었다. 수학사를 보면 고대수학은 대수, 기하, 해석 등이 독립된 과제가 아니었고, 통합한 형태로 연구되었음을 알 수 있다.

실제 초등학교에 처음 들어온 학생들이 경험한 수학은 대수, 기하, 해석, 통계와 확률 등으로 따로따로 구분하지 않고 한 주제를 위해 통합해서 아이디어를 찾는다. 도형을 모으고 그 속에서 수를 찾으며 나아가 노래의 리듬에서 수학의 패턴을 익히고 벌집 속에서 육각형 모양을 찾는다. 이러한 경향은 학년이 지날수록 학생들이 대하는 소재가 좀 더 추상적이고, 비현실적인 소재일 뿐이지 그의 수학활동은 일관성을 가진다.

이를 테면, 그림에서 중학교 3학년 학생은 비현실적인 소재로 된 통합문제를 푼다.

한 변의 길이가 1인 정사각형의 내부 점 P를 잡고 △ABP를 만들 때 이 삼각형이 예각삼각형일 확률을 구하여라.

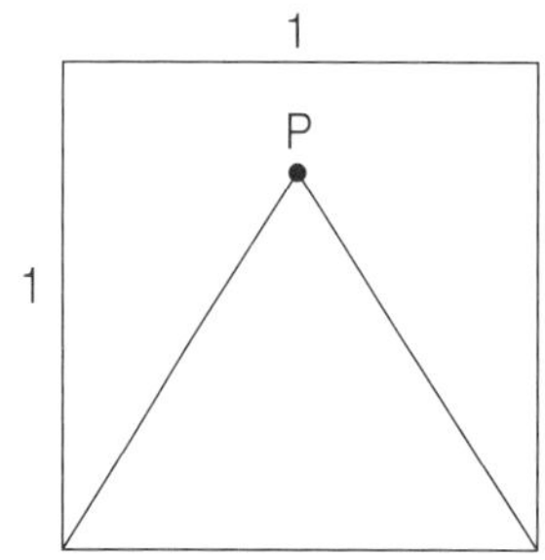

이 문제를 통해 학생은 다음과 같은 풀이를 통해 대수, 기하, 확률의 아이디어를 통합하는 경험을 가진다. 이때 이 학생은 $\overline{AB}$를 지름하는 반원을 그려 생각한다.

$$1-\frac{1}{2}\bullet\left(\frac{1}{2}\right)^2\bullet\pi=0.61$$

한편 **브루너**(Bruner, 1960)는 학습의 문화적 경험을 중시하는 학자로서 인간을 기본적으로 정보처리자, 학습자, 사고자, 창조자, 이야기 전문자로 분류한다. 그는 피아제 인식론의 영향을 크게 받았지만 피아제의 인지발달단계를 거부한다. 그는 학교교육을 강조하는 학자로 교육해야 할 일로 어떤 일을 조정하는 기술, 기호적 조작을 완성하는 기술, 컴퓨터 기술과 관련된 문화적 표현을 조절하는 기술 등을 열거하지만 가장 중요한 일은 문화의 재창조를 학교교육을 통해 실현할 수 있다고 본다.

그의 관심은 어떤 의미 또는 수단(meaning)으로 인간이 정보를 선택하고, 보유하고, 변형시키는지를 관찰하는 데 있었기 때문에 일반화된 통찰 또는 이해를 얻기 위해 이산적인 정보를 조직하고 그것을 **해설**(narrative process)하는 방법을 중시하였다(Bruner, 1990). 또, 그는 의미를 사회생활 속에서 교섭하고 창조되어지는 과정으로 생각하였고, 행동주의 대상이었던 행위의 훈련과정과 대조적으로 의미 만들기를 주장한다. 학습에 관해서도 몇 가지 기본 전제를 둔다.

첫째는 지식의 획득은 활동적 과정이며, 둘째는 학습자가 활동적으로 자신의 지식을 구성한다는 것은 새로운 정보를 이미 자신이 형성한 내적 모델에 관련시키는 것으로 본다. 지적 성장에 대해서도 피아제와 다른 견해를 가지며 전자극-반응이나 피아제의 준비성이 아닌 필요한 전 과정(prerequisite) 개념으로 보기 때문에 지적성장의 단계는 나이에 관계없이 어떤 환경에 영향을 받는다고 본다. 따라서 교실에서 어느 학생의 학습과정은 매우 더디게 나타나는 반면 다른 교실에서는 학습과정이 매우 빠르게 진행될 수 있다고 본다.

그는 지적 성장에서 거의 모든 사람이 3가지의 표현모드, **구체적**(enactive), **영상적**(iconic), **상징적**(symbolic) 단계를 순차적으로 거친다고 본다. 이들 단계에서 한 단계는 전 단계를 발판으로 발전하며 표현모드라 함은 일종의 규칙 또는 일반화의 한 시스템이며 이는 개인의 환경의 재현을 보존하는 수단과 연결된다. 이를 장이론가들은 일반화된 통찰, 즉 이해라고 한다. 1단계의 구체적 모드는 구체물 조작수준으로 실체를 아는 것이다. 이를테면, 아동의 자전거를 타는 행동에서 그는 자전거 타는 방법을 지식으로 보았으며, 자전거 타는 방법은 적절한 활동(행위)의 집합으로 구성한다고 생각했다. 영상적 모드는 아동의 내적인 상상에 바탕을 두며, 이 지식은 어떤 개념을 대표하지만 완전하게 정의되지 않은 종합적 이미지 또는 그림의 집합이다. 따라서 이 지식은 그림과 감각적인 표시 등에 의존한다. 이 모드에 언어와 기호가 결합하면 자연스럽게 상징적 모드가 된다. 이 상징적 모드는 반영적 사고의 도구이기도 한다. 이러한 상징적 모드에 들어온 학생은 논리적 사고를 이해하는 능력, 위계적 구조를 개념에 결부시키는 능력, 조합적인 사고를 할 수 있는 능력 등을 포함한다. 아동은 3개 표현모드를 문화 속에서 활용하면서 인지능력을 향상시킨다. 3가지 표현모드를 다음에서 설명해 보자.

상징적 모드 0.001의 100배는 0.1이다.

영상적 모드

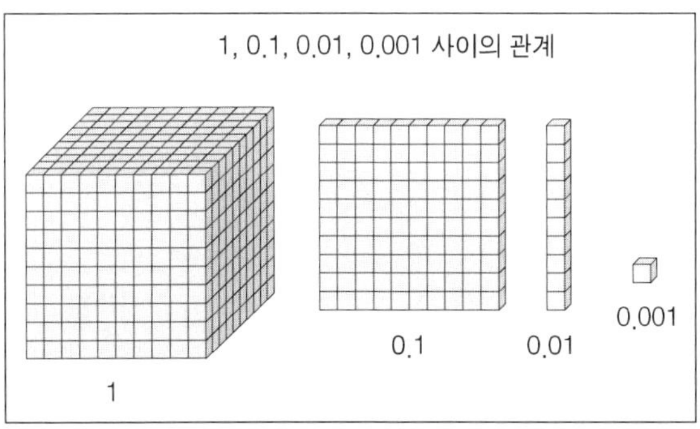

구체적 모드 위의 실제 블록을 가지고 비교해 본다.

상징적 모드로 가기 위해서는 구체적 모드로부터 시작한다. 부르너는 "이 세계에 대한 아동의 지식은 단순히 그 순서와 구조의 복사가 아니고, 어떤 구성 또는 모델로 이루어진다. 모델이라 함은 이 세계(현실)가 미래에 어떻게 변할 것인지 예측하는 과정을 말한다." 일반적으로 모델을 통찰력 있는 경험으로 보며 스토리텔링(story telling)을 통해 의사교환의 방법으로 얻어진다고 보았다.

브루너 지도

그는 문제해결을 교육에서 중요한 수단으로 보았다. 교사는 학생이 지식구조를 잡아가도록 도와주어야 하며, 이를 위해서는 지식의 기본 아이디어 또는 원리들의 일반화를 얻게 해야 한다고 말한다. 교사의 지도는 지도할 내용을 가르치고자 하는 학생의 이해수준에 알맞게 인도해야 하며, 이것의 최종 목표는 현재 또는 미래에 배우게 될 상황에 이용가능하는 데 있다고 보았다. 이러한 과정을 설명하는데 그는 코딩시스템이라는 용어를 쓴다. 교실에서 긍정적인 전이는 적절한 코딩시스템이 새로운 학습상황에 활용된 것이고, 부정적인 전이는 학습자가 어떤 코딩시스템을 잘못 적용했거나 활용될 코딩시스템이 학습자에게 없는 경우를 말한다. 따라서 그는 교사가 자신의 수업기술을 향상시키려면 주제에 대해 학생이 일반화 할 수 있는 능력을 최대로 높이는 데 있으며, 당연히 최적의 코딩시스템을 마련해야 한다고 믿는다. 이를 설명하기 위해 부르너는 다음 보기를 든다.

$$2+2+2=3 \cdot 2 \qquad 3+3+3+3=4 \cdot 3$$
$$=6 \qquad\qquad\qquad =12$$

위의 덧셈을 무난히 해결한 학습자는 당연히 다음 계산에서 적절한 답을 제시해야 한다. 즉 일반화하는 기술이다.

$$a+a+a+a=(\quad)$$

만일 학생이 답을 하지 못했을 때는 교사가 이 학생에 알맞은 코딩시스템을 개발해주지 못했다고 보았다. 코딩시스템은 개념이 일반화 또는 지식구조 속으로 통합되는 과정이기 때문에 현대의 지식 또는 자료를 미래 속에 예측할 수 있도록 해야 한다.

위의 보기에서 $a+a+a+a=3a$라 대답한 학생은 앞으로 "오른쪽 삼각형의 3변의 길이합을 구하라"와 같은 문제에서 쉽게 $9a$라 대답할 것이다. 이 경우 최적의 코딩시스템이 이 학생에게 작동하고 있음을 알 수 있다.

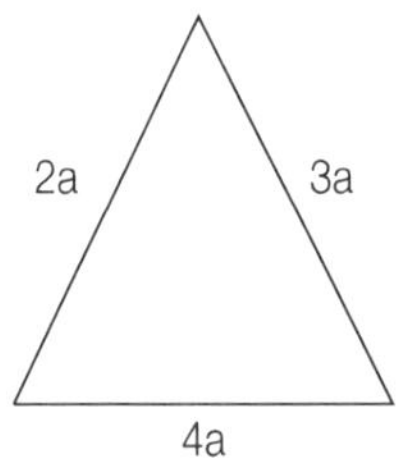

부르너는 문제해결 속에 모든 학습활동을 넣어 이를 설명한다. 즉, 모든 학습활동–개념의 획득, 문제의 해법, 상황의 지각, 규칙 발견, 기능의 숙달 등–은 문제해결의 과정이다. 그는 문제해결을 두 단계로 보았다. 첫째 단계는 과거 학습경험에 기초하여 만들어진 내적 모델에 새로운 정보를 도입하여 가설을 설정하고 둘째는 설정된 가설에 데이터를 넣어 검증하며, 이때 두 개가 서로 알맞은 대응이 되면 그 가설은 인지구조에 받아들여진다.

이 과정에서 쓰인 용어 데이터는 힌트, 단서, 예 등을 말하며 설정된 가설은 문제풀이에 알맞은 정리, 원리, 규칙 등을 말하고, 모델은 코딩시스템, 표현조직, 인지구조 등을 말한다. 이때, 브루너는 풀이과정에서 도움을 주는 교사의 역할을 크게 강조한다. 아동이 발견하도록 도와주는 것은 문제해결의 최상의 환경을 마련해 준다는 것이다. 이러한 환경 속에서 비로소 학생은 장차 사회에 나가 발견하는 사고하는 학생이 될 수 있다는 것이다. 다음 문제해결에 대한 부르너 생각을 적용하여 보자.

다음 그림은 한 변의 길이가 1인 정사각형 모양의 종이를 4등분하고 색칠한 부분을 다시 4등분하는 과정을 나타낸 것이다.

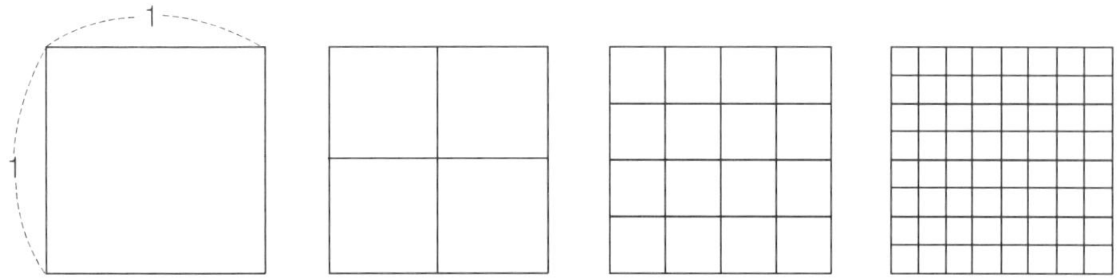

5단계에서 색칠한 정사각형의 넓이와 한 변의 길이를 구하여라.

⇒ 학생은 내적 모델은 어떤 패턴(규칙)을 생각하고, 가설로 "4단계에서 넓이와 한 변의 길이를 알면 5단계의 넓이와 길이는 구해질 것이다"을 생각하고

⇒ 적절한 시각에 교사로부터 큐(단서, 힌트) 사인이 들어온다. 즉, 교사는 "앞 단계의 값에 $\frac{1}{2}$을 하면 넓이와 길이가 계산이 된다. 또는 앞 단계에 2배를 하면 넓이와 길이가 계산된다"라고 한다.

⇒ 학생은 한참 생각한 다음에 앞 단계의 넓이 $\frac{1}{64}$, 길이 $\frac{1}{8}$에 $\frac{1}{2}$이 적절하게 대응됨을 인식하고 안정적으로 자기인지구조에 자기가 정한 가설을 저장한다. 특히, 그는 문제해결의 최종목표로 일반화된 확장된 문제를 해결하는 능력을 중요시한다. 아마 앞의 문제를 해결한 학생은 여기에서 그치지 말고 3단계에서 넓이와 한 변의 길이를 구하라는 일반화된 문제로 들어갈 것이다.

후로이덴탈·딘즈·반힐

여기에서는 학습의 구성적 과정 또는 점진적 형식화를 주장한 **후로이덴탈**(1983), **딘즈**(1960), **반힐**(1986)의 아이디어를 알아본다.

후로이덴탈은 수학교육에서 **점진적 형식화**를 주장한 이론가로 그는 몇 가지 수학교육의 문제점을 지적하면서 바람직한 교육(특히, 개념교육)을 수학화로 설명하려 한다. 그가 말한 수학화의 정의는 "수학개념, 아이디어 구조 등을 포함한 수학적 수단에 의해 현실적 경험을 조직하거나 수학적 경험을 체계화시켜 나가는 것"이라고 보았다. 이를 설명하기 위하여 그는 두 가지 종류의 활동계열을 준비했다. 즉, 한 종류는 실험하기, 관찰하기, 귀납적 분류 등과 같은 구체적 활동이고 다른 종류는 기

호화, 일반화, 형식화 등이다.

이들 생각은 두 가지의 특징을 가진다.

- 수학화는 다양한 상황(context), 즉 실생활 장면, 수학의 응용 등에 관련된다.
- 수학화는 지식을 형성해가는 과정을 중시한다.

이들 수학화를 얻기 위한 교실의 수업도 일부 구체적으로 제언이 되었다. 이것은 학생이 능동적인 활동을 주도하여 실세계 상황을 통해 수학적 모델을 찾는 것으로 그들이 환경을 구성하는 경험을 통하여 수학에 대한 높은 수준을 이해하는 것이다. 처음에는 실생활 상황을 직관적으로 탐구하고, 이를 반영적 추상화로 이끌어 간다. 이 과정에서 학생들과 교사간의 의사교환은 필수적이다. 후로이덴탈은 수학화 과정에서 수준의 변화를 가능하게 하는 정신활동으로 반성적 사고를 강조한다.

그의 아이디어는 아동은 현실을 출발점으로 해서 이미 알려진 수학을 교사의 안내에 의하여, 개선된 방법에 의해서 다시 수학을 만든다는 것이다. 이 과정에서 반성적 사고가 매우 중요하다고 본다. 이 사고를 통하여 아동은 자신의 사고와 활동에 대해 당연하다고 생각했던 부분에 의심을 가짐으로 자신의 사고와 활동을 의식하고 확실하게 추구하는 마음을 가진다. 수업과정도 그의 아이디어답게 현실 세계를 직관적으로 경험하는 탐구단계로부터 출발한다. 이어서 수학적 개념(규칙)을 반성적 활동을 통해 얻고, 마지막으로 얻은 개념을 엄격한 방법으로 정의하는 단계를 거친다. 이후 새로운 문제에 이를 적용(응용)하는 것은 행동주의 학습관점과 똑같다. 이를 구체적으로 정비례에 적용하면 다음과 같다.

영민이는 학교에 갈 때, 1분에 60m의 속력으로 걷는다고 한다. x분 동안에 걸은 거리를 ym라고 할 때, 다음 물음에 답하여 보자.

[1] x의 값이 1, 2, 3일 때, y의 값을 각각 구하여 보자.

[2] x와 y 사이에 비례 관계가 있는지 말하여 보자.

[3] x의 값이 하나 정해지면 그에 따라 y의 값도 하나로 정해지는지 말하여 보자.

위에서 교사는 현실세계에서 상황을 가져서 탐구관계(의사교환, 질문)에 들어가는 과정을 나타낸 것이다. 이때, 교사의 안내가 수업의 질을 결정한다. 다음은 반성적 사고를 하는 단계로 함수의 정의 $y=f(x)$를 스스로 추상하는 중요한 단계이다. 대부분 그래프, 표, 컴퓨터 그래픽 등을 이용한 영상적인 소재이다.

x(분)	0	1	2	3	4	$\cdots$	x
y(m)	0	60	120	180	240	$\cdots$	$60x$

위의 표에서 y는 x에 정비례하고, x와 y 사이의 관계식은

$$y=60x$$

여기에서 어떤 패턴(규칙)을 마음속에 정리해야 한다. 이러한 반성단계는 교사의 안내된 지도방식에 따른다. 이후 학생은 반성단계를 거치면서 형식적인 수준으로 함수개념을 기초로 나타낸다. 물론 기호와 수학적인 변화하는 두 양 x, y에 대하여 x의 값이 하나 정해지면 그에 따라 변수 y의 값이 하나씩 정해지는 관계가 있을 때, 이 관계를 y는 x의 함수라고 하며, 이것을 기호로

$$y=f(x)$$

와 같이 나타낸다.

문장으로 표현된 위의 정의를 학생 스스로 표출한다는 것은 매우 어려운 일이기 때문에 반성단계에서 형식단계로 들어오는데 교사의 수업기술이 요구된다.

딘즈는 그의 학습원리가 부르너의 이해 3단계나 피아제의 4단계 지적발달과 어떤 연계성이 있다고 말은 하지 않으나 수학의 학습은 학생들의 해석적인 활동으로부터 오는 것이 아니고 구성적 활동으로부터 온다는 것이다. 물론 형식적인 논리적 사고는 어린이보다 어른 세계에서 일어나는 정신활동이지만 그 기초가 되는 지식은 아동의 구성적 활동을 통해 얻어진다는 것이다.

딘즈의 학습원리는 아동뿐 아니라 추상화를 배우는 중고등학생들에게도 유효하다. 그의 도구 AEM의 나무블럭을 이용하여 $(x+a)^2=x^2+2ax+a^2$를 추상화하는 과정을 보자.

○ ○ ×	○○○×	○○○○×	○○○○○×
○ ○ ×	○○○×	○○○○×	○○○○○×
× × ●	○○○×	○○○○×	○○○○○×
	×××●	○○○○×	○○○○○×
		××××●	×××××●

이들 자료는 다음 수의 계산패턴을 가진다.

$$3^2 = 2^2 + 2 \times 2 + 1$$
$$4^2 = 3^2 + 2 \times 3 + 1$$
$$5^2 = 4^2 + 2 \times 4 + 1$$
$$6^2 = 5^2 + 2 \times 5 + 1$$

이들로부터 학습자는 $(x+1)^2 = x^2 + 2x + 1$을 유도할 수 있다. 즉 구체적인 자료로부터 이미 추상을 하게 된다. 이들 자료를 보면 수가 변하였지만 패턴은 유일하며 학생은 딘즈의 수학적 다양성을 경험한 것이다. 한발 더 나아가면 학생은 $(x+a)^2 = x^2 + 2ax + a^2$을 일반화할 수 있다. 그도 구성주의 견해를 가진다. 즉, 지식은 교사에서 학생으로 그대로 옮겨지지 않으며 학생 개인이 구성하며 이를 얻는다는 것이다.

후로이덴탈과 마찬가지로 딘즈도 인지주의자이다. 앞에서 요약했지만 이들의 생각은 아동들이 탐구 또는 조사해야 하는 환경에 놓여야 하고 이해는 아동의 노력에 의하여 구성되어져야 한다고 본다. 이들 생각은 피아제의 반영적 추상화에서 나왔다고 보며 이 관점을 잘 나타낸 학습이론가가 딘즈임을 그의 MAB(산술블럭) 도구로부터 알 수 있다.

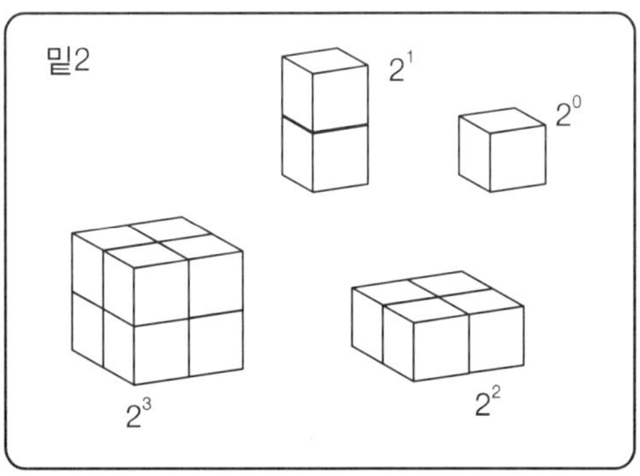

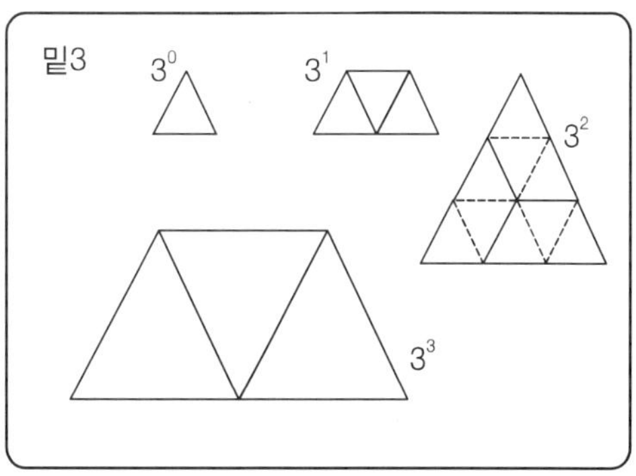

3진법 덧셈

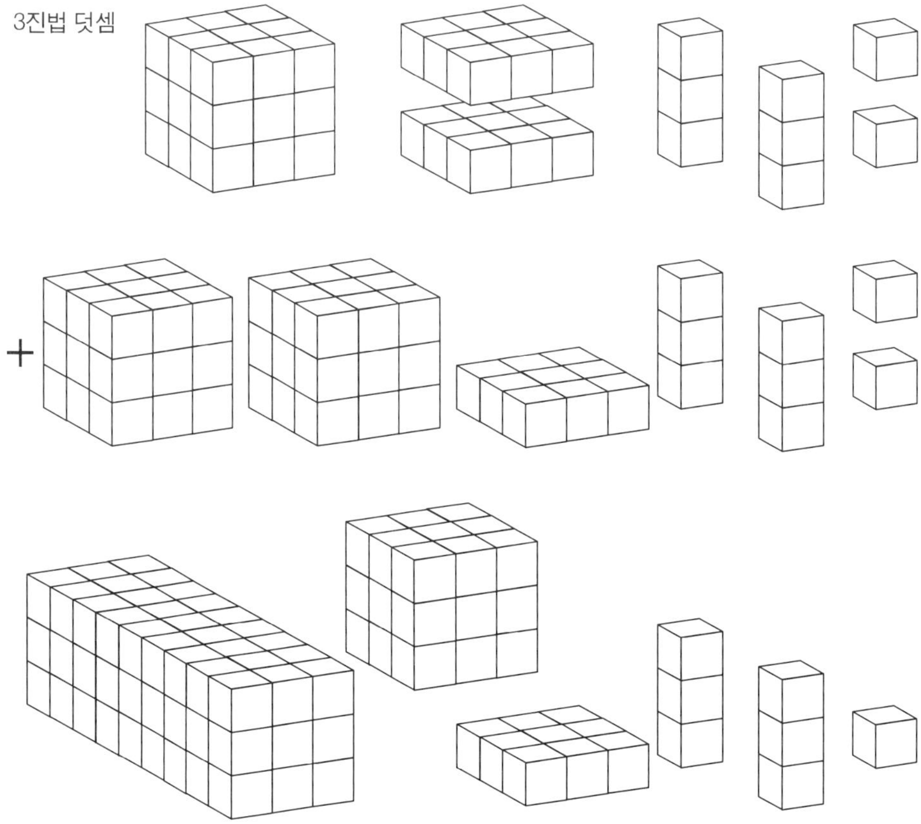

딘즈는 수학교육을 S-R 이론으로 설명할 수 없는 이해구조에 관한 것으로 보았으며 학습도구를 이용한 구성적 활동을 교실에서 강화해야 한다고 생각한다. 그의 아이디어는 피아제, 부르너의 생각에 기초를 두고 있지만 이들과 다르게 독특한 학습원리를 제시한다.

역동적 원리는 수학적 개념을 구성하는 데 필요한 경험을 주는 일로서 수학의 새로운 개념을 이해하는 것은 놀이단계, 의식단계, 개념형성단계를 거치는 역동적 정신활동의 과정을 경험한다는 것이다. 놀이단계에서는 수학적 개념이 함유된 잘 계획된 환경에서 자유로운 놀이에 임하게 되고, 의식단계에서는 짜임새 있는 어느 정도 형식성을 내포한 활동을 경험한 다음에 개념형성에서는 수학개념이 형성되면서 이를 응용할 수 있는 단계에 도달한다는 것이다.

구성의 원리는 구조화를 하는데 구성이 분석에 앞서서 이루어져야 한다는 것이고,

수학적 다양성의 원리는 변수를 포함하는 개념은 변수를 포함하는 될 수 있는 많은 경험에 의하며 학습되어야 한다는 것인데, 예를 들어 진법개념을 이해하기 위해서는 진법의 밑을 다양하게 바꾸어 여러 진법으로 나타낸 수나 연산을 경험함으로써 일반화를 유도한다는 것이다. 마지막은 지각적 다양성의 원리인데, 수학의 개념형성을 위해서는 각 학습자에 알맞은 개별화된 다양한 상황을 줌으로써 외견상으로는 상이하지만 함유하고 있는 수학적 구조는 동일한 경험을 준다는 것이다. 예를 들어 자릿값 개념을 얻기 위해서는 작은 정육면체 모양의 블록, 산가지 더미, 성냥개비 더미, 구슬 더미 등과 같은 지각적으로 다양한 상황을 경험하여 그 모든 상황이 갖고 있는 궁극적인 유사성을 찾는다는 것이다.

그는 수학 개념은 점진적인 단계로 학습된다고 믿고 있는데, 이는 어떤 면에서 피아제의 지적발달단계와 유사하다. 그는 수학 개념을 교수-학습하는 과정에서 다음과 같은 여섯 단계를 가정하였다.

자유놀이 단계

아동들이 학습하여야 할 단계에 대하여 조작을 하거나 실험을 하는 것을 허용하는 구조화되지 않은 활동으로서 자유로워야 한다. 교사의 역할은 학생들이 조작할 다양한 자료를 많이 제공하는 것이다. 예를 들어 음수를 지도할 때 음은 손해, 양은 이익 등과 같은 많은 실생활 장면을 연상하게 하는 일이다.

게임 단계

아동은 자유놀이에서 벗어나, 이미 만들어져 있는 게임을 선택한 다음 교사가 만들어 놓은 게임의 규칙을 수정하거나 자신의 게임을 만든다. 게임은 학생들이 개념에 대한 변화를 가지고 실험할 수 있게 하며 개념에 대한 수학적 구조를 분석할 수 있게 한다.

공통성의 탐구 단계

여러 사건에서 발견되는 공통된 성질을 탐구하는 것이다.

표현 단계와 기호화

개념의 예들에서 공통된 요소를 관찰한 이후 예에서 발견된 모든 공통된 요소를 구체화하여 개념에 대한 한 가지의 표현을 발전시킨다. 이 표현은 개념에 대한 작도적(作圖的) 표현이거나, 언어적 표현이거나, 아니면 함축된 예로 나타난다. 예를 들어

정다면체에서 (꼭짓점의 수) + (면의 수) = (변의 수) + 2

개념을 설명하기 위하여 적절한 언어 기호와 수학적 기호를 형성하게 되는 단계이다.

꼭짓점의 수를 V, 면의 수를 F라 하고 변의 수를 E라 하면

$$V+F=E+2$$

형식화 단계

규칙 또는 정리를 말하고 증명을 하는 단계이다.

연습의 전이

연습의 전이는 학습이론에서 가장 중요한 개념이다. 전이개념 없이 학생들이 무엇을 어떻게 배우는지 설명하기 어렵다. 수학의 지도에 관여하는 사람들은 연습의 전이를 인정하나 전이의 폭에 대해서는 서로 다른 의견을 보인다. 즉, 전이개념을 단지 특수한 학습결과의 획득에만 적용할 것인지 또는 광범위한 규칙 탐구를 위한 일반전략, 학습의 동기유발 등에 적용할 것인지 하는 문제이다. 또한 전이를 촉진시키기 위한 최적의 지도조건은 어떤 것인가도 문제가 된다.

여기서 가네가 제시한 수평적 전이, 수직적 전이를 생각해 본다. 수평적 전이란, 한 영역에서 수학능력의 학습은 다른 영역에서 위계적으로 수평적인 관계에 있는 능력의 성취를 촉진시키는 것을 말한다. 가네의 과제분석에서 수평적인 관계에 있는 능력은 쉽게 발견될 수 있다. 수직적 전이란 가네의 과제분석에서 위계적으로 아래의 능력이 바로 위에 있는 보다 높은 수준의 능력을 학습시키는 데 용이하게

하는 것을 말한다. 이를테면, 수평적 전이의 보기는 기하에 관련되어 있는 정리의 증명에서 보여주는 논리적 추론방법은 대수 쪽에 관련되어 있는 정리들을 증명하는 데 영향을 주는 것 등을 들 수 있다. 수직적인 전이의 보기는, 곱셈에 대한 성취는 좀더 복잡한 나눗셈의 학습에 영향을 준다는 것을 알 수 있다. 전이에 대한 이슈는 다음과 같다.

① 무엇이 전이되는가?
② 얼마나 광범위하게 전이가 일어나는가?
③ 전이를 위한 최적의 지도조건은 무엇인가?

위에서 말한 ①의 학습에서 전이되는 것에 대해서는 이론가들 사이에 강조하는 면에서 차이가 있다. 브루너는 어떤 영역(또는 과제)에서 다른 영역으로 가는 광범위한 규칙과 전략의 수평적 전이를 강조한다. 그는 한 학습장면에서 다른 학습장면으로 가는 대량의 전이를 생각할 수 있다고 말한다. 언뜻 생각하면 그가 말한 것이 우리가 기하를 배웠으면 전보다 좋은 논리적 사고자가 될 수 있고, 라틴어를 공부했으면 영어의 어휘 구사에 좀더 나은 능력을 가질 수 있다는 것 같이 들린다. 그러나 정신은 마치 근육이 훈련을 통해서 강해진다는 것과 비슷한 관점으로 이해된다고 말한 점으로 보아 그의 이론은 우리가 가장 기본적이고 단순한 개념, 원리, 전략들의 구조를 파악하는 데서 시작된다. 그는 이러한 관점을 보존과 균형을 통하여 설명하고 있다. 기초로 배웠던 균형을 통하여 경제에서 무역의 균형을 가르칠 수 없을까? 하는 생각을 하게 되고 이 균형은 정치과학에서 힘의 균형으로 확대한다.

비슷하게 강조되는 것이 지식의 획득과정(예를 들면, strategy, heuristics, investigatory, methods)이다. 이 점에서는 발견에 의한 학습은 이 학습 이후 발전하는 능력(탐구능력의 발달)을 기른다. 브루너는 또 수직적 전이를 강조한다. 그의 이론에서 학습자가 영상적 모드에서 상징적 모드로 옮기는 학습은 바로 수직적 전이의 전형적인 보기이다. 가네는 전이의 문제에 관한 한 보수적인 입장이다. 그는 "전이는 발전적인 계열에서 특수한 동일(또는 매우 유사한) 원소의 확인에 의하여 일어난다"라고 말하고 있다. 그에 의하면 학습한 원소(개념, 원리, 연합)들이 직접적으로 새로운 장면에 적용될 때 전이가 일어나며, 만일 새로운 장면이 이미 성취한 특수한 능력과 다른 행위를 요할 때는 전이가 일어나지 않는다고 한다. 그는 손다이크의 '동일요소의 전이'

와 같은 생각을 한다. 가네는 기본적으로 수직적 전이에 대해 깊은 관심을 가지고 있다. 그의 과제분석은 이러한 수직적 전이의 보기이기도 하다. 그의 많은 이론 및 실험적 연구는 수직적 전이문제에 주로 언급되어 있다. 가네는 언어화된 지식의 학습과 지적 기능(또는 전략)의 학습을 구분하고 있다. 이는 이미 우리가 앞에서 이야기했던 산출과 과정을 말한다. 그는 학습에 대한 위계적 모델은 단지 지적기능의 획득에 적합한 것이라고 말한다. 더 나아가서 브루너가 주장한 것처럼 과정의 획득은 언어화된 지식의 획득보다 중요하다고 말한다. 오스벨은 전이된 것(what is transferred)은 산출과 같은 지식을 의미한다고 말한다. 이 점에 대해서는 브루너와 가네의 의견과 대조된다. 전이의 폭에 대해서는 브루너와 가네의 중간 입장을 취한다. 동일원소에 대해서는 가네의 주장보다 덜 보수적이고 과정의 전이에 대해서는 브루너의 주장보다 더 온건한 편이다. 그는 일반화에 의한 전이를 강조하며 가네와 같이 유도된 학습을 가장 적합한 전이의 조건으로 본다. 단지, 계열성 문제에서는 가네 입장과 다른 점을 강조한다.

예를 들어 가네는 지도계열로서 덜 추상화된 자료에서 좀더 추상화된 자료로 옮기는 과정을 중요시하나 오스벨은 처음에 추상화된 형태로 나타내는 선행 조직자를 제시하는 점진적 미분화를 강조한다.

종합적으로 보건대, 브루너는 발견과 같은 접근이 전이를 위한 최적의 조건을 마련해 준다고 보고, 전이되는 가장 중요한 것은 광범위한 과정과 원리들을 들고 있다. 그러나 가네와 오스벨은 전이를 극대화하는데 설명식(또는 유도된) 접근을 강조한다. 물론 두 사람은 전이되는 지식의 형태(산출 또는 과정)와 설명식 학습계열의 형태에서는 차이가 있다.

이상에서 언급한 바와 같이 이론가들의 주장은 일관성이 없는 것이 사실이다. 자주 보건대, 설명식(또는 유도된) 학습계열은 즉각적인 학습의 효과를 얻는 데는 우수한 방법이다. 그러나 오랫동안 학습의 효과를 보유한다는 면에서 보면 어느 방법도 일관된 연구 결과를 보이지 않는다. 발견학습은 주어진 장면의 학습에서 새로운 장면의 학습으로 가는 전이에서는 다른 학습방법보다 전이 면에서 우수한 것으로 알려졌다. 장기적인 연구과제로서 일반적인 전략, 테크닉, 발견전략(heuristics)이 서로 다른 과제로 전이될 수 있도록 학습할 수 있느냐 하는 것은 중요하나, 아직 주의를 끌 만한 연구가 이루어지지 않고 있다. 크레이그(Craig)는 몇 사람의 이론가들이 발견학습에 의한 전이를 연구한 결과를 분석했는데, 그는 어떤 학습을 끝내고 그 학습에서 얻은 원리를 후에 일어나는 새로운 학습에 적용하는 능력에서는 발견학습이 설명식 학습보다 우수하다는 것을 발견한다.

지금까지 살펴본 바에 의하면 각 이론들이 교수-지도의 원리면에서 큰 차이를 보이고 있다. 그러나 그들의 차이가 기본적인 인식론에 깊이 뿌리를 박고 있기 때문에 이상하게 볼 성질도 아니다. 이것들은 지식의 본질과 지식을 얻는 과정에 관련있기 때문이다. 만일 무엇을 배우고 있느냐를 다이어그램으로 나타낸다면 가네 상자 안에 무엇이 있느냐에 관심을 가지게 되고, 브루너는 상자와 상자 사이를 연결한 화살표에 관심을 가진다. 가네에서는 '무엇이 학습되는?'가 중요하고 브루너에게는 '어떻게 도달했느냐?'가 중요하다. 지식의 본질 면에서도 두 사람의 시각에 차이가 있다. 가네의 누가적 개념에 비해 브루너는 전체는 부분의 합보다 더 크다라고 한다. 그러나 수학을 가르치는 사람에게는 어떤 정리가 약점이 있는지 또는 강점이 있는지 알 필요가 있으며 이것이 후에 교육과정을 계획하는 데 도움을 준다.

03

상황 중심 교육

구성주의

다음은 어느 교실의 중간고사에서 학생이 대답한 것이다. 이 답 속에서 아마 수학학습의 한 단면을 볼 수 있다. 두 점을 지나는 직선은 몇 개인가? 그림을 그려라.

이 질문에 대한 학생들의 반응은 여러 가지였다. 원래 교과서에는 유클리드 기하의 중요한 공리로 "두 점을 지나는 직선은 유일하다"가 소개된다.

다음은 학생들이 대답한 결과이다.

(1) 두 점을 지나는 직선은 무수히 많다.

(2) 두 점을 지나는 직선은 6개이다.

* (3) 두 점을 지나는 직선은 오직 하나이다.

여기서 논의하려는 점은 많은 학생이 (1), (2)는 대답했다는 것이다. 이들의 답을 보면

그림과 같이 자를 대고 두 점을 지나는 많은 직선을 긋는다. 학생들의 대답은 두 점을 지나기만 하면 직선을 여러 개 그을 수 있다는 것이다. 학생들은 위의 공리를 배우고 다음으로 진행한다.

다음 그림과 같이 점이 움직인 자리는 선이 되고, 선이 움직인 자리는 면이 된다. 따라서, 선은 무수히 많은 점으로 이루어져 있고, 면은 무수히 많은 선으로 이루어져 있다.

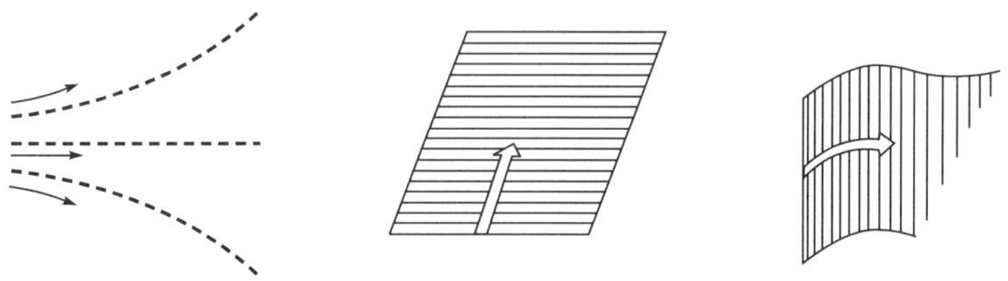

이러한 교과서는 학생들에게 암기하도록 강요한다. 여기에서 근본 문제는 점의 교육인데 점을 교과서에 있는 것처럼 무정의 용어 또는 연필 끝을 뾰쪽하게 깎아 종이에 찍고 "이것이 점 A라 한다"라고 지도해도 좋은가?이다. 이어서 학생들이 이해하도록 하려면 어떻게 지도해야 할까?로 이어진다. 보통 점, 선, 면의 개념을 교실에서는 설명학습, 발견학습 등 많은 방법이 도입된다. 물론, 이해를 위한 완전한 지도법은 나오지 않았지만, 많은 수학교사, 수학연구자들이 학생의 이해 상태를 관찰하고, 가설을 세워 실험하고 그 결과를 토론하는 과정을 거친다. 이렇게 해서 만든 여러 이론 중 학교에서 매우 긍정적으로 본 이론이 구성주의라 말할 수 있다.

구성주의는 지식의 실체와 그것과 세계와의 관계 및 경험을 통해 인간이 세계를 합리화하려는 시도와 이에 대한 철학적인 입장이며 교육보다 폭 넓은 관점을 가지고 있다. 이 관점으로 보면 지식의 근원은 대상(object)에 가해진 학습자의 활동에 근원을 두고 있으나 대상은 이미 준비된 상태로 있는 것이 아닌 정신적 구성(mental construct)이라는 것이다. 사실주의자들과는 대조적으로 구성주의자들은 지식은 학습자의 행동과 경험에 밀접하게 관련되어 있지, 결코 분리되어 있지 않는 상태라는 것이다.

이 구성주의 본질은 글래서스펠드(Glasersfeld, 1991)에 의하면 "지식은 교사 또는 이론에 의해 단순히 학생들에게 전이되는 것이 아니고, 그(그녀)의 마음속에서 능동적으로 만들어 진다"는 것이다. 이 말은 학생들 스스로 이 과정을 주도한다는 것이며, 교사는 학생들의 학습과정을 도울 필요가 없다는 뜻이 아니다. 또 주의할 점은 이 이론에 알맞은 특정한 지도기술(방법)이 있지도 않으며, 종전에 연습했던 S-R 연습활동, 탐구적 활동, 토론적 활동 등과 같은 어느 특정한 것이 이 이론을 실현시키기 위해 적당하다고 보지 않는다.

보다 중요한 것은 교사의 역할, 책무감이다. 사실 교사는 구성주의에서도 가장 중요한 역할을 가진다. 이는 마치 교실에서 교사가 목표를 정하고, 과제를 설계하고, 숙제를 주고, 문제와 프로젝트를 제시하는 종전의 역할이 구성주의에서도 적용된다는 것이다. 이점에 대해서 리처드(Richard, 1991)가 비평한 '학생들은 우연히 능동적인 학습자가 되는 것이 아니고, 설계(design)에 의해 가능해진다'을 참고해야 한다.

구성주의자들은 수학의 학습은 수와 공식이 아닌 의미의 능동적인 조작이 포함되며, 학습은 누가적, 선형적 패턴이 아니라고 말한다. 따라서, 매순간 또는 매학습단계마다 의미의 탐구가 일어나며, 이러한 의미탐구 속에서도 잘못된 개념형성이 일어날 수 있으며 구성주의를 선호하는 교사는 이를 면밀히 조사하고 학생들이 잘못된 개념형성을 고치도록 계획을 세워준다(Davis, 1990).

다음 보기는 구성주의 학습을 선호하는 교사들이 자주 생각한 점의 지도이다.

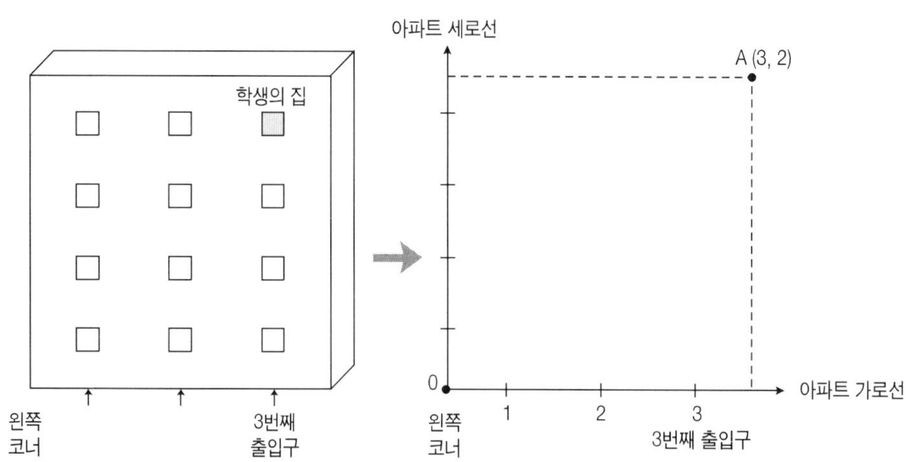

교사는 아파트 O동의 그림을 보면서 학생의 집의 위치를 소개한다. 다음에 교사는 탐구적 활동을 통해 학생들이 집의 위치를 좌표평면에 나타내도록 인도한다. 이

때 이 수업은 교사의 역할이 그 효과를 얻는데 결정적이기 때문에 (교사의 책무성) 어떤 질문과 도움을 통해 학생들이 능동적으로 개인의 경험을 통해 좌표평면에 점 A(3,2)로 나타내는가를 고민한다.

여기서 중요한 핵심은 사회적 의사교환 또는 상호접촉이 개인이 자신의 이해를 구성하는데 어떻게 도와주는가이다. 코브(Cobb, 1991)는 '학생들간의 사회적 상호접촉은 수학적 활동에 영향을 미칠뿐 아니라 학습기회를 높인다'라고 생각한다. 그러나 토론집단의 크기가 크면 효과가 적다고 말한다(Des, 1985).

실제로 여러 연구결과를 보면 학생들이 자신의 의미 또는 이해를 구성할 때 능동적으로 아이디어를 서로 교환하고 조정하는 것으로 관찰되었다.

구성주의와 교사

구성주의 관점으로 수업 또는 교재개발을 준비하는 수학교사는 종전의 수업방식을 크게 바꾸어야 한다. 종전의 설명식 학습과는 다른 형태의 수업을 요구한다. 교사는 학생들의 의사교환을 중시하는 수업계획을 짜야 구성주의 수업으로 볼 수 있다. 실제로 일부 교실에서는 학교수학을 설명적이고 고정된 정리, 정의, 알고리즘의 집합체로 보는 경향이 있어 변하는 수학의 개념을 도입하는데 부자연스러움을 느낀다. 학생들도 이러한 변화는 아직 느끼지 못하는 경우가 많아서 칠판에서 교사가 푸는 모델문제를 열심히 보고 노트정리한다든지 숙제는 당연히 교실에서 한 비슷한 문제를 풀어서 제출해야 하고, 답이 잔뜩 실려있는 정해진 문제집을 푼다든지 또는 시험에 잘 나오는 고전적 문제풀이를 열심히 한다든지 하는 광경은 흔히 볼 수 있었다. 즉, 수학은 정적이고 학생은 수동적이고 교사는 정보제공자인 교실상황이 오랫동안 지속이 되었다. 쿠니(Cooney, 1988)와 펠드(Feldt, 1991) 등 몇 명의 연구자들에 의하면 수학과 그 지도에 관한 교사의 인식은 교실에서 실제적으로 행하여지는 모든 교수학습의 활동에 직접 영향을 준다는 것이다. 즉 수학을 정적인 정의, 정리, 공식 등의 집합체라고 보면 그는 학생들에게 그의 생각과 같은 방식으로 수학을 지도하며, 수학 및 그 지도를 역동적으로 변화하는 것으로 보면 교실의 그의 교수학습활동이 그대로 반영된다는 것이다. 그러나 학생들의 학습활동을 관찰해보면 의외로 수학적 활동에 대한 신선한 통찰을 엿볼 수 있다. 다음 6학년 학생들이 6명이

5개의 초콜릿을 분배하는 과정을 보인 것이다(Howson, 1990).

이들은 여러 가지 아이디어를 제시했으며 분류하며 4가지였다. 처음의 아이디어는 다음과 같이 6명이 공평하게 나눌 수 있도록 등분을 했다.

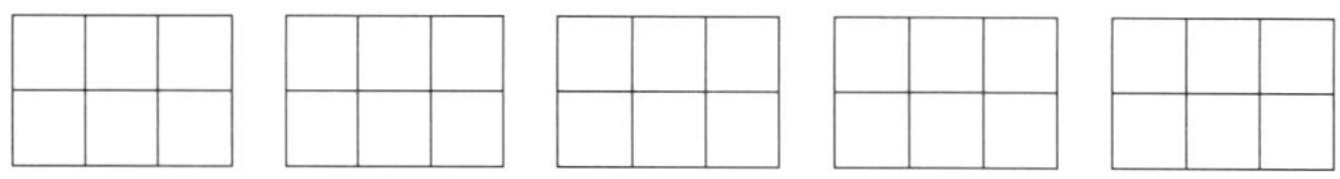

$$\frac{1}{6}+\frac{1}{6}+\frac{1}{6}+\frac{1}{6}+\frac{1}{6}=\frac{5}{6}$$

두 번째 아이디어는 분수개념이 들어간 분배였다. 그림에서 5개 영역을 똑같이 잘라 보는 것이었다.

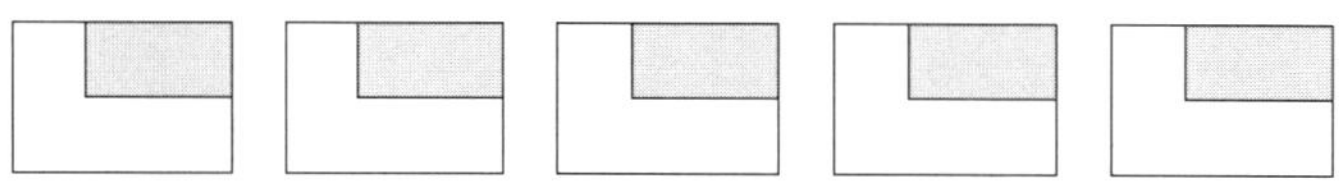

$$\frac{1}{6}+\frac{1}{6}+\frac{1}{6}+\frac{1}{6}+\frac{1}{6}=\frac{5}{6} \text{ 또는 } 1-\frac{1}{6}=\frac{5}{6}$$

3번째는 이집트인들이 4000년 전에 생각했던 것과 같았다.

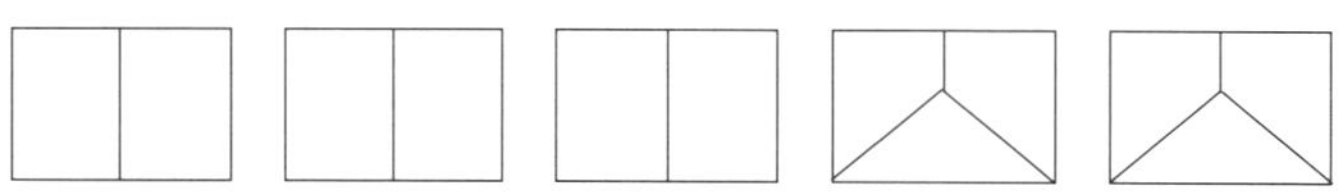

$$\frac{1}{2}+\frac{1}{3}\left(=\frac{5}{6}\right)$$

수학교사는 교실에서 학생들의 이해활동과 문제해결활동을 좀더 자극 관찰해야 한다. 연구결과를 보면 학습자가 지식을 구성한다는 견해는 새로운 것이 아니라는 것이다. 피아제(1970)는 인지성장(cognitive growth)은 개인이 지식을 구성하고, 검증하고, 수정하고, 재검증하는 활동을 가질 때 가능하며 동시에 그 활동에 대한 자기 반영을 가질 때 가능하다고 말했다. 아울러, 그는 학습자들간의 상호교환, 토론 등이 반영적인 사고활동을 자극함으로써 지식획득을 수월하게 하는 것을 지적했다.

덕워스(Duckworth, 1984)는 교사들이 지식을 구성하고, 상호의사교환을 하고, 스스로 반영적 활동을 하는 일이 바람직한 것인지 실험을 한 적이 있다. 이 실험에 동원된 교사는 자기전공(수학)영역에서 약하다고 생각한 사람이었으며, 실험 의도는 교사가 학습자로 돌아갔을 때 자신들이 지식을 획득하는 과정에서 무엇을 느끼는지를 알게 하기 위한 것이었다. 이 연구의 결과는 교사들이 자신의 지도법, 수학에 대한 관점, 알고 있는 것 등 학생들이 자신의 방식에서 대단히 불편하게 느끼는 것과 좌절을 느끼는 경우를 실감할 수 있었다는 것이다. 아울러 그들은 여러 관점에서 어떤 현상을 본다든지 자신으 지식을 구성하는데 다른 사람이 구성한 것을 인식하는 일이 얼마나 필요한지 어려운지를 크게 느낄 수 있었다는 점이다. 결론적으로 말하면 실험에 참가한 교사들의 활발한 활동(동료와 의사교환, 상호연결, 집단반영적 사고)은 자신의 이해상태를 다시 바라보게 하고 학습과정에 일어났던 복잡한 사고를 확인하게 했다.

후구성주의 학습 (상황학습)

다음 상황은 김하나(2004)가 어떤 개념의 수업을 위해 도입으로 제시한 지하상가의 상인들과의 인터뷰 내용이다.

연구자 : ○○에서 서울까지 고속도로가 생겨 장사가 잘되나요?
상　인 : … 이러한 상황에서 종전에는 가까운 도매상에서 ○○제품의 어린이 옷을 사왔는데, 이제 동대문상가에 가야할지 고민이 되네요. 이제 옷 몇 개를 동대문상가에 가서 사는 것이 유리한지 생각중입니다.

위의 대화내용은 부등식에 도입될 수 있는 상황으로 생각할 수 있다. 아직 학생들은 교사가 유용한 정보를 몇 개 더하기 전에는 위의 상황이 부등식에 관련된 실생활 상황인지 모른다.

이러한 수업을 선호하는 학습이론가로 이러한 수업을 선호하는 학습이론가로 lave(1988)의 주장을 주의깊게 들을 수 있다. 그는 학습은 상황속에서 이루어지면 상황화가 된다고 믿고 있기 때문에 추상적이고 상황과는 분리되어있는 학교교육은 문제가 있다고 본다. 다음은 nctm(1989)에서 소개한 추상적이 아닌 활동적인 학습으로 학기말 종강 파티에서 일어난 상황을 가지고 어려운 불연속 함수를 그래프로 나타내는 과정을 보인 것이다.

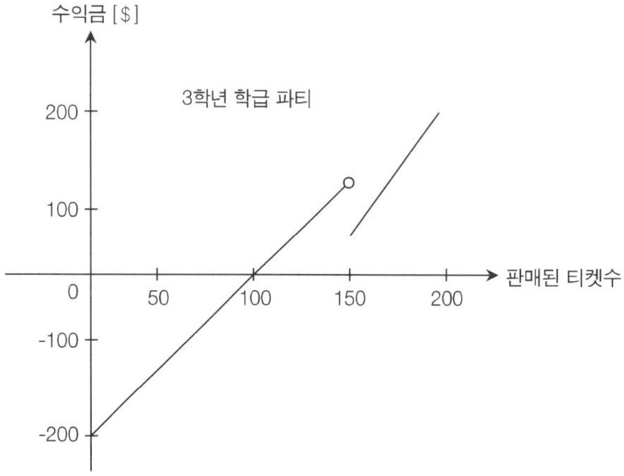

판매된 티켓수의 함수로서의 파티 수익금

학생들에게 기호적 형태로 표현된 함수의 그래프를 그리는 경험을 자주 제공해야 한다. 그러나 함수의 그래프를 기호로 변환시키는 기회도 똑같이 중요하다. 예를 들어, 그래프의 분석은 다음과 같은 함수의 정의로 이끈다.

$$\begin{aligned} P(t) &= 2t - 200 \ \text{ for } \ 0 \le t < 150 \\ &= 3t - 300 \ \text{ for } \ 150 \le t \le 200 \end{aligned}$$

이와 같이 상황화가 된 수업은 흔히 고등학교에서 보는 추상적인 소재를 이용한 수업과 구분이 된다. 상황학습에서 가장 핵심적인 요소는 사회적 상호작용으로서, 학습자는 특정한 신념과 행동이 있는 참여집단속에서 학습해야 한다. 즉 위의 소재는 중학교 3학년이라는 공동체에서 서로 수학적 아이디어를 교환하면서 참여학생 모두 관심을 가지고 공동해결하는 과제이다. 상황학습에서 지식을 상황화된 것을 보는 입장은 학교 문화의 영향을 소홀히 취급했던 전통적인 학교교육과 비교된다. 위의 사례에서 학생들은 머릿속에 있는 불연속함수의 그래프 의미를 꺼내는 것이 아니라, 친구들과 같이 이 상황에서 지각하고 행동하는 과정을 통해 수학적인 의미를 만들어간다. 따라서 학생들의 수업은 환경과 상호작용을 통하여 이루어진다. 상황이론가들은 한결같이 학교에서 미리 계획되어 정의된 형식적 교실수업(예, 수학적인 정의로 시작한 수학교과서)은 학생들이 학교 밖에서 직면하게 되는 다양한 상황을 충분히 표현하지 못해 본질적으로 진정한 것이 못된다고 한다. 다음 소재를 보자.

다음 두 개의 냉장고 중 부피와 가격만을 고려한다면 어느 것을 사는 것이 경제적인지 말하여라.

(1) 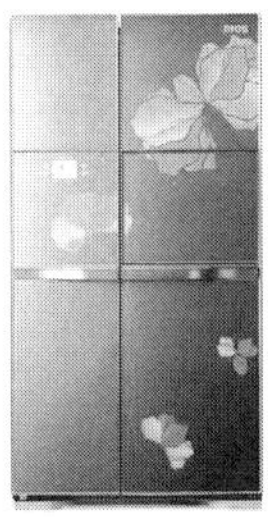
(730L, 3,690,000원)

(2) 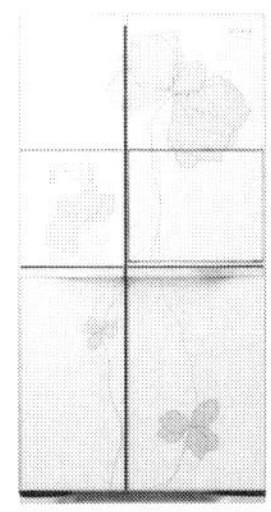
(760L, 2,460,000원)

중학교 학생이 부모님과 같이 백화점에게 가서 위의 질문에 답을 못한다면 이 학생은 학교에서 배운 지식을 실생활의 다양한 상황에 활용하지 못하고 있다. 비고우스키(vygotsky) 견해에 따르면 학생의 사고 과정은 공장, 아파트, 가족, 가계와 같은 현실적 활동에 깊이 뿌리를 두고 있어 학습은 단순히 개인적이거나 또는 내적인 것이 아닌 주변의 환경과의 상호작용을 통해 얻은 경험적 결과라는 것이다. 위의 사례에서 중학교 학생은 교실에서 경험하지 못한 자신만의 전략을 만들어 이 문제를 해결 할 것이다. 다시 말하면 계산기를 이용하여 단위용량당 어느 제품이 가격이 싼지 빨리 계산 할 것이다.

상황학습에서는 교사의 역할이 아주 중요하다. 교사는 처음에 주어진 상황속에서 학습경험 전체를 유지하면서 학습자가 취급할 수 있는 정도로 학습자의 역할을 단순화시켜 주어야 한다. 위의 문제에서 학생이 무척 어려워하면 교사는 단순한 소재를 주어 쉽게 계산해보게 하고 본 문제를 풀게 할 수도 있다. Brown & Collins(1989)은 인지적 도제모델을 이용하여 진정한 수업을 제안했다. 간단히 이야기하면 학습자는 과제 활동에 활발하게 참여하며 정보를 수립하고 기능의 훈련을 하며, 사회적으로 가치있는 목표를 정한다. 또, 이전의 사람들이 개발해놓은 사회적 관행을 존중한다.

이때, 전문가나 능력 있는 사람들은 학생들 활동에 참여하면서 초보자에게 도움을 주고, 초보자들은 다른 사람과 상호작용을 통해 협력해야 한다는 것이다. Collins (1989)은 도제모델에서 학습과정을 다음과 같이 제시했다.

1단계 : 모델링

모델링은 학생들에게 어떻게 진행되는지를 보여주는 것을 말한다. 따라서 전문가(교사)는 학생들로 하여금 과제를 달성하는데 필요한 과정을 관찰하게 하고 그 과정에 대한 인지적 모델을 구성하도록 한다. 한 예로 모델링을 들어보라. 조각가 ○○는 가로 640㎝, 세로 420㎝되는 벽에 3가지 모형의 정사각형 타일 2×2, 5×5, 10×10, 20×20을 이용하여 벽을 덮으려한다. 가장 적은 개수로 이 벽을 덮을 수 없을까?

2단계 : 코우칭

학생들은 이 과제를 수행하는데 교사로부터 도움을 받는다. 교사는 힌트와 피드백을 제공하고 다른 과제도 줄수 있으며 학생의 배경지식에 근거하여 활동을 설명한다. 이때, 교사가 제시한 조언과 안내는 학생들이 자신의 정보와 지식을 최대한 사용하는데 도움을 준다.

3단계 : 비계설정

학생혼자서 과제를 수행하지 못할때는 교사가 어떤지원을 줄수있다. 자전거를 처음배울 때 뒤에서 잡아주는것이 비계 설정이다. 물론 자전거를 혼자 탈수있으면 잡아주는것은 없다. 위의 과제에서 교사는 모눈종이에서 연필로 세 종류의 단위로 2×2, 3×3, 6×6로 12×18인 직사각형을 덮어보도록 한다. 어느 단위가 최소 개로 이 벽을 덮는데 적당한가?

이러한 비계설정은 학생이 자신의 학습을 조절하고 불가능했던 과제를 수행하는데 도움이 되도록 단순화 되어야한다.

4단계 : 명료화

학생들이 위의 과제를 명료화 하는데는 최대공약수의 개념(공식)을 알아야한다. 이어서 최대 공약수를 잘 알고 잇는 학생에게 과제를 해결하는데 최대공약수를 어떻게 활용하는지를 명료하게 진술해야 한다. 명료화는 이후 새로운 상황에 이를 전이하는데도 큰 역할을 한다.

5단계 : 반성

지금까지 자신이 활동한 과정을 검토한다.

마지막으로 학습의 전이에 대해 그들은 독특한 주장을 한다. 이를테면, 전이의 속성에 대해서 레이브(1996)는 중요한 관점을 제시했다. 그는 학생들은 한 장면(Situation)에서 배운 수학지식을 다른 장면에 이용하지 못한다고 한다. 이유는 두 장면이 서로 다른 연습의 세계를 가지기 때문이다. 학생들은 서로 다르게 그들을 관련시키며 두 상황설정에 관련된 서로 다른 아이디어를 형성한다. 그녀는 학생들의 수학활용에 대해서도 중요한 가설을 제시했다. 즉, 학생들이 한 상황설정에서 배운 수학지식을 다른 상황설정에 활용하려 할 때는 비슷한 방법으로 두 상황설정을 해석하고 인지했기 때문이며 두 상황설정에서 비슷한 표현과 의미를 만들었기 때문이다.

레이브(Lave, 1988, 1996)는 전이는 서로 다른 상황설정에서 보인 개인의 행동인 사고방법을 설명해주는 적절한 개념이 아니라는 것이다.

이를테면, 대수의 증명능력과 기하의 증명능력 사이에 일어나는 학생들의 활동을 전이로 설명해서는 안된다는 것이다.

즉, 지식은 경험의 해석으로 표현되며, 지식은 한 장면에서 다른 장면으로 전이되는 것이 아니라는 것이다. 이와 같은 그녀의 주장은 종전의 학교교육의 관점을 뒤짚는 것이지만, 학교에서 그녀의 관점이 확인되었다. 그녀가 실험한 학교의 학생들은 교실에서 배운 수학적 개념, 공식 등을 여러 장면에 전이하지 않았고, 단지 새로 주어지는 장면에서 지식을 구성한다는 것을 보였다.

이러한 그녀와 인지과학자들의 확신에 의하며 이미 인지접근(cognitive apprenticeship approach)프로그램이 교실에 실용이 되고 있다. 이 접근 프로그램(TV, 1990)은 학생들에게 새로운 개념을 지도할 때 관련된 실제적 상황을 주고, 수업을 시작하는 프로그램이다.

비고우스키의 ZPD

그의 중심 이론은 어린이의 학습과 사회적 경험의 관계이다. 그는 어린이들의 언어와 사고의 관계를 하나의 과정으로 보았고, 인간의 발달과정에서 두개의 중요한 요인, 즉 개인의 발달과 문화의 발달이 서료 교차한다는 것이며, 이들 두 요인이 언어와 사고에 중심을 두고 있다는 것이다. 이러한 교차는 대략 3살 된 어린이에서 관찰되었다. 또, 그는 의미를 사고의 한 현상으로 보기 때문에 의미를 모든 기능이 특별한 형태의 조합으로 나오는, 즉 구조의 문제이지 단순한 연합이 아니라는 것이다. 이를테면, 아동은 다양한 대상물을 묶는 활동을 통해 공통된 이름 육(6)을 말한다. 이런 복잡한 과정 때문에 개념에 대한 교사가 기계적 암기, 반복과 기계적 설명을 이용하는 것은 소용이 없고, 오직 아동의 지적 발달에 알맞은 개념형성과정을 찾아야 한다고 말한다. 그는 개념지도의 첫 단계로 인지적 추상을 든다. 아동은 언어를 사용하기 전에 이미 비슷한 대상물을 묶을 때 공통을 찾아내는 능력이 있으며 후에 여기에 이름을 붙이는 지적활동을 할 수 있으며, 추상적인 개념을 구체적 행동으로 표현 할 수 있다고 보았다. 또, 이러한 고급적인 복합사고를 합친 추상화의 획득은 영재 교육의 프로그램에 중심역할을 할 수 있다고 생각했다. 그는 아동의 자발적이고 독립적인 생각을 다른 이론가들과는 약간 다르게 생각한다. 즉, 아동의 인지과정을 항상 성장하고 있기 때문에 교사와 부모는 현재 아동의 능력보다 상향된 과제를 권장할 필요가 있다고 말한다. 어른과 어린이가 협력하여 점진적으로 높은 수준의 과제를 주면서 그들이 수준 높은 과제를 해결하는 능력을 기를 수 있다고 보았다. 한 예로써 아동은 처음에 다른 사람들과 함께 또는 선생님이 보는 상황에서 능동적인 문제해결의 활동을 경험하나 나중에는 점차 독립적으로 이러한 능력을 보인다.

그는 상호작용과정이었던 인지활동의 내면화와 비슷한 의미로 근접발달영역(ZPD)을 도입했다. ZPD의 정의는 다음과 같다.

ZPD는 독립적인 문제해결에 의해 결정된 실제적 발달 수준과 성인의 안내 혹은 보다 유능한 동년배와의 공동노력을 통한 문제해결에 의해 결정되는 잠재적 발달 수준간의 거리이다(Vygotsky, 1978).

다시 말하면 표준화 검사로 측정한 실제적 발달 수준과 타인의 도움을 받아 성취할 수 있는 수준인 잠재적 발달 수준 간에는 차이가 있고, 이러한 두 수준 사이의 간격을 근접발달영역이라 한다. 다음 과제를 12세인 두 아동 A, B에 풀게 했을 때, 두 학생 모두 풀 수가 없었다고 하자. 물론, 두 학생은 정삭각형의 넓이 구하는 방법을 모두 알고 있다.

그림의 다각형의 각 변은 서로 수직으로 이어져 있고, 28개의 모든 변의 길이가 같으며, 둘레의 길이는 56이다. 이 다각형의 넓이는?
① 84 ② 96 ③ 100 ④ 112 ⑤ 196

위 과제를 14살인 학생 A,B가 교사의 도움을 받아 풀 때 A는 15세인 학생의 해결수준에 이른 반면, B는 17세인 학생의 해결 수준에 이른다면 두 학생은 실제적인 발달수준은 같을지라도 그들의 잠재적 수준은 달라 후자가 전자에 비해 더 넓은 근접달발영역을 가졌다고 본다. 학교에서 실제적 발달수준을 학생이 스스로 할 수 있는 일만을 측정하는 것에 비해, 잠재적 발달 수준은 교사나 다른 유능한 친구의 도움을 받아 문제를 해결 할 수 있는 수준을 측정한다.

다음은 아동개인의 ZPD를 어떻게 정할 것인가도 교실의 관심사항이다. ZPD를 측정하는데 사용되는 과제는 잘 정의된 가까운, 중간의, 먼 전이를 가진 일련의 과제 영역이어야 한다. 여기에 대해서 한 과제에서 다른 것으로 직접적인 전이가 기대 되지 않는 비교적 관련성이 없는 일련의 과제들이어야 한다. 다양한 영역에서 개인의 근접발달영역의 폭이 일정한 것으로 나타나면 그의 일반적인 근접발달영역의 폭은 새로운 학습의 속도와 능률성의 측정치로 이용할 수 있다. 다른 한편으로 아동의 ZPD의 폭이 과제영역에 따라 변화하다면 이는 학습 무능력을 나타내는 영역이 어느것인지 알수 있을것이다. Broun & Campione(1986)은 ZPD의 조작적 정의와 측정절차를 연구하였는데, 그들의 아이디어는 ZPD의 측정은 학습의 능률성과 전이의 능률성을 동시에 포함시켜야 한다는 것이다. 여기서 학습의 능률성은 원학습상태에서 주어진 문제를 모두 해결하기까지 아동이 필요로 하는 힌트수(도움)을 의미하고, 전이의 능률성은 원학습 상태에서 주어지는 문제와 유사하거나 새로운 문제해결상태(가까운전이, 먼전이, 아주먼전이)에서 문제를 해결하기까지 아동이 필요로 하는 힌트수를 의미한다. 정택히(1983)는 ZPD를 측정하기위해 A:B=C:D 형태의 도형 유추 과제를 사용했다.

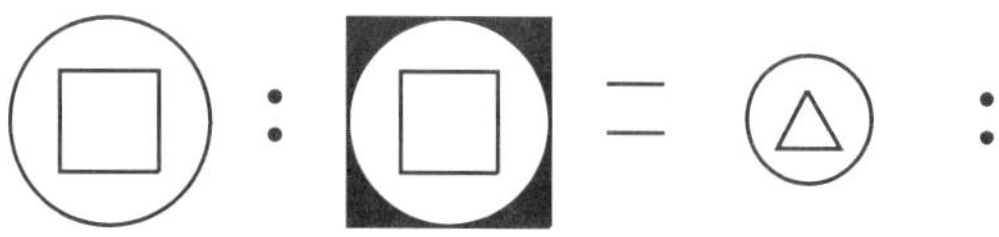

A B C D

그에 의하면 A:B=C:D 도형유추는 몇 가지 구조를 가진다고 했다.

A는 B로 가는데 첨가, 명암의 관계가 있고, A에서 C로 가는데 크기, 모양의 관계가 있다.

번호	A:B 변환방식	A:C변환방식	과제구조
문제	첨가, 명암	크기, 모양	2회 * 2회

이후에는 문항을 유지(3문항, 가까운전이 13문항), 먼 전이(4문항), 아주 먼 전이(3문항)와 같이 4단계로 총 13문항을 제시했다. 이것은 앞에서 말한 학습속도능률, 전이능률을 측정해야 하기 때문이다.

문제의 A:B=C:D 유추문제에 대한 어른이 제시한 힌트를 예비 실험을 거쳐 다음과 같이 확정했다.

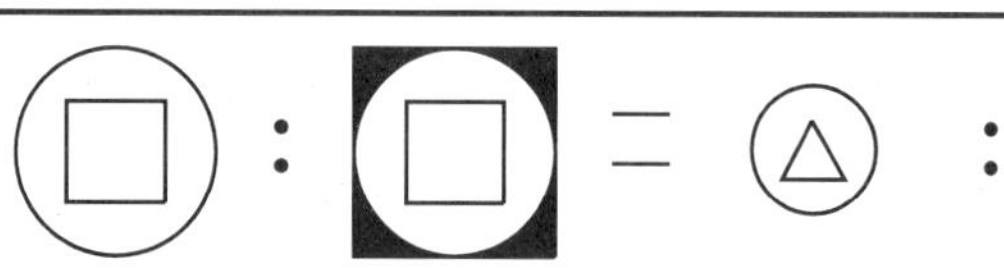

〈유추의 전반부에 대한 부호화를 잘 못하고 있는경우〉

1. 첫 번째 그림을 잘 보아라. 어떻게 되어 있니? /원이 하나 있고 원안에 네모가 들어있다.

2. 두 번째 그림을 잘 보아라. 어떻게 되어 있니? /원이 있고 원안에 네모가 들어있다. 그리고 이것은 다시 큰 네모 안에 들어있는데 원 바깥쪽과 큰 네모 사이는 까맣게 칠해져있다.

〈A:B 간의 관계의 추리를 잘 못하고 있는 것으로 보이는 경우〉

3. 첫 번째 그림과 두 번째 그림은 어떻게 다르니? 첫 번째 그림이 두 번째 그림으로 바뀌면서 무엇이 달라졌니?
4. #두번째 그림은 큰 네모에다가 첫 번째 그림을 넣은 다음 커다란 네모와 첫 번째 그림의 원 사이를 까맣게 칠하였구나. 자! 이 둘(유추의 전반부를 가리키면서) 간의 관계를 이쪽으로 (유추의 후반부를 가리키면서) 가져와 문제를 풀어보겠니?
   #두번째 그림은 첫 번째 그림속에 있는 네모와 모양은 같되 그것보다 큰 네모에다가 첫 번째 그림을 넣은 다음 커다란 네모와 첫 번째 그림의 원 사이를 까맣게 칠하였다. 자! 이 둘(유추의 전반부를 가리키면서) 간의 관계를 이쪽으로(유추의 후반부를 가리키면서) 가져와 문제를 풀어보겠니?

〈C의 부호화를 잘 못하고 있는경우〉

5. 세 번째 그림을 잘 보아라. 어떻게 되어있니? /작은 원과 그 원 안에 더 작은 삼각형이 들어있다. /네 번째 그림은 어떻게 되어야 할까?

〈A:C간의 관계의 추리를 잘 못하고 있는 것으로 보이는 경우〉

6. 첫 번째 그림과 세 번째 그림은 어떻게 다르니?
7. 첫 번째 그림의 큰 원은 세 번째 그림에서 작은 원이 되었고, 첫 번째 그림의 큰 원 안에 있는 네모는 세 번째 그림에서 훨씬 작은 세모로 바뀌었다. 자! 이제 답을 해보겠니?
8. 첫 번째 그림과 두 번째 그림간의 관계가 이쪽(유추의 후반부를 가리키면서)에서도 이루어지게 해보아라. 세 번째 그림을 잘 보고나서 네 번째 그림을 그려넣어 보겠니?

〈아동의 반응에서 오류가 있는 경우〉

9. (약간) 틀린 것 같은데 다시 한 번 보겠니?

어떤 과제를 가지고 개인의 ZPD를 결정하느냐?도 많이 연구된 분야이다.

지능의 중요한 영역 중 하나인 귀납적 추론의 과제가 구소련 심리학자들의 즐겨 사용하는 것이며, 한국에서 실험한 과제 도형유추와 수열추리도 귀납적 추론의 과제이다. 이를 선정한 이유는 교육이나 경험의 영향을 덜 받는 유동적 지능을 잘 측정해 줄 수 있는 과제로 생각했기 때문이다. 연습으로 앞의 문제에 대한 교사의 도움(힌트)를 나열해 보자.

힌트의 예

1. 28개의 모든 변의 길이가 같으면 작은 사각형은 정사각형인가?
2. 모눈종이에 놓고 이 다각형이 작은 단위로 어떻게 구성되어 있는지 그려라.
3. 작은 단위 사각형이 몇 개인가?
4. 다각형의 넓이는 작은 정사각형의 개수를 이용하여 구할 수 있는가?
5. 주어진 정보를 이용하여 단위사각형의 한 변의 길이를 구할 수 있는가?
6. 위에서 한 변의 길이를 S라 하면 어떤 방정식이 성립하는가?
7. 단위 사각형의 한 변의 길이를 구했으면 한 개의 단위 사각형의 넓이를 구할 수 있는가?
8. 다각형은 단위사각형 몇 개로 만들어졌는가?
9. 다각형의 넓이를 구할 수 있는가?

이러한 힌트는 예비실험을 거쳐야만 확정할 수 있다. 힌트 제시 중 학생들이 만든 오류도 주어진 힌트를 수정보완하는 데 도움이 된다. 그래서 ZPD의 폭을 힌트의 개수로 정할 수 있다.

이 과제를 통해 개인의 ZPD의 학습능률(속도)를 정할 수 있으며, 전이능률을 알아보기 위해서는 가까운 전이과제, 먼전이과제, 아주먼전이과제를 정하고, 이들 문제를 해결하는데 이용된 힌트의 개수를 알아보아야 한다.

실험에 의하면 학교에서 ZPD에 놓여있는 학생은 그렇지 않은 학생보다 학습 성취면에서 훨씬 좋은 결과를 얻었다는 보고가 있다. 이 실험 결과는 지적과정의 역동성에 대한 학교교육의 프로그램을 정하는데 참고가 될 사항이다. 즉, 어른의 도움이 필요 없는 단순환 과제를 학생에게 주는 경우가 있다면 이 교실은 ZPD의 원리를 무시한 것이고 교사가 바라는 수업(복합적사고 능력의 지도)은 실패한다. 이점이 혁신적 구성주의와 크게 다른 점이다. 그의 이론을 이해하기 위해서는 ZPD와 더불어 **발판**(Scaffolding)을 이해해야한다. 이 용어는 학습이론가등이 아동의 튜터링 프로그램을 구상할 때 가장 중요한 구성요소가 무엇인지 논하는 과정에서 도입한 용어이다. 발판 속에서 아동은 자신을 둘러싸고 있는 환경을 구성하는 존재로 본다.

이때, 사회적 환경은 아동이 새로운 능력을 창출하는 과정에서 매우 중요한 역할을 하며, 이 과정에서 만들어진 상호작용의 양식은 인지 성향을 촉진시키고 다양한 성취를 가능하게 한다(사고와언어, 82쪽). 그에 의하면 발판의 첫 번째 요소는 아동이 재미있게 생각하고 문화적으로 의미 있고, 상호협력적인 문제 해결의 활동을 마련하는 것이다. 이때, 활동의 구성은 어른-아동, 아동-아동의 집단을 만들어 각 집단 속에서 정해진 목표를 도달하기 위해 다른 사람(어른 또는 또래아이)과 상호접촉을 하는 것이다. 두 번째는 이해가 서로 다른 2또는 3명의 집단에서 참가자들이 공통과제를 토론하고 마침내 공동으로 구성한 목표를 성취하는 것이다. 예를 들면, 수업시간에 게임을 하고 아동이 교사를 리드하는 경우와 교사가 리드하는 경우를 만드는 것이다. 놀이(게임)에 대한 비고우스키의 생각은 매우 긍정적이어서 다른 사람이 검증한 놀이의 효과를 인정한다. 학습에서 놀이는 아동의 삶에 큰 영향을 준다고 한다(언어와사고, p.87).

첫째는 상호교섭을 통해 의사소통기술, 사회적 생존기술, 표현용량의 수준을 얻고 자신의 믿음을 창출하며, 둘째는 복합적인 인지기능의 수준을 촉진시킬 뿐 아니라, 셋째는 아동의 사회적 성숙과 인지기능의 다양성을 구성하는데 도움을 주고, 사물 또는 자연현상을 자신의 의미로 발전시켜준다. 마지막으로는 아동이 그의 목표를 성취하는데 필요한 탐구적 상황을 창안하게 한다. 그런데 또, 그는 위에서 언급한 능력과 기능을 다음 두 가지로 설명한다.

(1) 아동 자신의 생각을 대상과 행동으로부터 분리하는 능력
(2) 충동적인 행동을 멈추고 좀 더 사려 깊은 자신의 활동을 조절할 수 있는 능력

총체적으로 그는 놀이를 "어린이에 통찰력을 주고 그들 자신, 가족, 사회를 연결해주는 역할을 한다"고 보며, 잘 계획된 놀이야말로 미래에 닥치는 개인적, 사회적, 전문적 활동을 가능하게 만드는 기본능력을 개발시켜준다고 보고 있다.

Chapter 2
연습문제

PART I 학생들이 자주 범하는 오류에 답하여라.

01. 모둠활동에서 어떤 학생이 재미있는 질문을 한다. 그는 "2진법 대신 -2진법은 없을까?" 라는 질문을 하고, 표를 제시한다.

$\cdots$ $(-2)^4$	$(-2)^3$	$(-2)^2$	$(-2)^1$	$(-2)^0$	$(-2)^{-1}$	$(-2)^{-2}$	$(-2)^{-3}$ $\cdots$
↓	↓	↓	↓				
16	-8	$+4$	-2	1	$-\frac{1}{2}$	$\frac{1}{4}$	$-\frac{1}{8}$

(1) 위의 표에 의하여 10진법의 수를 (-2)진법의 수로 바꾸려 한다.

(　　) 안에 알맞은 수를 써라.

10진법의 수	(−2)진법의 수	10진법의 수	(−2)진법의 수
1	1	−1	11
2	110	−2	(　　)
3	(　　)	−3	1101
4	(　　)	−4	(　　)
⋮			

(2) 십진법의 수로 1+3=4이다. 이를(-2)진법으로 바꾸면 다음과 같다.

(-2)진법의 덧셈을 하여라.

10진법	(−2)진법
1	
1	1
+ 3	+ 111
4	0

02. 교실에서 어떤 우수한 학생이 "선생님 7진법의 수 243, 즉 $243_{(7)}$을 3진법의수로 고치는데 243_7을 10진법의 수로 고치지 않고 바로 3진법의 수로 고칠 수 있습니까?라고 질문한다. 여러분의 대답은?

03. (계속) 11210_3을 7진법의 수로 바로 나타내어라.

$$\begin{array}{r|c} 21_3 & 11210_{(3)} \\ \hline 21 & ? \\ \hline 21 & ? \\ \hline & 0 \end{array}$$

04. 한 학생이 일대일 대응을 공부한후 동료들에게 "자연수와 0과 자연수 사이에 일대일 대응이 이루어질까?"라는 질문을 한다. 여러분의 생각은?

05. 한 학생이 가져온 숙제를 보니 $-7-2(-5)$를 다음과 같이 풀었다.

$$-9(-5)=45$$

여러분은 어떻게 오류를 수행해주겠는가?

06. 학생이 "$0 \cdot 0 = 0$이기 때문에 $0 \div 0 = 0$이라고 할 수 있다"라고 동료들에게 이야기한다. 여러분의 생각은?

PART Ⅱ 다음을 읽고 물음에 답하여라. [1-3]

측정영역에서 단위와 관련된 내용지도는 보통 임의단위를 사용한 넓이 측정에이어 보편단위를 도입하는 순서로 진행된다. 다음은 학생들이 모둠활동을 이용하여 단위 넓이로 주어진 직사각형의 넓이를 측정하는 활동이다. (모눈의 한변의 길이는 1㎝) ○○교사는 놀이를 통해 재미있게 수업을 이끌어 갈려한다.

〈활동 1〉 색종이로 만든 직사각형들을 겹쳐 봄으로써 넓이를 비교한다.

〈활동 2〉 ______________________________

〈활동 3〉 모눈 한 칸을 단위 넓이로 하여 직사각형의 넓이를 구한다.
(모눈 한 변의 길이는 1cm)

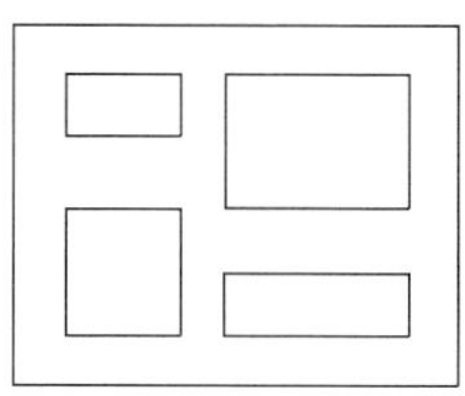

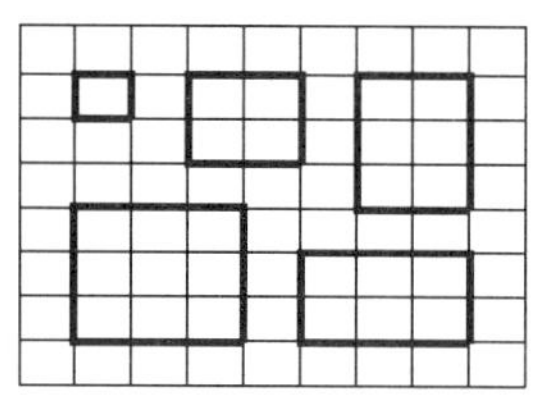

01. 딘즈의 놀이학습을 정리한 다음에 위의 활동의 바로 앞 단계 (임의단위설정)부터 지도계획을 짜라.

02. 딘즈를 포함한 구성주의자들은 놀이학습이 개념학습에 중요한 역할을 한다고 한다. 위의 소재와 관련시켜 놀이 학습의 장점을 기술하여라.

03. 위의 ○○교사의 수입활동을 보면 개념의 이해를 매우 중시하는 교사의 활동을 엿볼수 있다. 스켐프의 세 가지 이해 중 어느 이해를 가장 강조했다고 보는가?

PART Ⅲ 다음을 읽고 물음에 답하여라. [4-7]

반힐의 모델은 5단계, 영상인식, 분석, 비형식적연역, 형식적연역, 엄밀과정으로 구성되었다. 다음은 교과서에서 흔히 발견할 수 있는 사각형의 개념전개도이다.

```
                                        직사각형
                                      ↗          ↘
사각형 → 사다리꼴 → 평행사변형                      정사각형
                                      ↘          ↗
                                         마름모
```

04. ○○교사는 앞 단계에서 조건을 수정 또는 신설하여 $p \rightarrow q$를 설명한다. 이러한 교사의 활동은 스켐프의 어떤 종류의 이해와 관련있는가?

05. 다음 활동 3개는 반힐의 모델 및 단계에 해당하는지 써라.

> 〈활동 1〉 파워포인트로 제시된 도시의 여러건물에서 직사각형 모델을 찾는다.
>
> 〈활동 2〉 평행사변의 그림을 보고 대각선의 교점을 발견하고 길이를 각각 이등분한다고 생각한다.
>
> 〈활동 3〉 직사각형은 평행사변형이라고 말한다.

- 활동 1 ____________________
- 활동 2 ____________________
- 활동 3 ____________________

06. 다음은 하늘이가 친구에게 한 대화내용이다.

하늘 : 나는 어제 삼각형의 세 내각의 합은 180° 임을 알았다.
친구 : 어떻게 발견했지?
하늘 : (1) 한가지방법은 종이접기를 이용해서 세 내각의 합이 180° 임을 직관적으로 보일 수 있고,
(2) 다른 하나는 이 활동을 증명하는 과정을 살 수 있었다. 이 과정을 쓰면

점 A에서 $\overleftrightarrow{BC}$에 평행선 $\overrightarrow{AD}$를 그리면

$\angle EAD = \angle B$, $\angle DAC = \angle C$

따라서,

$\angle A + \angle B + \angle C = \angle A + \angle EAD + \angle DAC$
$= 180 \quad \therefore \angle A + \angle B + \angle C = 180°$

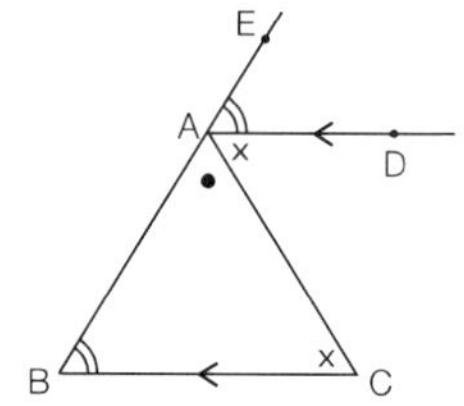

하늘이의 대답 (1)은 반힐 모델의 몇 단계인가? 또 대답 (2)는 몇 단계인가?

07. 피아제와 후론이덴탈은 개념형성의 과정에서 반영적 추상화를 매우 중시한다. 다음 구성주의 관점을 가진 교사들이 선호하는 지도이다. 이 과정에서 반영적 추상화는 어디에 해당하는가?

보물섬 활동		모눈종이에 그리기		원의정의 :
보물섬의 종려나무 밑에서	⇒	한 정점 O에서	⇒	기술하기
10m되는 지점에		2㎝되는 지점을		
보물을 묻었다.		캠퍼스로 그려라.		
어디일까?				
지도에 표시하여라.				

Chapter 3

계열구성, 수와 연산

01 계열구성 이론

현실적으로 내용의 계열구성문제는 교사에게 가장 관심의 대상이다. 현행 국민공통기본 교육과정의 덧셈에 대한 지도내용의 계열이 어떻게 짜여 있는지 조사해보자.

> 한자리수의 덧셈 – 두자리수의 덧셈 – 세자리수의 덧셈 – 네자리수의 덧셈 – 분수, 소수의 덧셈 – 정수 · 유리수의 덧셈 – 일차식 · 이차식의 덧셈 – 무리수의 덧셈(실수덧셈)

이들 계열은 어떤 원칙에 의해 만들어졌으며, 우선 수학 개념의 수직계열을 중요시했고 학생들의 이해를 바탕으로 오랫동안 실험을 한 수학교사들의 노력에 의해 완성되었음을 알 수 있다. 이러한 지도계열에 대해 이론적 배경을 가장 많이 제공한 학자는 가네와 오스벨로 알고있다.

가네와 같이 오스벨은 교육의 과정 속에서 조직적으로 유도된 설명을 강조한다. 핵심은 어떤 과제(unit)가 이미 학습된, 연관된 과제와 연결되어 계열화가 이루어져야 한다는 것이다. 새로운 학습이 유의미하게 되기 위해서는 학습자의 기존 인지구조와 새로 도입된 자료 사이에 연속성이 유지되어야 한다.

우선 가네는 학습의 결과보다 학습의 과정을 중시하고 발견을 할 수 있는 지도전략을 중시하기 보다 특별한 지도영역에 있는 규칙, 지적 기능(intellectual skill)을 강조한다. 그는 지도내용의 계열구성은 포괄적으로 다음을 따라야 한다고 주장한다.

상위규칙
↑
규칙 : 언어나 수학적 기호를 사용하여 개인이 무엇을 할 수 있도록 해주는 학습능력
↑
개념 : 공통성질
↑
변별 : 한 대상의 특징을 다른 것과 구분.

이어서 과제 분석을 통해 과제의 위계도를 만든다.

다음 그림은 가네가 계열을 만들기 위해 사용한 과제 위계도이다.

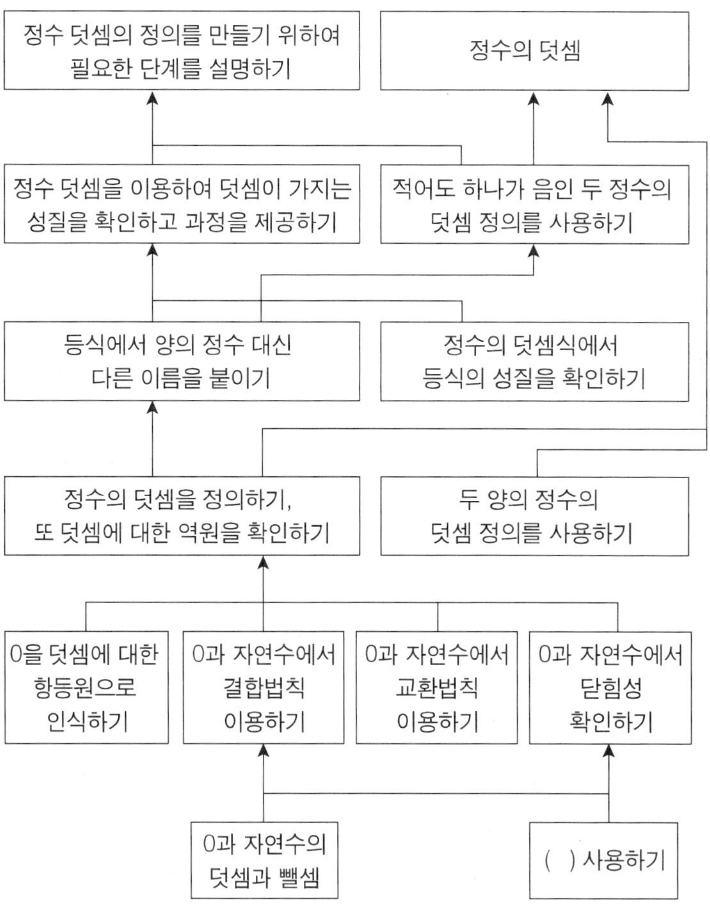

앞에서 분석한 덧셈의 계열도 가네의 과제 위계도를 기초로 작업한 결과이다. 중요한 점은 오스벨이 주장한 것처럼 학습할 내용은 연관된 과제와 연결되어 계열화가 이루어져야 한다는 것이다. 이러한 지도계열을 구성하는 문제는 행동주의자의 이론에서도 자주 나오며 가네의 방식과 더불어 윌리암스(Williams)의 프로그램 교수법도 교실에 유용한 지도계열을 정해준다. 그는 프로그램 학습을 정의하기를 주어진 최종학습 목표에 도달시키기 위하여 자극-반응 관계를 이용하여 학습경험을 계획적으로 계열화시켜 가르치는 것이라고 하였다. 다시 말하면 학습과제를 작은 단위의 논리적 순서에 따라 구성한다는 것이고, 학습자를 능동적으로 참여 시켜 즉각적인 피드백을 가짐과 동시에 학습자 개별속도를 중시해준다는 것이다. 이 프로그램의 작성유형은 두 가지가 있다. 하나는 직선형 프로그램이고, 다른 하나는 분리형 프로그램이다. 직선형은 모든 학습내용이 단일 순서로 계열화되어 있어서 모든 학습자가 똑같은 순서에 따라 학습하도록 프로그램을 짜는 것이고, 분리형은 각 학습과제에 대한 학습자의 반응정도 및 선택한 반응 종류에 따라 각자에 알맞은 길을 개별적으로 선택하는 프로그램이다. 또 분리형은 대안적인 가지에 해당하는 소프로그램이 있어 옳지 않은 응답을 하였을 경우 그것에 대한 일종의 치유적인 교수가 이루어진다. 이러한 특징은 다음 예에서 볼 수 있다.

다음 문제에 답하여라.

	피드백
1. 암산으로 다음 계산을 하여라. 9를 선택하고 3을 더하여라. 여기에 2를 곱하고 마지막으로 3으로 나누어라. 위의 계산에서 차례로 생각한수를 쓰면 9, 12, 24, ———	8
2. 다음 ( )안에 알맞은 수를 써라. 지시사항 → 수 9를 선택 → 9 3을 더하고 → 9+3 2를 곱하고 → 2(9+3) 3으로 나눔 → ( )	$\frac{2(9+3)}{3}$

다른 연습을 하여보자.

<table>
<tr><td>3. 6을 선택하고 2를 더하라. 여기에 7을 곱하고 마지막으로 4로 나누어라.

지시사항 수
6을 선택 ⟶ 6
2를 더하고 ⟶ (　　)
7을 곱하고 ⟶ (　　)
4로 나눈다 ⟶ (　　)</td><td>피드백

6+2
7(6+2)
$\frac{7(6+2)}{4}$</td></tr>
</table>

S={1, 2, 3,……, 1000}

라 놓고 원소를 선택하여 다음 지시대로 수식을 만들어보라.

<table>
<tr><td>S의 원소들 중에서 17를 택하여 다음 표를 만들어라.
먼저 17을 선택하여
지시사항 수
3을 곱하고 ⟶ 3(　　)
12를 더하고 ⟶ 3(17) + (　　)
3으로 나누고 ⟶ (　　)
4를 빼면 ⟶ (　　)
마지막 셈한 결과는 $\frac{3(17)+12}{3}-4$
이것을 이용하여 처음 사용한 수 17를 발견하자.
$\frac{3(17)+12}{3}-4=\frac{3(17)+3(4)}{3}-4$
여기서 분배법칙을 사용하면
$\frac{3(17)+3(4)}{3}-4=\frac{3(\quad)}{3}-4$
$=(17+4)-4$
$=(\quad)$</td><td>3(17)
3(17)+12
$\frac{3(17)+12}{3}$
$\frac{3(17)+12}{3}$
−4

17+4

17</td></tr>
</table>

위에서 S의 원소 17를 택하였을 때 마지막 연산결과는 처음 수 17을 얻을 수 있었다. S에서 다른 원소를 택하였다면 똑같은 결과가 나올까? 이를 위해서는 S의 원소를 모두 선택하여 1000번 연산을 해보아야 한다. 시간을 절약하는 방법이 없을까? S에서 특별한 수를 쓰는 대신 n이라 해보면 다음과 같은 계산이 가능해진다.

지시		수	
S로부터 선택한수	→	n	
3을 곱하고	→	$3n$	
12를 더하고	→	( )	$3n+12$
3으로 나누고	→	$\frac{3n+12}{3}$	
분배법칙을 이용하면	=	$\frac{3n+3\cdot4}{3}$	
	=	$n+4$	
4를 빼면		$(n+4)-4$	
	=	( )	n

위에서 n은 S의 임의의 수를 나타낸다. 여기서 n을 변수라 한다.
정의 : 변수는 유한이면서 특정한 수가 아닌 집합에서 선택한 수를 뜻한다.

n은 집합 S로부터 하나의 수를 대신하는 ( )이다.	변 수
n이 집합 S로부터 선택되고 여기에 2를 곱하고 3을 더해라 했을 때 결과는 ( )같이 나타내어진다.	$2n+3$
수 17이 선택된 집합은 $S=\{1, 2, 3, \cdots\cdots, 1000\}$이다. 이 집합에 선택할 수 있는 수를 n이라 할 때 n을 몇 번 선택할 수 있다.	

어떤 문장에 적어도 하나의 변수가 포함되면 이 문장은 열린문장이라 한다.

어떤 수에 5를 더한다 할 때 n에 대한 열린문장은 (　　) 이다. 여기서 n의 값의 S={8, 12, 18}에서 선택된 다면 다음을 완성하여라.	n+5
열린문장　　　　　　값	
$n+5$ ⟶ 13, , ,	17, 23
$6n$ ⟶ , , ,	48, 72, 108
$\frac{n}{12}$ ⟶ , , ,	$\frac{2}{3}$, 1, $\frac{3}{2}$
n이 집합 S={2, 5, 10}에서 선택된 다면 다음 열린 문장의 값을 오른쪽에 써라.	
$\frac{2(n+1)}{3}$ ⟶ , , ,	2, 4, $\frac{22}{3}$
$\frac{3n-2}{4}$ ⟶ , , ,	1, $\frac{13}{4}$, 7
$\frac{(n-1)(n+3)}{n+1}$	$\frac{5}{3}$, $\frac{16}{3}$, $\frac{117}{11}$

t와 3의 합을 2배한 식은 다음에서 어느것인가? $2t+3$, 2(t+3)	2(t+3)
a=2, b=3, $c=\frac{3}{4}$일 때 다음을 구하여라. 6b+ac = ________ (a+b)(a+8) = ________ 6(b+ac) = ________	

구성의 두 관점

위에서는 행동주의 학습이론에 알맞은 위계분석과 수업내용의 계열을 논하였다. 부르너의 계열구성은 행동주의자들과는 크게 다르다. 그는 수업해야할 과제는 학생들의 지적능력에 맞는(fit) 형태로 제시되어야한다고 말한다. 수업자료는 자세히 분화되고 계열화되어 학습자 마음속에 이미 존재하는 표현모드(구체, 영상, 상징)에 알맞게 수정되어야 한다고 본다. 부르너는 "어떤 지식 또는 아이디어(문제)는 학습자가 이해 할 수 있는 인식가능한 형태로 충분히 단순하게 제시 될 수있다"라고 말한다.

이후 많은 사람들은 이 말을 어떤 과제도 정직하게 사용할 수 있는 형태로 표현하면 학습자에게 이해될 수 있다고 생각했다. 물론 가설적인 문장이지만 교실에서는 피아제의 견해와 크게 다른 그의 의견에 많은 혼란이 있었다. 실제로 원의넓이를 잘게 쪼갠 부채꼴을 늘어놓아 평행사변형의 모양을 만들고, 무한히 잘게 쪼개어 늘어놓으면 직사각형이 된다는 논리로 원의 넓이를 지도한 적이 있었으나, 초등학교 5~6학년에서 이를 이해하는 것은 어려우며, 아마 극한개념을 이해할 수 있는 연령대가 있을 것이라는 추측을 했다. 마찬가지로 미적분을 고등학교 2,3학년보다 훨씬 낮은 학년에서 그의 말처럼 정직한 형태로 학생의 지적구조에 알맞게 제시만 할 수 있다면 가능할 수도 있으나, 이 실험이 가능한지 확인하기 어렵다. 그러나 긍정적인 면에서 교실에서는 많은 전문가들의 공통사고를 통해 정직한 형태의 자료를 만들려하고, 이들 자료는 부르너의 아이디어에 꼭 들어맞지 않아도 학습자의 이해를 증진시키는데 도움을 준다.

부르너는 교사가 가르치려 하는 내용을 다양한 연령층의 학생에 알맞게 지식의 구조로 생성하여, 이를 자료화하고 최적의 계열화를 만들어야 한다고 본다. 이를 위해서는 복합적인 기능은 선수학습의 기능에 의존하게 되므로 초급적인 지적기능을 미리 배우게 하는 학습계열을 만들어야 한다.

결국 부르너는 수업 할 내용의 계열화를 매우 의미있게 보면서 학생의 지적능력에 알맞은 형태의 자료개발이 최적의 계열화로 이끌어 간다고 본다.

가네에게 지도는 과제를 주의 깊게 분석하여 위계를 제시함으로써 거침없이 유도되어야 한다는 주장이고, 브루너에게 지도는 연속적인 균형과 불균형 상태를 맞이함으로써 발견하게 된다고 주장한다. 이러한 두가지 견해로써 교육과정의 계열을 구성한다면 방법의 차이가 있다. 가네에게는 가장 높은 수준의 학습목표가 문제해결이고 낮은 수준의 학습은 수학적 사실, 개념, 원리 등이다. 가네는 적절한 학습계열은 그림에서와 같이 밑에서 위로 올라가는 형태가 되어야 한다. 즉,

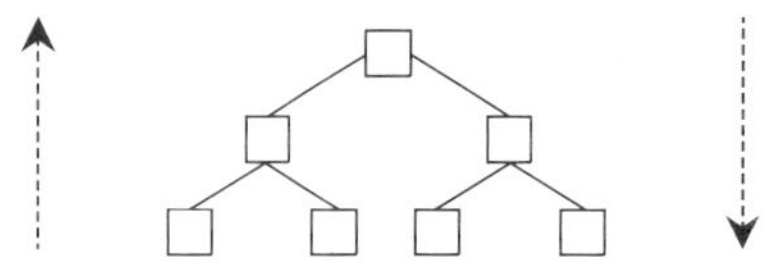

학습자는 단순한 예비학습을 통해 피라미드의 위로 올라간다. 그래서 맨 위의 복잡한 능력(complex capability)을 달성한다. 브루너에게는 같은 다이어그램이 적용될 수 있으나 화살표의 방향은 가네와 반대이다. 학습자는 먼저 문제해결장면을 맞이한다. 다음 교사의 자료제시 방법을 통해서 또는 계획된 지도에 의해서 필요한 개념을 얻거나 풀이방법을 유도해 낸다. 이러한 브루너의 이론에는 두 가지 합당한 이유가 있다. 첫째는 가네의 유도된 학습계열에 비해 보다 동기유발이 가능해질 것이다. 어린이는 그가 풀 수 없는 문제를 해결해야 하는 상황에서 이미 약속된 학습계열을 밟아가는 것보다 동기유발이 강하게 작용한다. 둘째는, 발견을 통해 문제해결을 함으로써 해결된 지식의 전이를 높일 수 있다는 것이다. 여기에는 다음 두 가지 이슈가 있다.

① 학습할 자료의 구성
② 최적의 학습과정의 계열(문제에서 규칙으로 가는 귀납, 또는 규칙에서 규칙으로 가는 연역)

지도계열에 대한 오스벨의 개념은 위의 두 사람의 이론에 바탕을 둔다. 가네와 같이 주의 깊게 유도된 설명식 계열을 좋아하고 브루너와 같이 위계의 가장 높은 지점에서 지도계열을 시작하는 것을 좋아한다. 이것이 선행조직자의 원리이다.

02 수와 연산 교재

수, 십진기수법, 셈은 단순히 어느 한시대나 몇 개의 나라에서 발전해온 것이라기보다 오랫동안 여러 나라에서 행한 창의적인 인간사고의 발전이라 볼수있다. 자연수, 정수, 유리수, 실수 등의 수체계는 주어진 집합의 원소들의 개수에 대한 패턴을 인식하는 과정에서 나온 산물이다. 기원전 2000년경에 이미 바빌로니아인들은 60진법을 개발하여 큰 수 524,551을 그들 식으로 표현했다.

$$524{,}551 = 2(60^3) + 25(60^2) + 42(60) + 31 =$$

마야 문명에서도 43487은 다음과 같이 나타냈다.

$$43487 = 6(18)(20^2) + 0(18)(20) + 14(20) + 7 =$$ 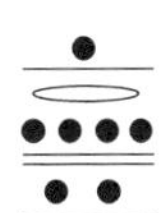

그 후 인도 · 아랍의 자연수 체계에 의하여 십진기수법이 소개되었다.

$$543 = 5 \times 10^2 + 4 \times 10 + 3 \times 1$$

이를 밑10으로 하는 위치적 수체계라 했으며, 밑수b가 선택된 후에 $0, 1, 2, \cdots, b-1$에 대하여 수 N은

$$N = a_n b^n + a_{n-1} b^{n-1} + \cdots + a_2 b^2 + a_1 b + a_0,\ 0 \le a_i < b,\ i = 1, 2, \cdots, n$$

으로 표현된다.

옛날 사람들은 큰수를 어떻게 나타낼까? 에 대한 많은 고민이 있었는 듯하다. 로마숫자 XX는 20을 나타냈었는데 10인 X두개를 나란히 놓았다. 큰 수를 어떻게 나타낼까 하는 문제는 아라비아 숫자가 훨씬 간편하고 과학적이었다. 십진기수법에서 가장 중요한 역할이 10(밑)인데, 아마도 옛날사람이 인간의 열개 손가락에서 그 의미를 가져오지 않았나 추측한다. 그런데, 실생활에서 $3x = 2$를 풀 때, $x = \frac{2}{3}$는 이 방정식을 만족한다. 즉, 자연수의 한 쌍으로 표시하는 경우가 있다. 지금까지 자연수의 개념과 그 연산을 배운 학생들에게는 두개 자연수를 생각해야 하기 때문에 이해에 어려움을 느낀다.

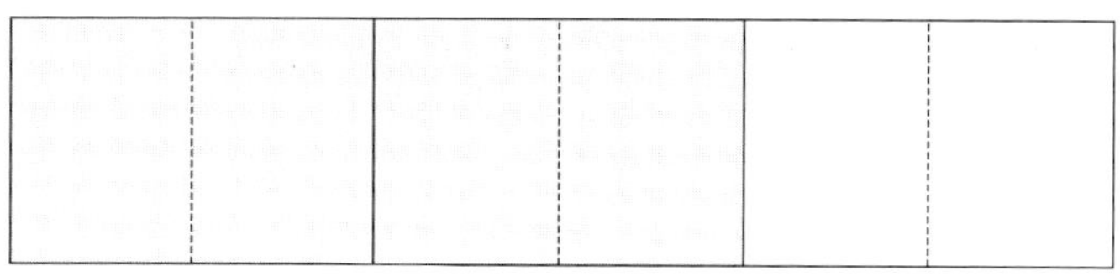

분수 $\frac{2}{3}$ 는 학생들에게는 새로운 수로써 인식이 되는데, 그 뜻에 대해서는 상당히 복잡하다. 세가지 관점으로 해석이 되는데, (1)전체-부분의 개념 (2) 비의 개념 (3)나누기 개념으로 생각 할 수 있다. 전체-부분의 관계는 피자판 또는 그림에서 똑같은 부분 3개중에 2부분을 의미한다. 이 모델은 분수의 덧셈을 하는데 알맞은 것이다. 즉, $\frac{1}{3} + \frac{1}{6} = \frac{2}{6} + \frac{1}{6} = \frac{3}{6} = \frac{1}{2}$ 나누기로써 분수는 $2 \div 3$을 $\frac{2}{3}$라고도 나타낸다. 이 모델은 실생활에서 방정식을 주는 과정에서 얻어지는데 "피자 2개를 3사람이 나누어가지려면 한사람이 가지는 양을 얼마인가?에 알맞은 상황이다. 비의 개념으로 분수를 도입하면 연산을 이해하는데 곧 모순을 발견한다. 두 분수 $\frac{2}{3}, \frac{3}{5}$을 비의 개념으로 이해했다면

$$\frac{2}{3} + \frac{3}{5} = \frac{5}{8}$$

와 같이 생각할 수 있다. 즉, 농구공을 던지는 게임에서 월요일에 3번 던져 2번 성공하고, 화요일에 5번 던져 3번 성공했다면 2일 동안 8번 던져 5번 성공했다고 해도 잘못된 계산이 아니다. 따라서 현행교과서의 분수연산에서는 부분전체의 개념으로 분수를 도입함이 바람직하다.

실생활에서는 소수를 사용하면 훨씬 편리한 경우가 많다. 이를테면 저울을 보고 몸무게가 $43\frac{3}{4}$kg 나간다고 하지 않고 보통은 43.75kg이 나간다고 한다. 초등학교에서는 실생활의 필요성에 의하여 소수를 도입하지만, 후에 유리수를 실수로 확장하는데 소수는 중요한 역할을 한다. 어떤 분수 x가 나누는 방법에 의하여

$$a_0 . a_1 a_2 a_3 a_4 a_5 a_6 \cdots a_n$$

와 같이 나타낼 수 있고, 이는 $a_0 + \frac{a_1}{10} + \frac{a_2}{10^2} + \cdots + \frac{a_n}{10^n}$과 같은 의미를 가진다. 학생들은 소수는 0과 자연수를 자연스럽게 확장한 것이기 때문에 분수보다 이해하는데 쉽다고 말한다. 소수의 덧셈, 뺄셈도 0과 자연수의 연산에서 그 아이디어를 바로 가져올 수 있다. 초등학교에서는 실생활의 수량적인 관계를 이해하는데 분수와 소수를 사용하지만 중등학교로 가면, 이들 개념을 바탕으로 유리수와 실수가 도입됨을 학생들은 이해하게 된다.

이를 바탕으로 덧셈을 이야기하자.

어떤 소년의 왼쪽주머니에는 각 한 개씩의 주사위, 구슬, 인형, 동전이 있고 오른쪽 주머니에는 연필, 볼펜, 칼이 들어있다. 이를 집합으로 나타내면 왼쪽 주머니에 있는 물건의 집합 A={a, b, c, d}, 왼쪽 주머니에 있는 물건은 집합 B={p, q, r}으로 나타낼 수 있고, n(A)=4, n(B)=3, A∩B=∅. 이때 A∪B={a, b, c, d, p, g, r}이고 n(A∪B)=7. 이 소년은 어떻게 물건을 셀까? 아마 양쪽 주머니에 있는 물건을 책상위에 따로따로 놓고 왼쪽부터 하나, 둘, 셋, 넷, 다섯, 여섯, 일곱을 세고 A∪B를 {1, 2, 3, 4, 5, 6, 7}로 머릿속에 정리할 것이다. 따라서 4개 물건과 3개 물건을 합하면 4개에 3개 더 있으니까 모두 7개라고 소리친다.

이제 우리는 두 자연수의 덧셈을 이 사례처럼 형식적으로 정의 할 수 있다.

자연수 a, b 의 합 a+b는 n(A∪B), n(A)=a, n(B)=b, A∩B=∅로 정의된다. 이

를 테면, A={3, 6, 9, 12, 15}, B={5, 11, 17}일 때 n(A)=5, n(B)=3, $A \cap B \neq \varnothing$, $A \cup B$={3, 5, 6, 9, 11, 12, 15, 17}이므로 5+3=8이다.

- **성질 1** : a, b, c가 임의의 자연수라면 (a+b)+c=a+(b+c)
- **성질 2** : 임의의 자연수 a에 대하여 a+0=a 이 0이 존재한다. 또, 어떤 자연수

a에 대해 a+z=a 이면 z=0.

이제부터는 0과 자연수를 합하여 셈수(또는 0과 자연수)라고 할 수 있다.

집에서 일어나는 일을 통해 학생들은 뺄셈을 자연스럽게 행한다. 부모님이 5개의 과자를 주었는데 한참 있다가 3개를 동생한테 주라고 한다. 그는 5개를 책상위에 늘어놓고 이들 중 3개를 다른 곳으로 옮긴다. 즉, 5개의 원소로 집합 B와 3개로 된 집합 A가 있는데 $A \subset B$라는 관계가 있음을 알 수 있다. 이와 같이 아동들의 원래 뺄셈에 대한 개념은 "모임에서 일부를 덜어내는" 활동으로 시작한다. 이들 활동의 결과로 5−3=2로 나타낸다. 마찬가지로 뺄셈을 형식적으로 표현할 수 있다.

두 자연수 차 b−a는 자연수 n(B−A), n(A)=a, n(B)=b, $A \subset B$로 정의한다. 즉 b−a=n(B)−n(A), 이를테면, A={1, 3, 5, 7}, B={1, 2, 3, 4, 5, 6, 7, 8, 9}에서 $A \subset B$, n(A)=4, n(B)=9, B−A={2, 4, 6, 8, 9}, n(B−A)=5, 따라서 9−4=5.

- **성질 3** : a, b가 두 셈수이고 $a \leq b$ 일 때 b−a가 셈수 c일 필요충분조건은 b=a+c, 즉, b−a=c일 필요충분조건은 b=a+c.

큰수들끼리 덧셈은 우리는 기능으로 좋은 알고리즘을 개발했다. 이를테면, 36+42는 자기값의 원리를 이용하여 36=3 · 10+6 · 1, 42=4 · 10+2 · 1으로 나타낸 다음에 다음과 같은 계산을 한다.

$$\begin{aligned} 36+42 &= [3\cdot 10+6\cdot 1]+[4\cdot 10+2\cdot 1] \\ &= 3\cdot 10+4\cdot 10+6\cdot 1+2\cdot 1 \\ &= (3+4)10+(6+2)\cdot 1 \\ &= 7\cdot 10+8\cdot 1 = 78 \end{aligned}$$

다음을 이와 같이 계산하여 보아라.

(1) $207 + 68$ (2) $795 + 845$ (3) $2735 + 3453$

뺄셈도 같은 원리로 적용된다.

$$\begin{aligned} 768 - 245 &= [7\cdot10^2 + 6\cdot10 + 8] - [2\cdot10^2 + 4\cdot10 + 5] \\ &= [7\cdot10^2 - 2\cdot10^2] + [6\cdot10 - 4\cdot10] + [8 - 5] \\ &= (7-2)10^2 + (6-4)10 + 3 \\ &= 5\cdot10^2 + 2\cdot10 + 3 = 523 \end{aligned}$$

Herscovics(1990)의 연구에 의하면 아동들은 덧셈을 할 때 다함께 모아서 하나씩 하나씩 세면서 전체의 개수를 알아내거나 혹은 처음수의 기수값으로 시작하여 나머지를 하나씩 하나씩 세기도 한다.

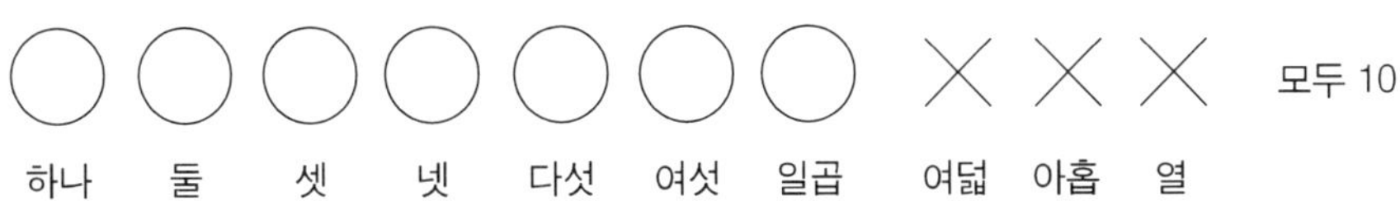

뺄셈에 대해서도 아동은 일정한 패턴을 생각한다. 8−3의 경우에 아동들은 원래의 전체집합(여덟)의 기수값과 더불어 시작한다. 그리고 나서 이 값을 두 부분으로 만들고 제하는 양(셋)을 이 값에서 감소시킨다.

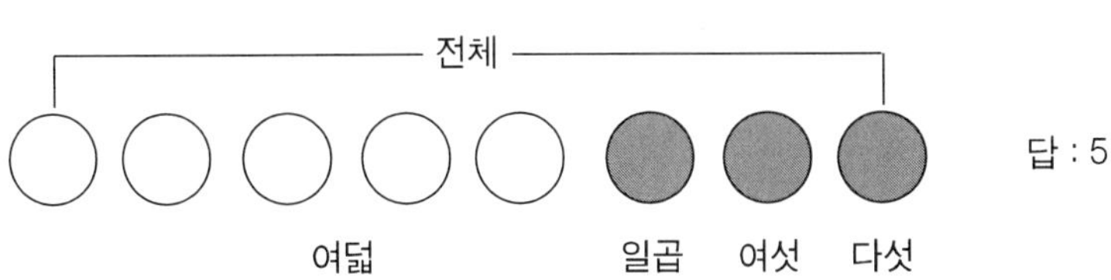

현행 교육과정의 초등분야에서 수, 덧셈과 뺄셈, 자연수의 간단한 성질은 교수요목으로 표현되었다.

100까지의 수

① 0과 100까지의 수 개념을 이해하여 수를 세고 읽고 쓸 수 있다.
② 100까지의 수 범위에서 수 계열을 이해하고, 수의 크기를 비교할 수 있다.
③ 100까지의 수에 대한 위치적 기수법의 기초 개념을 이해한다.
④ 10이하의 수 범위에서 두 수로 분해하고, 두 수를 하나의 수로 합성할 수 있다.
⑤ 수 세기가 필요한 상황에서 묶어 세기, 뛰어 세기를 할 수 있다.

간단한 수의 덧셈과 뺄셈

① 덧셈과 뺄셈이 이루어지는 상황을 알고, 덧셈과 뺄셈의 의미를 이해한다.
② 한 자리 수끼리의 덧셈과 뺄셈을 할 수 있다.
③ 합이 10이 되는 덧셈식과 '10-(한 자리 수)'인 뺄셈식을 통하여 10에 대한 보수를 찾을 수 있다.
④ '(두 자리 수)-(한 자리 수)'의 계산을 할 수 있다.
⑤ 덧셈과 뺄셈의 관계를 이해한다.
⑥ 한 자리 수인 세 수의 덧셈과 뺄셈을 할 수 있다.

두 자리 수의 덧셈과 뺄셈

① 두 자리 수의 범위에서 받아올림이 없는 덧셈을 할 수 있다.
② 두 자리 수의 범위에서 받아내림이 없는 뺄셈을 할 수 있다.
③ 덧셈과 뺄셈을 활용하여 실생활 문제를 해결할 수 있다.

1000까지의 수

① 일, 십, 백의 자릿값의 의미와 위치적 기수법을 이해하고, 1000까지의 수를 읽고 쓸 수 있다.
② 세 자리 수의 계열을 이해하고, 크기를 비교할 수 있다.

덧셈과 뺄셈

① 두 자리 수의 범위에서 받아올림이 있는 덧셈과 받아내림이 있는 뺄셈을 할 수 있다.
② 두 자리 수의 범위에서 세 수의 덧셈과 뺄셈을 할 수 있다.

③ 덧셈과 뺄셈의 관계를 이해한다.
④ 세 자리 수의 범위에서 덧셈과 뺄셈을 할 수 있다.
⑤ 세 자리 수의 범위에서 세 수의 덧셈과 뺄셈을 할 수 있다.
⑥ 덧셈과 뺄셈을 활용하여 실생활 문제를 해결할 수 있다.

10000까지의 수

① 일, 십, 백, 천의 자릿값의 의미와 위치적 기수법을 이해하고, 10000까지의 수를 읽고 쓸 수 있다.
② 네 자리 수의 계열을 이해하고, 크기를 비교할 수 있다.

네 자리 수의 덧셈과 뺄셈

① 세 자리 수의 덧셈과 뺄셈을 할 수 있다.
② 네 자리 수의 범위에서 덧셈과 뺄셈을 할 수 있다.
③ 네 자리 수의 범위에서 세 수의 덧셈과 뺄셈을 할 수 있다.
④ 덧셈과 뺄셈을 활용하여 실생활 문제를 해결할 수있다.

다섯 자리 이상의 수

① 10000 이상의 큰 수에 대하여 자릿값과 위치적 기수법을 이해하고, 수를 읽고 쓸 수 있다.
② 수 계열을 이해하고 크기를 비교할 수 있다.

자연수의 사칙계산

① 곱하는 수가 두 자리 수인 곱셈을 할 수 있다.
② 나누는 수가 두 자리 수인 나눗셈을 할 수 있다.
③ 덧셈, 뺄셈, 곱셈, 나눗셈이 섞여 있는 문제를 해결할 수 있다.

아동들은 수세기를 통해 물건의 개수, 순서, 하나 더 큰수 등을 이해 할 뿐 아니라 덧셈과 뺄셈 문제를 해결한다. 그러면 큰수의 덧셈과 뺄셈은 어떻게 해야 할까? 큰 수를 이해하려면 자릿값의 개념을 십진기수법의 원리에 의해 이해하는데 이때는 구체물의 표현에서 23을 2개의 십과 3개의 일로 나타내어 자릿값을 알게 된다. 또한 계산기도 자릿값을 이해하는데 좋은 도구가 된다. 이를 테면 65에서 시작하여 118을 만드는 과정에서 어떤 수를 더해야 할까? 또는 빼어야할까?를 결정한다. 또, 아동들은 자신들의 고유한 세기전략을 개발하여 연산에서도 더하기, 없애기와 관련된 상황을 모델링하여 연속해서 세기, 거꾸로 세기와 같은 세기전략을 이용한다. 더 나아가 아동들은 덧셈과 뺄셈의 관련성을 문제상황을 주어 자연스럽게 이해 할뿐 아니라 연산과정에서 2, 5, 7을 2+5 7-2, 7-5등의 다양한 문제상황으로 나타내기도 하고, 유창한 계산과정으로 들어가면서 계산전략을 자신에 알맞게 개발하기도 한다. 실험에 의하면 실생활 문제 또는 비교과서적인 문제해결도 수개념의 형성에 도움이 된다고 한다. 이를테면,

인형이는 사탕이 들어있는 상자를 가지고 있다. 사탕 개수는 12개보다는 많고 32개보다는 적다. 4묶음으로 셋을 때는 2개가 남고, 5묶음으로 셋을 때는 하나가 남는다. 모두 몇 개의 사탕이 있는가?

이러한 문장제도 의미가 있지만 계산활동도 학생들에게 새로운 감각을 준다. 다음 첫 번째 수 배열은 가로, 세로, 대각선으로 상자 내에 있는 수를 더한 것이다. 두 번재의 배열을 완성하여라.

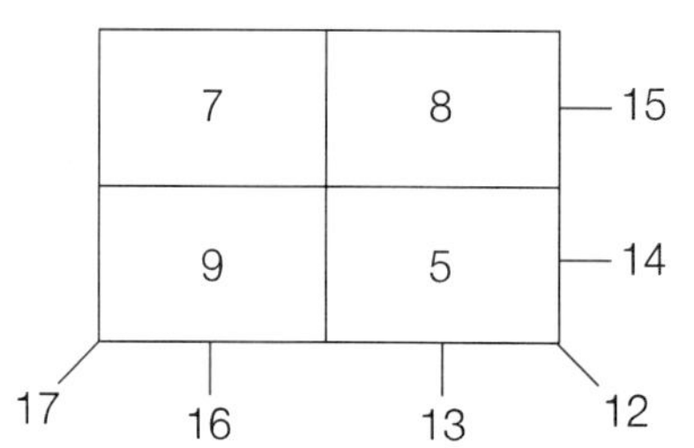

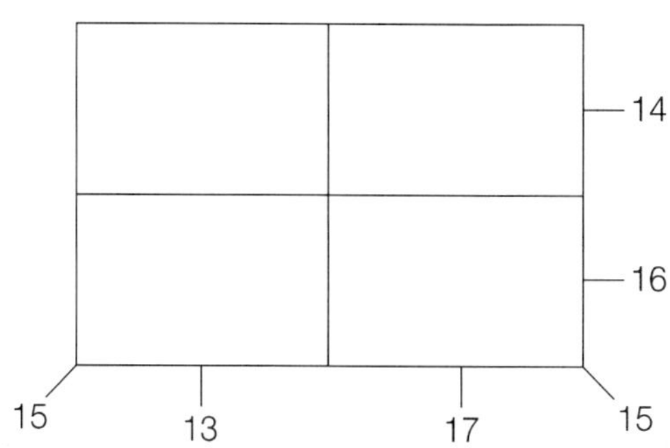

곱셈의 경우도 우리생활에서 자주 관찰이 된다.

4명의 학생이 설악산에 1박2일의 여행을 떠났다. 취사는 현지에서 직접하기로 하고 각각은 3개의 감자를 집에서 가져갔다. 모두 몇 개를 가져가는가?

이 문제에서 집합 B_1, B_2, B_3, B_4는 감자의 집합으로 서로소이다. 즉, $B_i \cap B_j = \varnothing$, i, $j = 1, 2, 3, 4$ 우리는 이들의 합을 통해 모든 감자들의 집합을 가진다. 즉, $B_1 \cup B_2 \cup B_3 \cup B_4$이고

$$\begin{aligned} n(B_1 \cup B_2 \cup B_3 \cup B_4) &= n\{[(B_1 \cup B_2) \cup B_3] \cup B_4\} \\ &= n[(B_1 \cup B_2) \cup B_3] + n(B_4) \\ &= [\{n(B_1) + n(B_2)\} + n(B_3)] + n(B_4) \\ &= [\{3+3\}+3]+3 = 12 \end{aligned}$$

이 과정에서 $n\{B_1 \cup B_2 \cup B_3 \cup B_4\}$은 4×3으로 표현된다.

일반적으로 a, b가 임의의 셈수라면 곱 $a \times b$은 다음과 같이 정의된다.

두 셈수 a, b의 곱은 $a \times b$라 표시하고 다음 조건을 만족한다.

(1) $a \neq 0$이면 $a \times b = n(B_1 \cup B_2 \cup \cdots \cup B_n)$이고,

$n(B_1) = n(B_2) = \cdots = n(B_n) = b$, $B_i \cap B_j = \varnothing$, $i \neq j$

(2) $a = 0$이면, $a \times b = 0$

위에서 셈수 a, b로 조합하여 세 번째 셈수 c로 맺어주는 이항연산을 곱셈이라 한다.

성질 4 : a, b가 셈수이고 $a \neq 0$이면, $ab = \underbrace{b + b + \cdots b}_{a\text{개}}$

성질 5 : a, b, c가 $a \neq 0$, $ab = ac$인 셈수라면 $b = c$

우리가 셈수에 정수 $\{\cdots -3,\ -2,\ -1,\ 0,\ 1,\ 2,\ 3, \cdots\}$을 도입하면, 정수 $a, b \neq 0$에 대하여 $a \div b$는 $a = bk$가 되는 유일한 정수 k를 말한다.

이를테면, 8÷4=2일 필요충분조건은 $8 = 2 \cdot 4$ $(k = 2)$

학생들은 곱셈과 나눗셈을 무척 어려워한다. 먼저 곱셈에 관련된 상황은 덧셈과 뺄셈보다 훨씬 복잡하다.

(1) 6명의 학생들이 각각 4개의 초콜릿을 가지고 있다. 그들이 가지고 있는 초콜릿은 모두 몇 개인가?

아마 곱셈을 처음 배우는 학생들이 경험하는 상황일 것이다. 다음문제는 몇 배라는 개념이 들어있다.

(2) 복남이는 영희가 가지고 있는 돈의 3배 만큼 가지고 있다. 영희는 500원을 가지고 있다. 복남이는 얼마를 가지고 있는가?

곱셈

① 곱셈이 이루어지는 상황을 알고, 곱셈의 의미를 이해한다.
② 곱셈구구를 이해하고, 한 자리 수의 곱셈을 할 수 있다.

곱셈과 나눗셈

① '(두 자리 수)×(한 자리 수)', '(세 자리 수)×(한 자리 수)', '(두 자리 수)×(두 자리 수)'의 계산을 할 수 있다.
② 곱셈을 활용하여 실생활 문제를 해결할 수 있다.
③ 나눗셈이 이루어지는 상황을 알고, 나눗셈의 의미를 이해한다.
④ 곱셈과 나눗셈 사이의 관계를 이해한다.
⑤ '(두 자리수)÷(한 자리 수)'의 계산을 할 수 있고, 나눗셈에서 몫과 나머지의 의미를 이해한다.
⑥ 나눗셈을 활용하여 실생활 문제를 해결할 수 있다.

셈수의 시스템은 실생활에서 매우 유용하게 쓰이지만 큰 약점이 있다. 왜냐하면 나눗셈이 항상 성립하지 않는다는 점이다. 다시 말하면 $a=bx, a, b$는 셈수, $b \neq 0$, 는 항상 해가 존재하는 것은 아니라는 점이다. 새로운 수 조직이 필요하며 이를 분수체계라 한다. 즉,

방정식 $a=bx$, a, b는 셈수, $b \neq 0$,은 유일한 해를 가지며, 이 해를 분수형태로 쓴다. 여기서 a는 $\frac{a}{b}$의 분자, b를 분모라 한다.

이를테면, $\frac{6}{7}$은 방정식 $6=7x$의 해이고, $\frac{45}{89}$는 방정식 $45=89x$의 해 이고, $\frac{0}{7}$은 방정식 $0=7x$의 해이다.

앞으로 $\frac{a}{b}$, a, b는 정수, $b \neq 0$, 을 유리수라고도 한다. 유리수의 다른 이름은 분수라고도 한다. 사실 분수는 우리생활에서 자연스럽게 얻을 수 있는 수이다.

철수, 영희, 수영이가 19개의 동그란 과자를 가지고 있다. 3명이 똑같이 나누어 가지려면 어떻게 나누어야 할까?

어린이들은 한사람에 6개씩 가지고 한개의 과자를 그림과 같이 똑같이 나누어 가진다. 이 과정을 수로 표시하여 한사람씩 $\frac{1}{3}$부분을 가진다고 말한다. 이러한 기호를 사용하면 6개하고 1개의 $\frac{1}{3}$을 가진다.

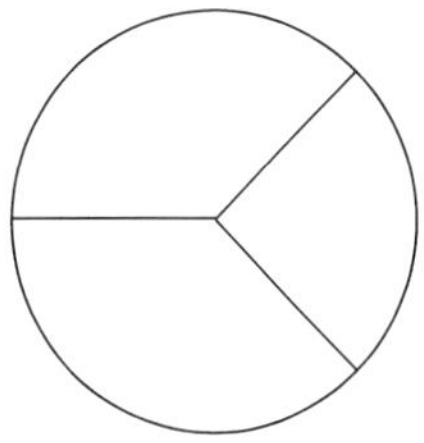

이와 같이, 물리적인 현상(과자)에서 유리수는 자연스럽게 도입된다. 즉, $\frac{11}{6}$은 11개의 과자를 6명이 나누어 가지면 각자 1개씩 가지고 나머지 5개를 6명이 나누어야 하므로 그림에서 5조각을 가진다.

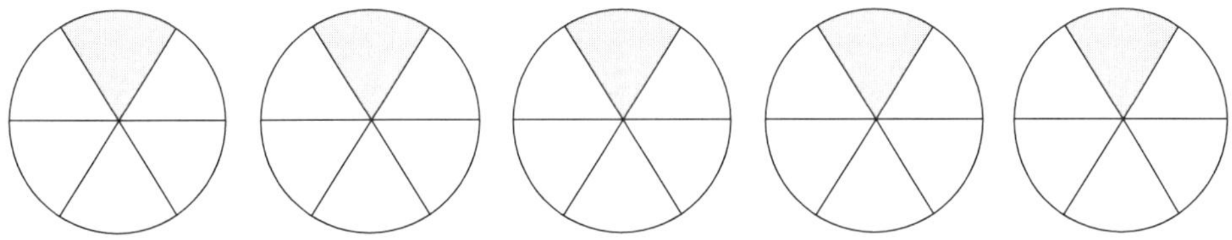

물론 다른 방법으로 부분을 가져갈 수도 있다. 이제 물리적인 모델을 생각하지 않고 수 $\frac{a}{b}$를 생각하자. 두 가지 질문이 나온다.

(1) 0과 자연수의 집합과 양의 유리수 집합은 어떤 관련이 있는가?

즉, 3은 유리수 $\frac{3}{1}$과 관련이 있을까?

(2) $\frac{2}{4}$는 $\frac{1}{2}$에 어떻게 관련되어 있는가?

위에서 $\frac{2}{4}$와 $\frac{1}{2}$은 같다는 것을 과자 한 개를 이용해 직관적으로 보일 수 있다.

그림에서 과자 한 개를 4조각으로 나누어 2조각을 가지는 것이나 두 조각으로 나누어 한 조각을 가지는 것은 같은 의미를 가진다. 이를 수직선에서 생각하여도 같은 결과가 나온다.

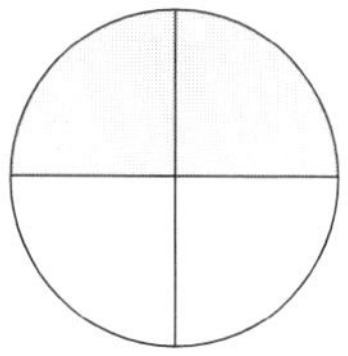

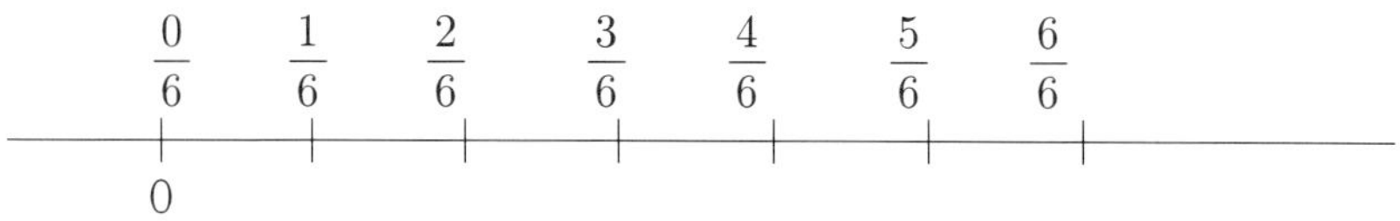

그림에서 $\frac{3}{6}$은 0과 1 사이를 6등분 했을 때 한가운데의 점이 되며, 이는 2등분 했을 때 $\frac{1}{2}$되는 점과 일치한다. 이와 같이 생각하면 유리수 $\frac{a}{b}$가 $\frac{c}{d}$와 같은 필요충분조건은 $ad = bc$이다.

그런데, 분모를 등분할때는 최소공배수를 이용하여 계산 할 수 있다. 즉,

$$
\begin{aligned}
\frac{5}{9}+\frac{1}{12} &= \frac{5}{3^2}+\frac{1}{2^2\times 3} \\
&= \frac{5\times 2^2}{3^2\times 2^2}+\frac{1\times 3}{2^2\times 3^2} \\
&= \frac{20+3}{2^2\times 3^2} = \frac{23}{36}
\end{aligned}
$$

지금까지 두 유리수의 합을 + 기호를 이용하여 정하였는데, +는 앞에서 사용한 두 셈수의 덧셈에서 사용한 기호와 같은 의미를 가진다.

이를 확인해 보면

$$2+3=\frac{2}{1}+\frac{3}{1}=\frac{2+3}{1}=5$$

이기 때문에 정수에서 정한 +가 유리수의 덧셈으로 확장했을 뿐이다. 뺄셈(−)을 도입하기 위해 물리적 모델을 생각하여 보자.

김씨는 언제고 자동차의 연료통에 전체의 $\frac{4}{5}kl$를 채운다.

그 이상을 채우면 자동차가 달릴 때 어떤 결함이 생긴다.

오늘 $\frac{1}{4}kl$을 채웠다. 얼마를 더 채울 수 있는가?

위의 상황은 물리적 모델이며 두 유리수(분수)의 뺄셈을 도입하는데 의미 있는 수학아이디어를 담고 있다. 이 모델에 수학적 모델을 얻을 수 있다.

$$\frac{a}{b}+\frac{1}{4}=\frac{4}{5}$$

그런데, 우리는 "빼기"의 개념을 이용하기 때문에 $\frac{a}{b}=\frac{4}{5}-\frac{1}{4}$과 같이 나타낸다.

일반적으로 말하면 유리수 $\frac{a}{b}$에서 유리수 $\frac{c}{d}$를 뺀다는 것은 다음과 같다.

$$\frac{a}{b}-\frac{c}{d}=\frac{e}{f}\text{일 필요충분조건은 }\frac{a}{b}=\frac{c}{d}+\frac{e}{f}$$

이때, $\frac{a}{b}+\frac{c}{d}=\frac{0}{1}$이 성립하면 $\frac{c}{d}$를 $\frac{a}{b}$의 덧셈에 대한 역원이라 한다.

학생들은 셈수의 계산보다 분수의 계산을 어려워한다. 학생들이 배운 지식은 0과 자연수의 계산법이기 때문에 이를 유리수의 덧셈과 뺄셈에 이용하려한다. 이러한 교육적 교실상황을 극복하기 위해서는 학생들이 가지고 있는 비형식적인 경험에 의존하며 실생활 문제를 이용하여 연산개념을 도입한다. 이러한 비형식적인 경험은

상식적인 연산개념

$$\frac{a}{b}+\frac{c}{d}=\frac{ad+bc}{bd}$$

를 이해하는 것과 직접 연결된다. 다음 문제에서 이를 설명하여 보자.

(1) 복남이가 피자 한 개의 $\frac{3}{4}$을 가지고 있다. 이중 $\frac{1}{2}$을 친구 영미에게 주었다. 얼마 남아있는가?

(2) 영희는 초콜릿의 $\frac{3}{8}$을 부모님으로부터 받고, 얼마후 $\frac{5}{10}$를 더 받았다. 영희가 가지고 있는 양은 모두 얼마인가?

학생은 이미 배운 0과 자연수의 뺄셈과 덧셈 모델을 생각한다. 이 물리적 모델이 덧셈과 뺄셈 중에 어느 연산에 적합한가?를 판단하는 활동이 있어야한다. 이 상황에서는 초기의 값이 어떤 구체물을 이용해 나타낼 수 있고 필요한 양들이 빠질 수 있다. 만일 학생이 분수개념을 충분히 이해 못하면 그는 적절하게 표상을 할 수 없을 것이다. 학생이 0과 자연수에서 경험한 뺄셈을 충분히 이해하면 이에 대한 모델을 머릿속에 담고 있으며, 비록 수가 분수지만 그 모델을 활용하여 뺄셈 문제 등을 해결한다.

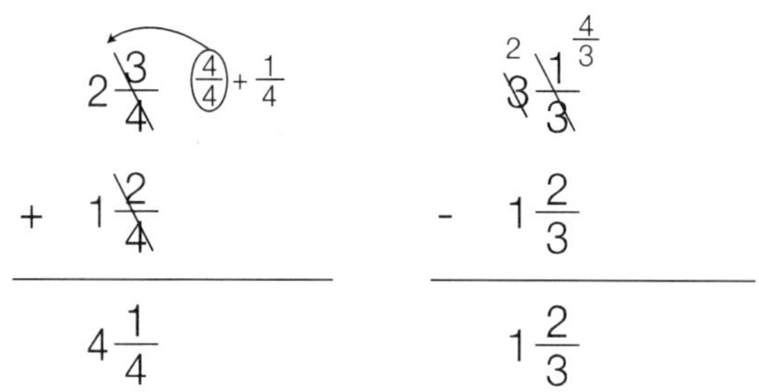

현행 교육과정에서 분수의 덧셈, 뺄셈에 관련된 교수요목은 다음과 같다.

분수

- 이산량 연속량의 등분할을 통하여 분수를 이해한다.
- 단위분수와 진분수의 의미를 알고, 그 관계를 이해한다.
- 분모가 같은 진분수와 간단한 단위분수의 크기를 비교할 수 있다.

여러 가지 분수

① 진분수, 가분수, 대분수를 이해하고, 그 상호 관계를 알 수 있다.
② 분모가 같은 분수의 크기를 비교할 수 있다.
③ 분모가 같은 분수의 덧셈과 뺄셈을 할 수 있다.
④ 분모가 다른 분수의 덧셈과 뺄셈을 할 수 있다.

분수의 나눗셈

① 나누는 수가 분수인 나눗셈의 의미와 계산 원리를 이해하고, 그 계산을 할 수 있다.

소수의 나눗셈

① 나누는 수가 소수인 나눗셈의 의미와 계산 원리를 이해하고, 그 계산을 할 수 있다.

분수와 소수의 혼합계산

① 간단한 분수와 소수의 혼합 계산을 할 수 있다.

약분과 통분

① 분수의 성질을 이용하여 크기가 같은 분수를 만들 수 있다.
② 분수를 약분, 통분할 수 있다.
③ 분모가 다른 분수의 크기를 비교할 수 있다.

분수의 곱셈, 나눗셈을 생각하기 전에 다음 실생활의 물리적 모델을 읽어보자.

희섭이는 케이크의 $\frac{4}{5}$를 가지고 있다. 이중 $\frac{1}{4}$을 동생에게 나누어 주려한다. 케이크 하나의 몇 분의 몇을 주는가?

수학적인 모델로 $\frac{4}{5}\times\frac{1}{3}$를 생각하고, 희섭이는 $\frac{4}{5}$에 해당하는 부분을 그림과 같이 표시하고 $\frac{4}{15}$로 답을 생각한다. 이것은 다음과 같이 형식적인 계산 원리로 들어갈 수 있다.

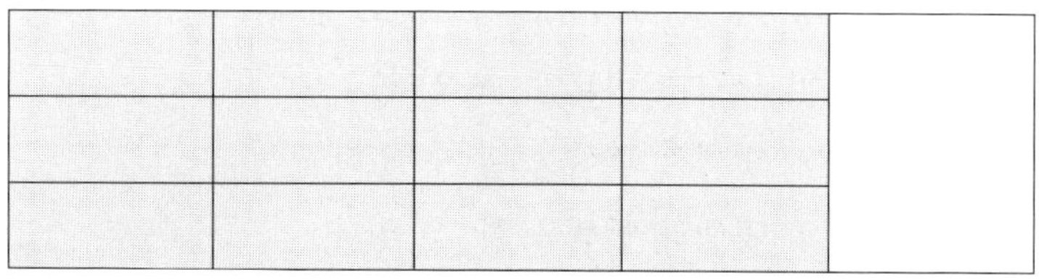

$$\frac{4}{5}\times\frac{1}{3}=\frac{(4\times1)}{(5\times3)}$$

따라서 물리적적인 모델을 떠나서 수학적으로 다음과 같이 정리한다.

임의의 두 유리수 $\frac{a}{b}$, $\frac{c}{d}$의 곱은 $\frac{ac}{bd}$이고 $\frac{a}{b}\times\frac{c}{d}=\frac{ac}{bd}$라 쓸 수 있다.

성질 6 : $\frac{a}{b}$, $\frac{c}{d}$, $\frac{e}{f}$가 임의의 유리수이고 $\frac{a}{b}\neq\frac{0}{1}$, $\frac{a}{b}\times\frac{c}{d}=\frac{a}{b}\times\frac{e}{f}$이면 $\frac{c}{d}=\frac{e}{f}$.

그런데, 나눗셈에서 $\frac{10}{1}\div\frac{2}{1}$은 $10\div2$이기 때문에 $\frac{10}{1}\div\frac{2}{1}=\frac{5}{1}$라 쓸 수 있다. 또, 일반적으로 $\frac{10}{1}\times\frac{1}{2}=\frac{5}{1}$ 따라서, $\frac{10}{1}\div\frac{2}{1}=\frac{10}{1}\times\frac{1}{2}$라고 말할 수 있다.

$\frac{a}{b}\div\frac{c}{d}(\frac{c}{d}\neq\frac{0}{1})$가 $\frac{e}{f}$가 될 필요충분조건은 $\frac{a}{b}=\frac{c}{d}\times\frac{e}{f}$이다.

즉, $\frac{a}{b}\div\frac{c}{d}=\frac{e}{f}$일 필요충분조건은 $\frac{a}{b}=\frac{c}{d}\times\frac{e}{f}$이고, $\frac{e}{f}=\frac{a}{b}\times\frac{d}{c}$를 얻을 수 있다.

일반적인 분수의 곱셈과 나눗셈은 일상에서 자주 사용하지 않은 개념이며, 아동들은 복잡한 계산으로 생각한다. 이유는 쉽게 0과 자연수 모델에서 유추하기 어렵기 때문이다(Taber,1993). 그럼에도 많은 아동들은 분수로 된 문장제를 어떻게 푸는지에 대한 직관적인 아이디어를 가진다. 연구에 의하면 $12\times\frac{1}{4}$의 계산은 아동들이 쉽게 생각하여 쌀 한컵의 $\frac{1}{4}$을 12배 하는 것으로 생각한다. 문제는 $\frac{3}{4}\times\frac{2}{3}$의 경우에 아동들은 모눈종이 $\frac{1}{10}\times\frac{1}{10}$의 모델을 이용하는 경향이 있었다.

이 아이디어는 오른쪽 그림에서처럼 4×3의 직사각형 배열에서 나온다. 분수의 나눗셈은 모델을 만들기 어렵고, 실생활 예가 거의 없어서 곱셈과 나눗셈의 역연산으로 처리하는 경향이 있다. 현행교육과정에서 분수곱셈과 나눗셈에 관한 교수요목은 아래와 같다.

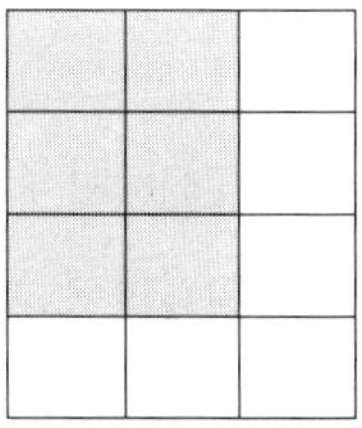

분수의 곱셈과 나눗셈

① 자연수와 분수의 곱셈, 분수끼리의 곱셈의 의미와 계산 원리를 이해하고, 그 계산을 할 수 있다.

② '(자연수)÷(자연수)'를 분수로 나타낼 수 있다.

③ '(분수)÷(자연수)'의 계산 원리를 이해하고, 그 계산을 할 수 있다.

Chapter 3
연습문제

PART I 학생들이 자주 범하는 오류에 답하여라.

01. 교실에서 다음과 같은 질문이 있다. 교사는 어떻게 이 학생을 이해시켜야 할까? 여러 방법을 생각하여라.

"우리는 $2\div3$을 할 수 없다." 왜냐하면 2가 3보다 작기 때문이다.

문제는 학생이 $2\div3=\frac{2}{3}$를 확신하지 못한다.

02. 선생님이 $96\div6$을 칠판에 계산하라고 했을 때 학생이 다음과 같이 답했다.

$$\begin{array}{r} 6 \\ +\ 6 \\ \hline 12 \\ +12 \\ \hline 24 \\ +24 \\ \hline 48 \\ +\ 48 \\ \hline 96 \end{array} \quad \begin{array}{l} 2\text{개 } 6 \\ \\ 4\text{개 } 6 \\ \\ 8\text{개 } 6 \quad = 30\text{개 } 6 \\ \\ 16\text{개 } 6 \end{array}$$

그래서 $96\div6=30$이다. 학생의 알고리즘에는 무었이 문제인가? 또, 이 학생의 잘못된 습관을 고칠 방법은?

03. 선생님이 교실에서 "$16 \div 3$을 풀어라" 했을 때, 두 학생이 서로 다른 방법을 보였다. 이들의 풀이방법을 검토하여라.

학생 1

$$16 \div 3 = 5\frac{1}{3} = 5 + \frac{1}{3}$$

$$\frac{1}{3} = \frac{1}{10} \cdot \frac{10}{3} = \frac{1}{10}(3 + \frac{1}{3}) = \frac{3}{10} + \frac{1}{10} \cdot \frac{1}{3}$$

$$\frac{1}{10} \cdot \frac{1}{3} = \frac{1}{100} \cdot \frac{10}{3} = \frac{1}{100}(3 + \frac{1}{3}) = \frac{3}{100} + \frac{1}{100} \cdot \frac{1}{3}$$

이와 같이 $16 \div 3 = 5 + \frac{3}{10} + \frac{3}{100} + \frac{1}{100} \cdot \frac{1}{3}$로 쓸 수 있고 $5.33\frac{1}{3}$이다.

학생 2

$16 \div 3 = \frac{16}{3}$이므로 $16 \div 3 = \frac{16 \cdot 100/3}{100}$이고 $\frac{1600}{3}$을 나눗셈 알고리즘에 의해

```
     533
3 ) 1600
    15
    ----
     10
    ----
      9
    ----
     10
      9
    ----
      1
```

이와 같이 $\frac{1600}{3} = 533\frac{1}{3}$이고, $\frac{1600/3}{100} = 5.33\frac{1}{3}$이다.

04. 다음은 보통 학생들이 자주 범하는 오류이다. 이 학생의 오류를 어떻게 치유해 줄 수 있을까? 의견을 제시하라.

$$
\begin{array}{r}
54 \\
3\,\overline{)\,1512} \\
\underline{15} \\
12 \\
\underline{12} \\
0
\end{array}
$$

05. 수업도중 한 학생이 동료들 앞에서 자신이 만든 알고리즘을 보인다. 이 학생의 알고리즘은 옳은가?

$$
\begin{array}{r}
34 \\
\underline{-\ 17} \\
17
\end{array}
\qquad
\begin{array}{l}
(1)\ 7-4=3,10-3=7 \\
(2)\ 2(10)-1(10)=1(10)
\end{array}
$$

06. 선생님이 교실에서 개인별 계산활동을 점검하는 도중에 어떤 학생이 나눗셈을 다음과 같이 하는 것을 관찰했다.

$$
\begin{array}{r}
115 \\
25\,\overline{)\,625} \\
\underline{25} \\
37 \\
\underline{25} \\
125 \\
\underline{125} \\
0
\end{array}
$$

이 학생을 어떤 방식으로 도와주어야 하는가?

PART Ⅱ 수학교육에 관련된 문제를 해결하여라.

01. 다음은 초등학교 수학과의 5학년에서 지도하는 내용과 관련된 문항이다. 잘 읽고 물음에 답하시오. (기출문제)

(1) 다음〈보기〉는 5학년에서 다루는 주제 중 네 가지를 나열한 것이다. 수학의 위계성을 고려하여 〈보기〉에 제시된 네 가지 주제의 지도 순서를 쓰시오. (3점)

〈보기〉

(가) 약분과 통분 (나) 공약수와 공배수
(다) 분모가 다른 분수의 덧셈 (나) 약수와 배수

02. 다음은 수학의 개념 학습과 관련있는 문항이다. 잘 읽고 물음에 답하시오. (기출문제)

(1) '수' 개념 형성을 위해 1학년에서 할 수 있는 학습 활동 중 4가지를 제시하시오. (2점)

(2) 김교사는 두 자리 수 학습서 ㉠ 구체적 모델을 사용하여 10씩 묶어 세기를 하고, ㉡ 그 개수를 자리값 주머니에 쓰게 한 후, ㉢ 이를 숫자로 표현하는 과정을 거쳐 십진기수법의 원리를 학습하게 하였다. 이러한 교수·학습과정이 필요한 수학 학습의 심리학적 이유는 무엇인지 쓰시오. (글자수 50자 내외)

(3) 자연수 나눗셈 도입 단원에서 지도해야 할 나눗셈의 2가지 의미(뜻)를 '8÷2'의 구체적인 상황으로 제시하시오. (2점)

03. 다음은 입체도형의 개념과 부피의 교수·학습에 관한 문항이다. 잘 읽고 물음에 답하시오. (기출문제)

(1) 1학년 수업에서 다음 모양의 물건을 찾아보는 활동을 하였다. 이 활동은 상위 학년에서 어떤 입체도형의 개념을 추상하게 하기 위한 것인지 쓰시오. (2점)

① 상자 모양 → (　　　　)
② 둥근 기둥 모양 → (　　　　)
③ 공 모양 → (　　　　)

(2) 각기둥의 부피에 대한 수업은 다음과 같이 진행된다.

(가) 5학년 : 부피가 1㎤인 쌓기나무를 쌓아 입체도형을 만들고 쌓기나무의 개수를 세어 보는 활동을 통하여 부피 개념을 형성하게 한다. 그리고 이로부터 직육면체의 부피를 구하는 공식 (밑면의 가로×밑변의 세로×높이)의 원리를 이해하게 한다.

(나) 6학년 : 직육면체의 부피를 구하는 공식을 이용하여 삼각기둥의 부피를 구하는 공식(밑넓이×높이)의 원리를 이해하게 한다. 이를 바탕으로 사각기둥의 부피와 삼각기둥의 부피를 구하는 공식을 이해하게 한다.

① 5학년 수업에서 이용하는 쌓기나무는 부피 개념의 형성 과정에서 어떤 역할을 하는지 쓰시오. (1점)

② 6학년 수업에서 오른쪽 그림과 같은 직육면체를 이용하여 삼각기둥의 부피를 구하는 공식의 원리를 설명하는 과정을 구체적으로 쓰시오. (3점)

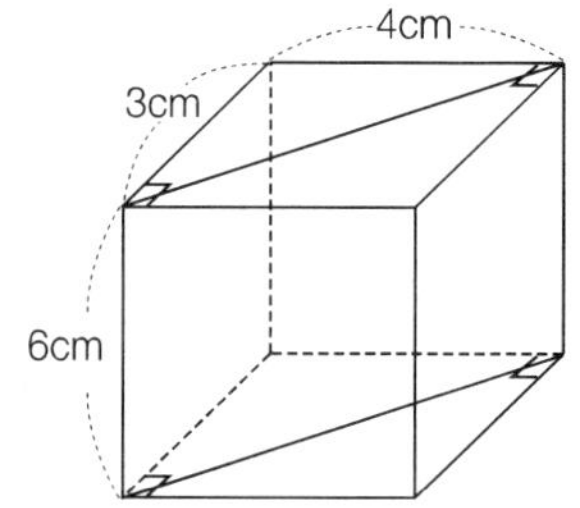

04. 다음 이집트인들이 사용한 분수 기호를 이용하여 문제를 생각하여라.

1/2 = 

1/3 = 

2/3 = 

1/4 = 

1/5 = 

1/10 = 

1/100 = 

1/1000 = 

(1) $\frac{1}{2}+\frac{1}{3}$을 위의 기호로 나타내어라 단 +기호를 그대로 사용하여라.

(2) 구성주의 관점의 지도에서는 실생활 상상도입→반영적추상→기호표현의 과정을 학생스스로 경험하게 한다.

$\frac{1}{2}+\frac{1}{3}$을 구하는 지도 계획을 그리라.

Chapter 4

개념학습, 유리수와 연산

01 개념의 이해

수학의 학습은 잘 이해된 전 개념에 바탕을 두어 새로운 개념을 이해하는 과정으로 볼 수 있다. 개념은 삼각비, 비례, 퍼센트, 관계, 닮음과 같이 수학에서는 주로 정의 (약속)수준을 이야기한다. 사전을 보면 개념을 "추상적인 아이디어로 정의 하지만, 이 말을 수학에 활용해보면 노박(1977)의 "개념은 수학적인 사실의 집합 속에서 일어나는 규칙 또는 관계를 말하며 보통기호로 표현된 것" 와 같이 해석해도 좋다. 이를테면, 삼각형의 개념은 다음과 같이 약속(정의)한다.

삼각형은 세변(선분)으로 둘러싸인 도형

교사는 학생들이 (i) 여러 도형이 있을 때 세변으로 둘러싸인 도형을 인식하여 삼각형을 말하고 (ii) 보기를 하나 들 수 있고, (iii) 의사소통하기위해 삼각형의 정의를 노트에 쓰고 해석할 수 있기를 바란다. 이를테면, $\triangle\ A\ B\ C$를 쓰면서 무슨 뜻인지 해석할 수 있어야한다. 이러한 활동은 정의가 복잡한 기호를 표현될 때 어려워진다. 다음을 보라.

$$\forall p,\ q \epsilon \Pi,\ p // q\ \Leftrightarrow p \cap q = \varnothing$$

그런데, 중요한 점은 기호로 된 표현을 잘 쓰고, 설명할 수 있는 것이 아니고 그 속에 있는 의미 또는 아이디어를 얼마나 잘 이해하고 있느냐이다. 스켐프(1976)는 개념학습의 유일한 지도방법은 주어진 수학적인 용어나 기호에 대한 적절한 범례를 제시하여 공통적인 속성을 뽑아내어 개념을 형성시키는 귀납적인 추론을 통한 학습

지도가 효과적이라고 주장하였다.

그런데 범례를 제시할 때는 주어진 개념의 속성이 포함된 정적(正的)인 예와 포함되지 않은 부적(負的)인 예를 적당하게 섞어서 혼합 제시할 것을 요구하였다.

박성택(1990)은 정례와 반례에 대한 효과적인 제시를 실험했는데 정례와 반례의 수 비율을 3:1로 제시하는 것이 바람직하다고 했다. 그러나 근본적으로 이해학습은 스키마식 교육으로 가야한다고 주장한다.

스켐프는 교실에서 일어나는 교수학습은 스키마식 학습을 원한다. 스키마를 간단히 도식이라고 번역했으나, 이보다 개념적 구조라고 말하는 것이 바람직하다. 이 말은 개념이 독립적으로 존재하기 보다는 이들이 모여 구조를 형성한다고 보며, 이 구조는 고정된 것이 아니고 변화하여 새로운 구조를 선택적으로 만들어간다는 뜻이다. 교실에서는 이러한 스키마의 구성이 자유롭게 이루어지는 수업이 일어나야하며 교사는 학습자가 능동적으로 스키마 구성에 들어가도록 학습환경을 제공해야 한다. 스키마 구성은 아주 중요한 일이어서 스켐프는 3가지 양식을 제시한다.

첫 번째 양식은 수학적 아이디어를 물리적으로 구체화된 활동을 통해 주로 감각적 경험을 공유하는 단계이며, 이 경험으로부터 모델이 만들어지고 실험을 통해 이 모델을 검증한다.

두 번째 양식은 사회적인 것으로 수학적 아이디어 교환과 토론에 의한 협동학습을 통하여 공통적으로 가져야할 기초를 가지는 단계이다.

세 번째 양식은 기존의 지식에서 자신의 상상, 직관 등을 이용하여 한 차원 높은 개념형성을 하는 단계로 자발적이고 창조적인 사고가 강조된다.

초등학교에서 스키마식 교육은 이해를 위해 바람직한 것으로 보고되었다. 학생들이 면적의 개념 또는 둘레의 길이를 익혀가는 순서를 알아보자.

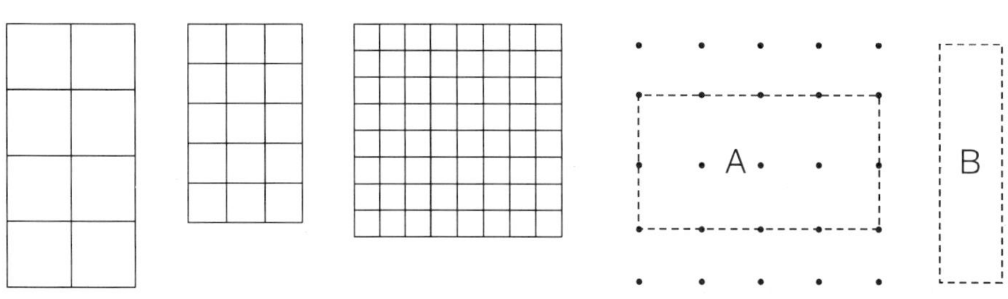

저학년에서는 그림과 같이 단위 정사각형으로 정사각형 또는 직사각형의 넓이 구

하는 공식을 실험적으로 유도한다. 그러나 교사의 선호도에 따라 보도블럭 또는 장기판 등을 이용해 위의 과정을 설계 할 수도 있다. 이러한 활동을 하는데 스켐프는 수학적 아이디어를 활발하게 교환하고 토론하는 협동학습을 권장한다.

다음 단계는 기하판(또는 바둑판, 장기판)에서 고무밴드를 준비하여 모둠별로 삼각형의 넓이 구하는 공식을 유도한다.

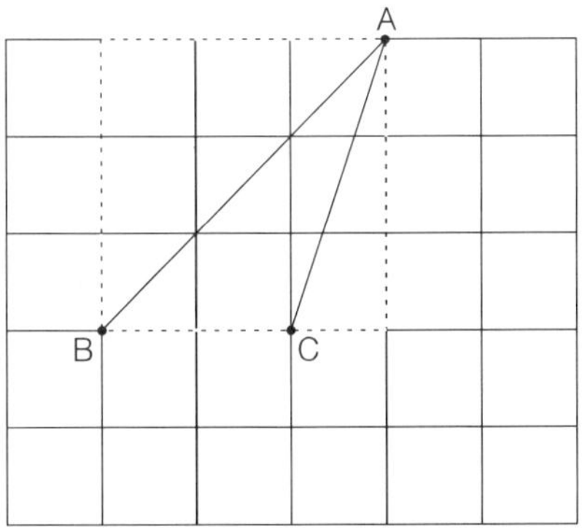

$$9-(4.5+1.5)=3 \quad (1)$$

$$\frac{(\text{밑변의 길이})\times(\text{높이})}{2}=3 \quad (2)$$

첫 번째 활동에 비해 두 번째 활동은 한 차원 높은 단계로 자발적이고 창의적인 생각이 더해졌다고 볼 수 있다. 여기서 배운 기법을 이용하여 지도에서 우리 동네

의 면적은 얼마나 될까?와 같은 어려운 활동을 고학년에서 할 수 있다. 더 나가서 고등학교 2~3학년에서는 면적을 구하는 일반화된 기법으로 다음과 같은 면적을 구하는 공식으로 들어갈 수 있다.

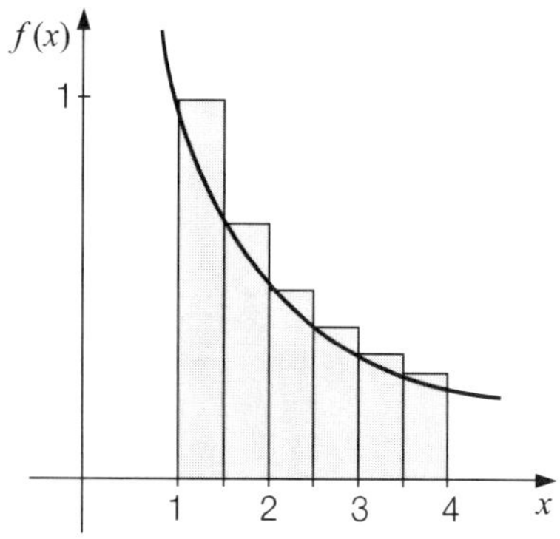

$x=c$	$1/x$	$(1/x)(\triangle x)$
1.0	1	0.5
1.5	0.6666666...	0.3333333...
2.0	0.5	0.25
2.5	0.4	0.2
3.0	0.3333333...	0.1666666...
3.5	0.2857142...	0.1428571
		U_6= 1.5928571...

두 그림은 미적분에서 $x=1$, $x=4$, 함수$f(x)$그래프사이의 면적을 초등학교에서 배운 분할기법을 이용하여 구하는 과정이며 극한의 개념도 여기에 합류된다.

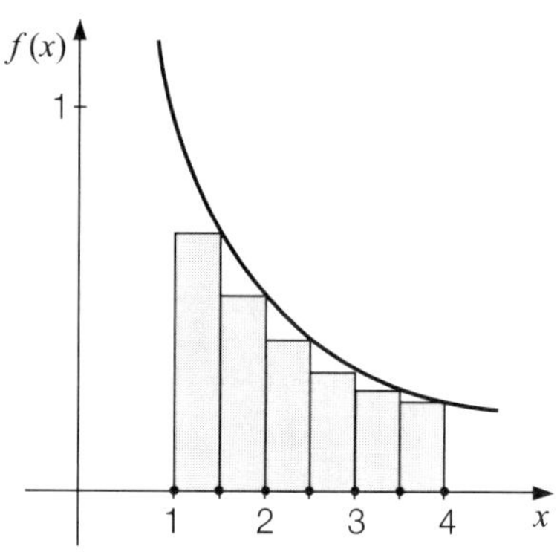

$x=c$	$1/x$	$(1/x)(\triangle x)$
1.0	0.6666666...	0.3333333...
1.5	0.5	0.25
2.0	0.4	0.2
2.5	0.3333333...	0.1666666...
3.0	0.2857142...	0.1428571
3.5	0.25	0.125
		L_6= 1.2178571...

개념의 이해를 위한 스캠프의 스키마식학습은 인지주의자들의 이해학습을 위한 아이디어다. 앞에서 논의했던 후론이덴탈의 수학화, 딘즈의 역동적구성도 이와 비슷하다.

한편, 앞의 교실상황에서 교사가 원하는 이해방식 i), ii), iii)은 스키마식 학습과는 거리가 먼 행동주의자의 아이디어이다. 이들의 아이디어를 해석적인 기법이라고 하며 정의를 해석하고 알맞은 보기를 들며 기호로 표기된 정의를 암기하여 후에 문제해결에 활용하도록 한다.

어떤 시행에서 일어날 수 있는 모든 경우의 수가 n이고, 각 경우가 일어날 가능성이 같다고 하자. 이 때, 어떤 사건 A가 일어날 확률 p는 다음과 같다.

$$p=\frac{(\text{사건 }A\text{가 일어나는 경우의 수})}{(\text{일어나는 모든 경우의 수})}=\frac{a}{n}$$

이를 설명하기 위해서는 알맞은 보기를 준비하는 것이 최선의 자료이다.

1에서 10까지의 숫자가 각각 적힌 10장의 카드에서 한 장의 카드를 뽑을 때, 짝수가 적힌 카드가 나올 확률을 구하여라.

생각하기 모든 경우의 수와 짝수가 나오는 경우의 수를 구한다.

풀이 10장의 카드에서 한 장을 뽑을 때, 일어나는 모든 경우는

$$1, 2, 3, \cdots, 10$$

의 10가지이고, 이중에서 짝수가 나오는 경우는

$$2, 4, 6, 8, 10$$

의 5가지이다. 따라서 구하는 확률은

$$\frac{5}{10}=\frac{1}{2} \cdots \text{답}$$

그러면 교실에서는 두 가지 기법 중 어느 것을 선호할까? 이 질문에 대해 SISM의 조사연구를 보면 많은 수학교사의 강의는 공식과 절차적인 지식을 이용하는 것으로 조사되었으며, 학생들의 경험, 직관, 통찰 등에 기초한 수업은 잘 일어나지 않는 것으로 분석이 되었다. 이러한 수업은 앞에 구성주의에서 강조한 '사람은 일생을 통하여 이해를 생성하고 수정하는 과정'을 거치는 주장과는 다소 거리가 있다. 비록 구성중의에 귀를 기울이지 않더라도 수학교사가 직면한 가장 기본적이고 중요한 문제는 학생들이 수학적 의미의 발전을 신장시켜 주는 일이다. 다음 그림은 스테피(Steffe, 1990)가 이해를 신장시킬 수 있는 교사의 활동을 설명하면서 제시한 그림이다(이 그림이 주는 시사점을 토론하여 보아라).

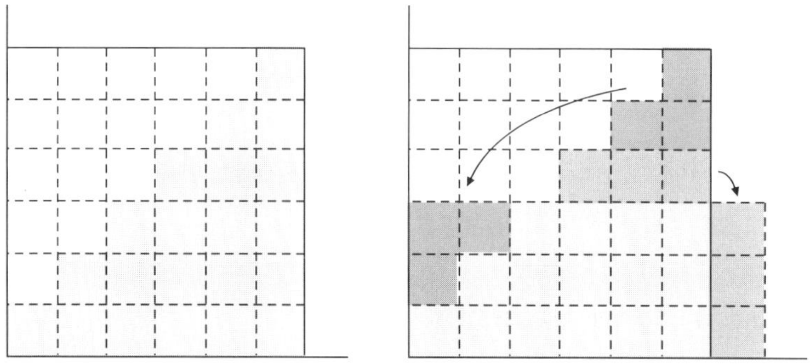

그는 인터뷰를 통해 교사들의 교육에 도움을 줄 수 있는 몇 가지 안을 제시했다.

(1) 교사자신이 통찰에 이르는 생산적 사고를 경험할 때 학생들에게도 영향을 끼칠 수 있다.
(2) 구성과정인 역동적 절차 통합–동화–개념형성과 개념 확장의 목표를 중요시해야 한다.
(3) 높은 수준의 일반화 및 추상화를 교사는 이끌어갈 수 있는 전략을 가져야 한다.
(4) 교사와 학생, 학생과 학생간의 상호접촉이 중요하다.

구성주의에서 중요시하는 이해의 생성에 이해는 모든 또는 하나는 없는 현상이 아니고, 아무리 어려운 과정 또는 복합적인 아이디어도 몇 가지 수준으로 이해된다. 다만 각 수준은 다른 방법으로 진행된다. 이해를 좀더 깊이 알아보기 위해서는 학교수학을 음미해 볼 필요가 있다.

학교 수학은 이미 만들어진 기교가 잘 작용하는지, 새로운 기술을 창안하고, 주장을 정당화하는 등등의 일을 반영하는 인간의 활동으로 본다. 또, 그것은 어떻게 학생들이 문제상황을 조사하고, 의사결정하고, 양적인 생각의 방법을 찾아 기호 또는 변수에 관련시키고, 예측하고 검증하는지 그러한 활동도 반영한다. 이러한 학교수학에서 취급하는 활동(내용, 언어)은 학생들의 세계를 이해하는 궁극적 방법이다.

학교수학에서 이해는 어떻게 발전이 될까? 하는 문제는 모든 교사가 가지고 있는 질문이다. 왜냐하면, 이해를 잘한 학생은 그가 가진 지식을 이용하여 새로운 지식을 얻을 뿐 아니라 새로운 문제를 푸는 능력도 좋다. 반대로 이해를 못한 학생은 학교에서 배운 개념을 서로 연결시키지 못할 뿐 아니라, 서로 독립적인 요소를 생각하여 응용 또는 발전적 개념형성을 할 수 없다.

교실에서는 여러 형태의 이해가 학습활동에서 나올 수 있다. 우선 관계를 구성하는 수업 활동에서 학생들은 한 종류의 이해를 얻을 수 있으며, 다른 종류의 이해도 앞에서 설명한 스켐프의 논리에서 찾아볼 수 있다.

학생들은 새로운 아이디어 또는 정리를 이미 그들이 이해를 한 내용(사실, 정리, 공리 등)을 관련시켜 구성한다. 이러한 활동은 이른 시기에 시작하여 학교에 들어오기 전에 얻은 직관과 아이디어를 학교에 들어 와서 연산, 개념, 기호에 연결시킨다.

따라서 교사의 지도는 학생들이 비형식수학을 잘 하도록 도와주고, 생활하면서 의미를 형성한 비형식적 지식을 학교에서 배우는 형식적 수학(정리, 정의, 공식 등)에 연결시켜 주어야 한다. 만일 이러한 교사의 활동이 소홀히 되면 학생들은 서로 독립된 두 개의 지식을 머릿속에 가진다. 즉, 하나는 학교에서 배운 지식이고, 다른 하나는 사회생활에서 사용하는 지식이다. 이러한 현상은 같은 수학내용인데 학교에서 제시하는 문제는 잘 풀다가, 같은 문제가 슈퍼마켓에서 보았을 때는 처음 본 문제라 대답하는 예에서 자주 본다.

두 번째는 수학적 지식을 응용하고, 확장시키는 활동에서 이해가 나온다. 이해는 응용은 물론이고 주어진 지식을 이용하여 풍부하고 통합된 지식구조를 생성하는데서 출현한다. 지식이 높은 수준으로 복합적인 구조화를 했을 때, 새로운 지식은 지식망 형태로 이 구조에 관련이 된다.

이러한 통합된 지식망 형태를 학생들이 가지면, 나중에 지식을 쉽게 꺼낼 수 있으며, 서로 고립된 형태의 지식의 모임은 기억에도 도움이 되지 못한다.

또 교실에서는 어떤 응용문제를 풀 때 기초가 되는 개념, 계산을 꼭 익힌 다음에 풀어가는 경직된 지도계열을 고집한다. 그러나 많은 실험에서 학생들은 기초개념 및 계산이 완전히 얻어지지 않아도 문제를 풀 수 있다는 것이다.

또한 응용은 계산기술과 개념을 배우는 상황(또는 소재)으로 활용할 수 있다는 점이다. 카펜터(Carpenter,1996)의 실험에서는 비록 초등학교 1학년을 실험표본으로 동원했지만, 덧셈과 뺄셈을 배우기전에 그들이 획득한 합하기, 분리하기, 비교하기 등을 이용하여 문제해결을 한 이야기가 소개된다(한문환 실험보고서(1998)도 참고).

어느 가게에서 한 개의 햄버거를 3.65달러에 팔고, 샌드위치는 4.92달러에 판다.

샌드위치는 햄버거보다 얼마 더 받는가?

어느 학생이 이 문제를 푼 것을 보면, 개념을 배우기 전에 이것이 포함된 문제를 푼다는 것을 읽을 수 있다.

교사 : 지금 풀고 있는 것을 설명할 수 있겠니?

학생 : 좋아요. 65보다 5가 많으면 70이고, 여기에 20을 더하면 90이다. 따라서 2를 더하면 92. 그러므로 5, 20, 2를 하면 27이다. 여기에 4달러가 되려면 1달러가 더 있어야 한다.

$$65+5+20+2=92,\ 5+20+2=27$$

따라서, 답은 1.27달러이다.

교사 : 좋아요. 다른 방법으로 풀 수 있어요?

학생 : 글쎄요. 시작해보지요. (다른 방법을 시도함)

중요한 측면은 그들로 하여금 그들의 경험과 사고를 의식화 또는 반영화하는 것이다.

셋째, 자신의 견해를 다른 사람과 의사소통하는 것은 이해의 핵심이다.

이 활동은 자신의 생각 또는 아는 것을 쓰기, 그림 또는 모델을 이용하여 전달하기 등이 포함된다. 이 활동은 역시 의식화 또는 반영화를 포함하기 때문에 대표적인 방법으로 교실에서 이용한다(신진희 보고서(2002)참고).

넷째, 이해는 학생들 자신이 지식을 형성하고, 문제 해결 속에 스스로를 몰입할 때 생긴다. 교실에서 교사가 설명하고, 실증하고, 계산하는 활동을 보고, 듣는 것으로만 지식이 형성되지 않는다. 개념형성과 사고발전은 문제상황 속에 들어가 의미를 교환하고 다른 학생과 타협하면서 이루어지며, 이 과정에서 이해가 생성된다.

이러한 4가지의 활동에서 어떤 과제를 주느냐는 심각한 문제이다. 이해를 촉진하는 과제의 선정은 교실에서 중요하며 개념의 이해를 돕기 위해 계산기능을 사용하는 것은 당연하다.

또, 도구(tool)는 수학적 아이디어와 문제상황을 표현하는 수단으로 연필과 종이, 조작자료, 계산기와 컴퓨터, 기호등을 포함한다. 이들 도구를 이용한 조작활동, 표현 등은 기호(개념)을 이해하는 중요한 수단이다. 이해를 촉진시키기 위해서는 독립적으로 어떤 계산과 절차를 학습히기보다 복합적인 문제로부터 학습이 시작되어야 한다고 본다(Sowder, 1996). 이러한 분위기에서 학생은 기존의 지식을 활용하여 새 지식을 생성하며 단순히 수학적 사실과 절차를 동화 시키는 것이 아니다. 이를 위해서는 과제와 도구를 교실에서 선택하는 데 매우 조심해야 한다. 즉, 수학의 교수학습은 학생이 가진 비형식적 지식위에 토대를 가져야 하며, 문제, 응용, 수학적 개념 등은 학습의 초기부터 서로 관련을 가지도록 과제와 도구가 선택되어야 한다. 이에 대한 교사의 역할은 학생의 사고를 이해하는 데서 시작해야 한다.

02

유리수와 연산교재

셈수(0과 자연수)체계에서는 $5+x=0$ 은 거짓이다. 이 문장을 참 되게 하기 위해서는 $x=-5$라는 새로운 수를 도입해야한다. 즉, 각 셈수 $a \neq 0$에 대하여 $a+x=0$이라는 셈수 x는 없다. 이를 이용하면 $x+a=0, a \neq 0$인 셈수, 에서 새로운 수를 만들 수 있다. $x+a=0$

즉, $x+1=0$ 에서 $x=-1$

$x+2=0$ 에서 $x=-2$

$x+3=0$ 에서 $x=-3$

.

.

.

와 같이 생각하면 음수라는 집합 $\{-1, -2, -3, -4, \cdots\}$을 얻을 수 있다. 이러한 수는 우리생활에 매우 필요하다.

TV에서 일기예보자가 다음과 같이 뉴스시간에 말한다.

"현재는 0°F이고 2시간 전에서부터 시작하여 10°F 오른값이다. 2시간 전에는 몇 도인가?

우리는 이 상황을 수학적 모델 $x+10=0$와 같이 쓸 수 있고 $x=-10$이다. 여기서 정수의 집합을 $\{\cdots -4, -3, -2, -1, 0, 1, 2, 3, 4, \cdots\}$와 같이 정리한다.

덧셈(+)은 셈수에서 한 덧셈방법이 정수의 덧셈에서 이용이 된다.
물론 닫힘성, 교환과 결합법칙, 덧셈에 대한 항등원의 존재도 수용해야 한다.

$$\begin{aligned}(-3)+5&=(-3)+(3+2)=(-3+3)+2\\&=0+2\\&=2\end{aligned}$$

그러면 (음수)+(음수)인 경우는 어떠한가? 이를 위해 다음의 합을 알아보자

$$(-6)+(-3)$$

$$\begin{aligned}(-6)+(-3)+9&=-6+\{(-3)+9\}\\&=(-6)+\{(-3)+(3+6)\}\\&=-6+\{(-3)+3\}+6\\&=-6+(0+6)\\&=-6+6=0\end{aligned}$$

따라서, $(-6)+(-3)=-9$

비슷한 방법으로 $(-5)+0=0+(-5)=-5$을 생각할 수 있다.
마지막으로 $(-9)+3$은 어떻게 할까? 즉, 음수의 절대값이 양수보다 클 경우에는

$$\begin{aligned}(-9)+3&=\{(-6)+(-3)\}+3\\&=(-6)+\{(-3)+3\}\\&=(-6)+0=-6\end{aligned}$$

정수의 덧셈은 수직선에서 보다 쉽게 도입할 수 있다. 현행교과서에서 자주 볼 수 있는 방법으로 $(-9)+3$인 경우를 알아보자.

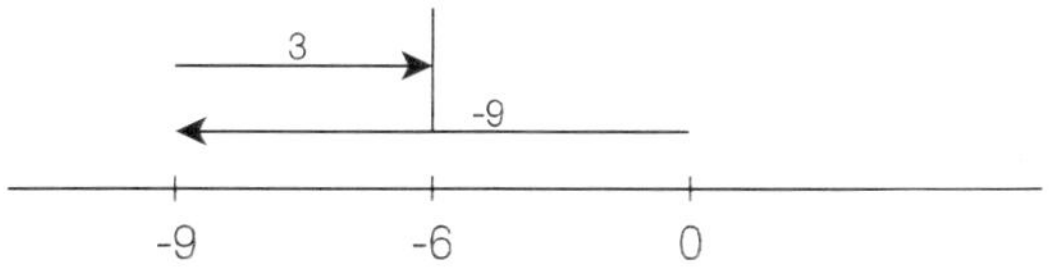

뺄셈도 셈수의 뺄셈을 연장한 것이다.

임의의 정수 a, b에 대하여 $a-b$는 c일 필요충분조건은 $a=b+c$이다.

이를테면 4-6=-2. 왜냐하면 4=6+(-2) 또, (-3)-(-7)=4 왜냐하면 -3=(-7)+4

뺄셈을 다르게 정의 할 수도 있다.

c가 임의의 양의 정수라면 $c+(-c)=(-c)+c=0$ 이때 $-c$를 c의 덧셈에 대한 역원이라고 한다.

7의 역원은 -7, -2의 역원은 2이며, 임의 양의 정수 a의 대하여 역원$(-a)$가 존재한다. 그런데 (-3)+3=0에서 3=-(-3)이므로

성질 7 : a가 임의의 정수라면 $-(-a)=a$.

[증명] $a+(-a)=0$

$a=-(-a)$

성질 8 : a, b가 정수이면 $-(a+b)=(-a)+(-b)$.

[증명] $(a+b)$의 역원은 $-(a+b)$이고

$$(a+b)+(-a)+(-b)=a+(-a)+b+(-b)$$
$$=0$$
따라서, $-(a+b)=(-a)+(-b)$

성질 9 : a, b가 임의의 정수라면 $a-b=a+(-b)$.

[증명] $b+a+(-b)=b+(-b)+a=b+(-b)+a$
$$=0+a$$
$$=a$$
따라서, $a+(-b)=a-b$

곱셈의 경우는 몇 가지로 나누어 생각할 수 있다. $5\times(-4)$의 경우는

$$(-4)+(-4)+(-4)+(-4)+(-4)$$

이고, $(-4)\times 5=5\times(-4)$이므로 위와 같은 결과를 가진다. $(-4)\times(-5)$인 경우는 다음과 같다. 분배법칙이 성립한다고 하면

$$(-4)\cdot\{5+(-5)\}=(-4)(5)+(-4)(-5)$$

$$0=(-4)5+(-4)(-5)$$

따라서, $(-4)(-5)=20$

유리수

앞의 수직선에서 분수를 나타내는 방법을 소개했는데, 이것은 유리수를 정하는데 이용된다. 즉, 유리수는 $\frac{a}{b}$ 형태로 나타낸 수를 말하며 여기서 $b\neq 0$, a와 b는 정수이다. a와 b가 정수이면 당연히 음수도 있다. $\frac{-11}{6}$를 수직선에 어떻게 나타낼까?

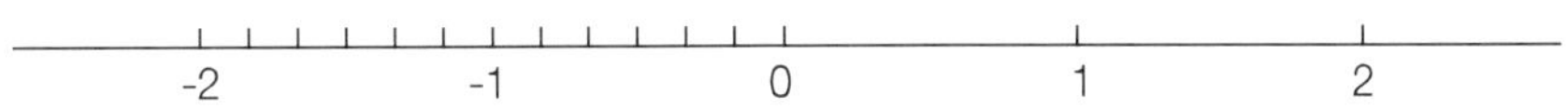

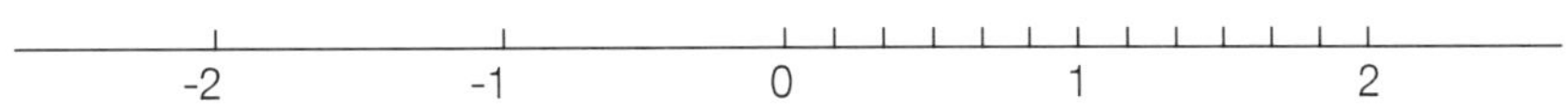

그림에서 단위구간을 6등분하고 0에서 왼쪽으로 $\frac{11}{6}$ 되는 지점이 $\frac{-11}{6}$에 대응한다. 그리고 앞에서 $\frac{2}{4}=\frac{3}{6}=\frac{4}{8}=\cdots$을 배웠으므로 $\frac{2}{4}$와 $\frac{3}{6}$을 생각하면

$$2\times 6=4\times 3$$

인 사실을 알 수 있다. 마찬가지로 $\frac{3}{7}$과 $\frac{9}{21}$에서도

$$3\times 21=7\times 9$$

인 사실을 얻는다. 이들 예로부터 다음 사실을 얻을 수 있다.

$\frac{a}{b}=\frac{c}{a}$ 일 필요충분조건은 $ad=bc$

이 정의로부터 $\frac{-3}{-5}=\frac{3}{5}$, $\frac{3}{-5}=\frac{-3}{5}$ 을 유도할 수 있다.

성질 10 : 유리수 집합에서 관계 =은 동치관계이다.

여기서 동치관계라 함은 $\frac{a}{b}=\frac{a}{b}$, $\frac{a}{b}=\frac{c}{d} \rightarrow \frac{c}{d}=\frac{a}{b}$, $\frac{a}{b}=\frac{c}{d}$, $\frac{c}{d}=\frac{e}{f} \rightarrow \frac{a}{b}=\frac{e}{f}$ 를 만족하는 관계이다. 따라서, 동치관계에 의하여 $\frac{1}{2}$ 은 $\frac{2}{4}$, $\frac{4}{8}$, $\cdots$ 와 $\frac{-1}{-2}$, $\frac{-2}{-4}$, $\frac{-3}{-6}$, $\cdots$를 대표한다.

정수의 집합과 유리수의 부분집합을 다음과 같이 대응시켜 보자.

$$
\begin{array}{ccc}
\vdots & & \vdots \\
-3 & \leftrightarrow & \frac{-3}{1} \\
-2 & \leftrightarrow & \frac{-2}{1} \\
-1 & \leftrightarrow & \frac{-1}{1} \\
0 & \leftrightarrow & \frac{0}{1} \\
1 & \leftrightarrow & \frac{1}{1} \\
2 & \leftrightarrow & \frac{2}{1} \\
3 & \leftrightarrow & \frac{3}{1} \\
\vdots & & \vdots
\end{array}
$$

이와 같이 $\{\ldots, \frac{-4}{1}, \frac{-3}{1}, \frac{-2}{1}, \frac{-1}{1}, \frac{0}{1}, \frac{1}{1}, \frac{2}{1}, \frac{3}{1}, \frac{4}{1}, \ldots\}$은 유리수의 부분집합이므로 정수의 집합은 유리수 집합의 부분집합이다. 이를테면, 정수 a에 대하여 유리수 $\frac{a}{1}$로 생각할 수 있다.

성질 11 : $\frac{a}{b}$가 임의의 유리수이고 $k \neq 0$인 정수이면, $\frac{ka}{kb} = \frac{a}{b}$

성질 12 : 임의의 유리수는 유일한 표현 $\frac{a}{b}$를 가진다. 여기서 a는 정수, b는 양의 정수이고 a와 b는 서로소이다.

이미 앞 단원에서 분수의 덧셈의 할 때 위의 성질을 이용했다. 마찬가지로 성질은 유리수의 덧셈을 정의하는데 유용한 성질이다. 이를테면, 두

$$5+3 = \frac{5}{1}+\frac{3}{1} = \frac{8}{1}, 3+(-5) = \frac{3}{1}+\frac{-5}{1} = \frac{-2}{1}$$

종류의 덧셈은 위와 같이 셈수의 덧셈을 연장한 결과이다. 이와 비슷하게 $\frac{2}{5}+\frac{1}{5}$은 $\frac{2+1}{5} = \frac{3}{5}$이 됨을 분수의 계산에서 이미 얻었고, $\frac{1}{2}+\frac{1}{3}$의 계산도 분수 계산에서 이미 정리했다. 그런데, $\frac{1}{2}+\frac{1}{3}$을 완성하는 데는 한 가지 성질을 더 알아야 한다. 우선 문제상황에서 이를 설명하는 물리적 모델을 생각하여 보자.

제과점 주인 A씨는 케이크를 1개, 2개, …와 같이 단위 개수론 팔지 않고 직장인을 위해 한 케이크를 나누어 조각으로 팔기로 했다. 맨 처음 손님한테 $\frac{1}{2}$을 팔았고, 다음 손님한테 $\frac{1}{3}$을 팔았다. 모두 몇 분의 몇을 팔았는가?

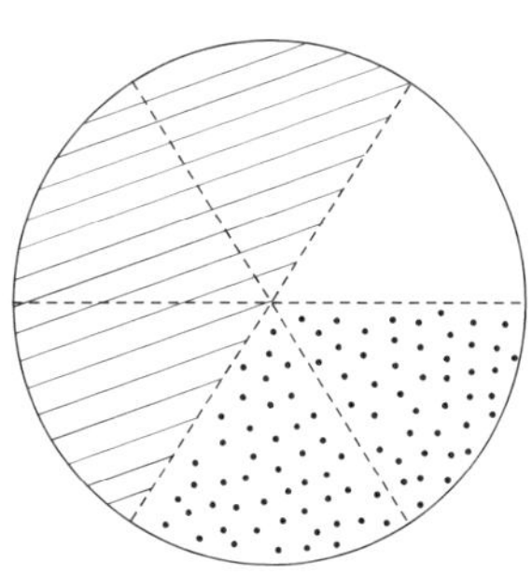

학생들은 아마 그림과 같이 6등분하고 $\frac{1}{2}$, 즉 $\frac{3}{6}$을 자른 다음에 나머지에서 $\frac{1}{3}$, 즉 $\frac{2}{6}$를 자른다. 이때, 자른 면을 모두 합해보면 $\frac{5}{6}$임을 쉽게 이해할 수 있다. 그래서 덧셈 $\frac{1}{2}+\frac{1}{3}$은 다음과 같이 생각할 수 있었다.

$$\frac{1}{2}+\frac{1}{3}=\frac{3}{6}+\frac{2}{6}=\frac{5}{6}$$

그런데 이 사실을 확정하기 위해서는 다음 성질을 이용해야 한다.

성질 13 : $\frac{a_1}{b_1}=\frac{a_2}{b_2}$이고 $\frac{c_1}{d_1}=\frac{c_2}{d_2}$이면 $\frac{a_1}{b_1}+\frac{c_1}{d_1}=\frac{a_2}{b_2}+\frac{c_2}{d_2}$

이번에는 이 성질을 설명하기 위해서 원판 대신 수직선을 이용하여 보자.

○○ 베이커리에서는 한 고객에게, 케이크의 $\frac{1}{2}$을 팔고, 두 번째 방문한 고객에게 케이크의 $\frac{1}{3}$을 팔았다. 이곳에서 두 사람에게 판매한 케이크는 전체의 몇 분의 몇인가?

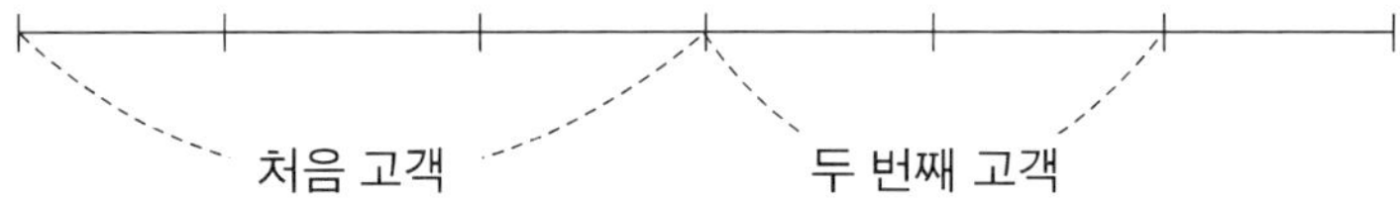

그림에서 간단한 조작을 통해 $\frac{1}{2}=\frac{3}{6}$, $\frac{1}{3}=\frac{2}{6}$를 얻을 수 있고, $\frac{1}{2}+\frac{1}{3}=\frac{3}{6}+\frac{2}{6}=\frac{5}{6}$와 같이 유일한 값 $\frac{5}{6}$를 모델에서 직관적으로 계산할 수 있다.

성질 14 : $\frac{a}{b}$가 임의의 유리수라면, $\frac{-a}{b}$는 $\frac{a}{b}$의 역원이다. 즉,

$$\frac{a}{b}+\frac{-a}{b}=0$$

이 성질에 의하면 $\frac{+6}{-7}$의 역원은 $\frac{-6}{-7}=\frac{6}{7}$이다.

성질 15 : $\frac{a}{b}$, $\frac{c}{d}$가 임의의 두 유리수라면, $\frac{a}{b}-\frac{c}{d}=\frac{a}{b}+\frac{-c}{d}$

이 성질에 의하면 $\frac{4}{5}$에서 $\frac{1}{4}$을 빼는 것은 다음과 같이 생각할 수 있다. 다시 말하면 뺄셈을 덧셈으로 고쳐서 덧셈의 계산 규칙을 지킨다.

$$\begin{aligned}\frac{4}{5}-\frac{1}{4}&=\frac{4}{5}+\frac{-1}{4}\\&=\frac{16}{20}+\frac{-5}{20}\\&=\frac{16+(-5)}{20}=\frac{11}{20}\end{aligned}$$

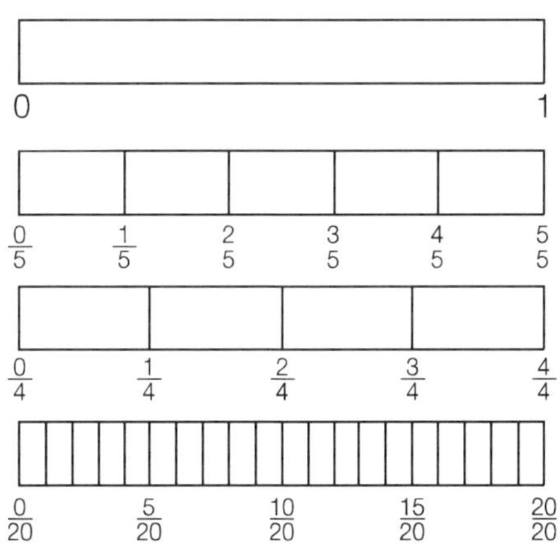

마찬가지로 $\frac{1}{-7}-\frac{-1}{4}=\frac{1}{-7}+\frac{-(-1)}{4}=\frac{-1}{7}+\frac{1}{4}=\frac{(-4+7)}{28}=\frac{3}{28}$이다.

앞 단원에서 연습한 분수의 곱셈, 나눗셈에서 자연스럽게 두 유리수의 곱셈과 나눗셈을 확장할 수 있다.

Chapter 4
연습문제

PART I 학생들이 자주 범하는 오류에 답하여라.

01. 교실에서 소수의 곱셈 방법을 읽은 학생이 "선생님 소수의 곱에서는 왜 맨 오른쪽에서부터 곱하고, 소수점도 오른쪽에서 세어 소수점을 찍나요?"라고 질문한다. 적당한 대답은?

$$\begin{array}{r} 3.24 \\ \times\ \ 0.35 \\ \hline 1620 \\ 972\ \\ \hline 1.1340 \\ \hline \end{array}$$

02. 수업중에 어떤 학생이 "선생님 책에서 분모의 약수가 2또는 5일 때 유한소수로 나타내어진다고 하는데 사실인가요?" 라고 질문한다. 이학생의 질문이 정확한가? 정확하지 않으면 바르게 질문을 써보아라.

03. 수업중에 어떤 학생이 친구앞에서 다음을 설명하고, $1 = 0.\overline{9} = 0.999\cdots$ 은 참이라고 말한다. 이 학생은 바른 생각을 하는가?

$\frac{1}{3} = 0.333\cdots\cdots$ 이므로 양변에 3을 곱하면

$3 \times \frac{1}{3} = 3 \times 0.333\cdots$

$1 = 0.999\cdots$

04. 수업중에 어느 학생이 다음과 같은 질문을 한다. 이때 학생들은 의견이 여러 가지다.

$0.12\frac{1}{2}$은 0.62이다. 왜냐하면, $\frac{1}{2}=0.5$이고 $0.12+0.50=0.62$이기 때문이다.

여러분의 견해는?

05. 6학년 학생의 질문 "$x^{\circ}=1$ 이라는 이유는 무엇인가요?" 이에 대하여 가능한 바람직한 대답은?

06. 한 학생이 0^{-7}은 얼마인가?를 고민한다. 여러분의 대답은?

07. 교과서에서 $\frac{1}{4}\cdot\frac{1}{2}$은 어떻게 도입되는가?

PART II 다음 수학교육에 관련된 문제를 해결하여라.

01. 다음은 7차 초등학교 수학과 〈3-나〉 교과서의 나눗셈 단원 중 한 차시의 일부 내용을 네 부분으로 나누어 임의로 배열해 놓은 것이다. 다음 물음에 답하시오. (기출문제)

(가)	(나)
42÷2의 몫은 얼마인지 바둑돌을 사용하여 알아보시오. • 바둑돌 42개를 2개씩 묶음으로 묶어보시오 • 모두 몇 묶음이 됩니까? • 42÷2의 몫은 얼마입니까?	사과 42개를 한 봉지에 2개씩 담으려고 합니다. 모두 몇 봉지가 되는 지 알아보시오. 

<table>
<tr><th>(다)</th><th>(라)</th></tr>
<tr>
<td>42÷2를 어떻게 계산하면 되는 수모형으로 알아보시오
• 42의 수모형을 놓으시오
• 십 모형 4개를 2개씩 묶음으로 묶으시오.
• 십 모형은 몇 묶음입니까?
• 낱개 모형 2개를 2개씩 묶음으로 묶으시오.
• 낱개 묶음은 몇 묶음입니까?
• 42÷2는 얼마라고 생각합니까?
[   ]</td>
<td>위에서 알아본 것을 식으로 써보시오
$2\overline{)42}$ → $\begin{array}{r} 2 \\ 2\overline{)42} \\ 4 \end{array}$ → $\begin{array}{r} 21 \\ 2\overline{)42} \\ \underline{4} \\ 2 \\ 2 \end{array}$ → $\begin{array}{r} 21 \\ 2\overline{)42} \\ \underline{4} \\ 2 \\ \underline{2} \\ 0 \end{array}$

나눗셈을 하시오.
$2\overline{)64}$ $4\overline{)48}$ $9\overline{)96}$</td>
</tr>
</table>

(1) 다음은 '7차 수학과 교육과정'의 일부로 교과서 내용 제시의 원리를 시사하고 있다.

> 수학과 교수 · 학습에서는 학생들의 구체적인 경험에 근거하여 사물의 현상을 수학적으로 해석하고 조직하는 활동, 구체적인 사실에서 점진적인 추상화 단계로 나가는 과정, 직관이나 구체적인 조작 활동에 바탕을 둔 통찰 등의 수학적 경험을 통하여 형식이나 관계를 발견하고, …….

이를 참조하여 일련의 수학 내용들을 제시하거나 지도할 때 따라야 할 일반적 순서를 3단계로 구분하여 쓰시오 (3점)

(2) (다)의 [   ] 부분에 학생의 반성적 사고를 유도하는 발문을 만들어라.

---

02. 다음 (가)는 패턴 블록 교구이고, (나)는 이를 이용한 수업 구상이다. (다)는 (나)와 관계깊은 딘즈(Z.Dienes)의 교수·학습 원리이다. 물음에 답하시오. (총 5점)

(가) 패턴 블록

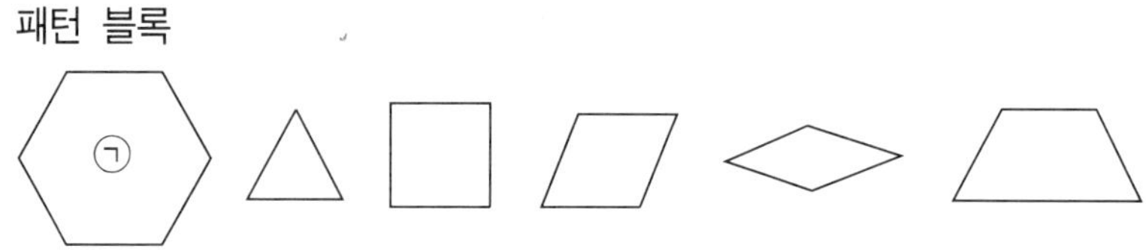

모든 블록의 변의 길이는 같으나, 예외적으로 사다리꼴의 밑변은 다른 변의 두 배이다.

(나) 위의 ㉠과 같은 크기의 정육각형 만들기

〈1단계〉 사다리꼴 2개로 만든 정육각형을 보여 준다.	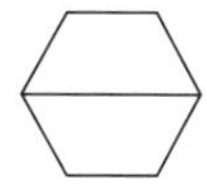
〈2단계〉 마름모 3개로 만든 정육각형을 보여 준다.	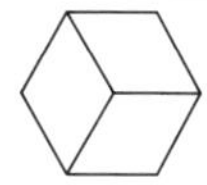
〈3단계〉 마름모 2개와 정삼각형 2개로 만든 정육각형을 보여준다.	
〈4단계〉 패턴 블록을 이용하여 정육각형 5개를 만들도록 한다. (단, 1~3단계의 정육각형제외)	
〈5단계〉 4단계에서 만든 정육각형의 성질을 분석한다.	

(3) 딘즈의 원리

게임을 활용한 수학적 개념 학습을 강조한 딘즈는 '역동성의 원리, 수학적 다양성의 원리, (㉢), 지각적 다양성의원리'를 주장하였다.

(1) (나)와 같이 '정육각형의 성질을 분석하기 전에 먼저 만들어 보게 하는' 활동과 가장 관련이 깊은 원리로서 (다)의 ㉢에 들어갈 것을 쓰시오. **(1점)**

(2) 〈4단계〉에서 만든 정육각형 5개를 모두 그리시오. **(2점)**

03. 수학적 개념을 구성주의 관점으로 지도한 것을 〈보기〉에서 하나만 고른 것은?

㉠ '공간에서 한 평면에 속하지 않은 두 직선은 꼬인 위치에 있다'고 정의를 말해주고, 그 정의에 대한 예를 보여주면서 꼬인 위치의 개념을 지도하였다.
㉡ 양팔저울을 가지고 무게를 비교하는 실험을 교사가 직접 실행해 보여주고, 양팔저울의 특성으로부터 등식의 성질을 유도하면서 일차방정식을 지도하였다.
㉢ 학생들에게 다양한 평행사변형을 그려서 공통된 성질을 찾아보게 한 후, 이 성질을 이용하여 평행사변형이 되는 조건을 써보게 하면서 평행사변형을 지도하였다.

Chapter 5

반힐모델, 기하

01

모델이론, 실험관찰

반힐(Van Hiele)의 이론은 학생들이 기하적 그림의 그로발한 인지에서부터 형식적 기하 증명에 이르기까지 경험하는 다양한 사고를 말해주는 학습 모델을 가설화한 것이다.

그에 의하면 학습에는 다섯 수준이 존재하며, 각 수준에는 언어구조가 있다는 것 이다. 이 수준은 피아제의 인지발달단계와 비슷한 개념인데 학습기간을 설정하여 피아제에서 볼 수 없는 독특한 방법으로 기하교육을 논한다. 상위수준의 도달은 학습기간을 통과함으로 가능하다고 한다. 학습기간(LP)에는 학생들은 조사활동을 통해 어떤 사실을 탐구하고, 이 연구에 관련된 언어를 개발하고, 상위수준에 도달하기 위한 사고를 얻기 위하여 다른 학생과 상호교환 활동을 증진시킨다.

수준 0 : 영상

영상수준은 기하에 대해 가장 초보적인 이해수준에 머무른 단계이다. 기하적인 개념이 가지고 있는 성질과 특징을 구분할 수는 없어도 그리거나 구체적 활동을 통해 개념을 전체로서 보는 단계이다. 이 수준에 있는 학생은 기하학적인 용어(삼각형, 다각형 등)나 도형을 인식할 수 있고 주어진 도형을 복사할 수도 있다. 예를 들어 그림에서 이 수준에 있는 학생들은 (a)에서 정사각형, (b)에서 직사각형이 있음을

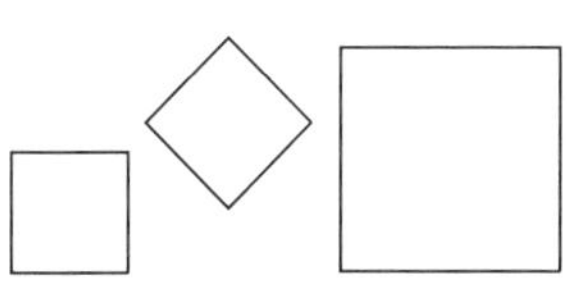

(a)

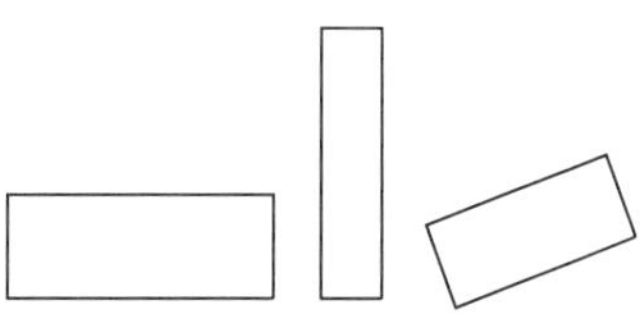

(b)

인식할 수 있다. 또, 모눈종이를 주면 주어진 도형을 복사할 수 있다. 그러나 도형이 직각을 가지고 있다든지 대변이 서로 평행하다든지 하는 성질은 인식하지 못한다.

이 수준에 알맞은 교재개발로 다음을 참고할 수 있다. 이 단계는 도형이 구체물에 의하여 전체로서 인식되는 단계이므로 다음과 같은 활동이 가능하다(Brooklyn College).

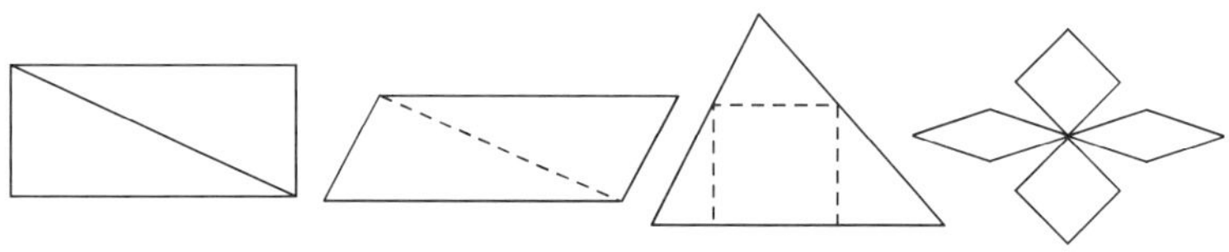

패턴익히기 종이접기 모양그리기

(1) 학생들이 도형을 만든다든지 접는다든지 색칠한다든지 조작활동을 하도록 마련한다.

(2) 도형을 인식하거나 기하적인 관계를 파악하는데
  ㄱ. 단순한 그림에서
  ㄴ. 패턴블록에서

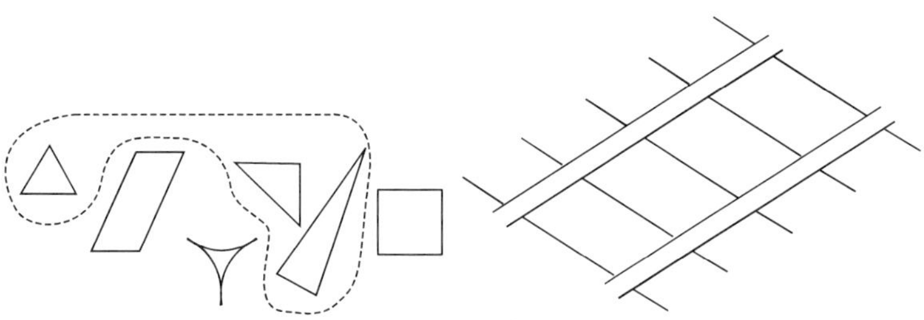

철도

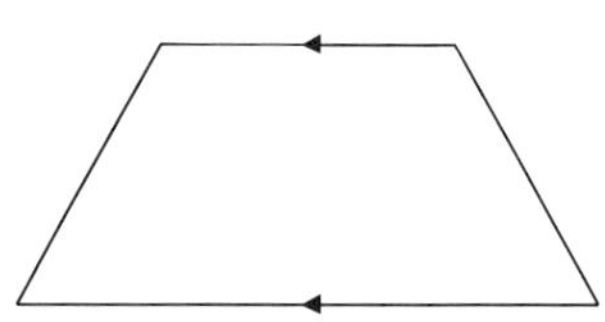

평행사변형에서 두 변 평행

  ㄷ. 생활주위환경에서
  ㄹ. 기하적인 도형 속에서 가능해진다.

(3) 도형을 창조하는데

ㄱ. 모눈종이를 이용하여 그림을 복사하기

ㄴ. 그림을 그리기

ㄷ. 도형을 막대기, 실, 패턴블록 등으로 만들기 등을 이해한다.

(4) 수학적인 용어가 아닌 말로 도형을 설명해 보기

예를 들면, 정육각형을 '상자처럼 생긴 도형' 또는 각 대신 '구석' 등이다.

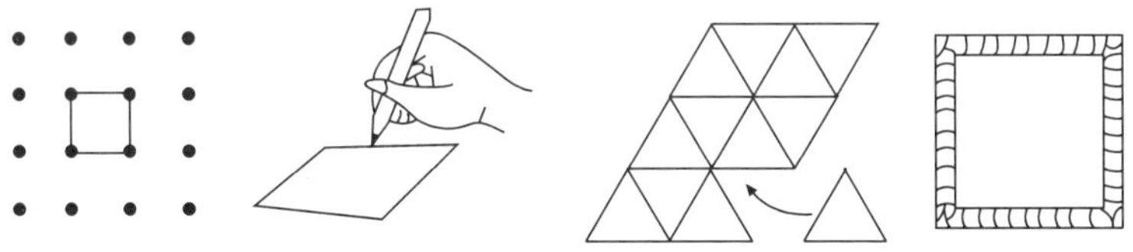

(5) 도형의 조작, 측정 또는 셈을 통해 할 수 있는 문제풀이

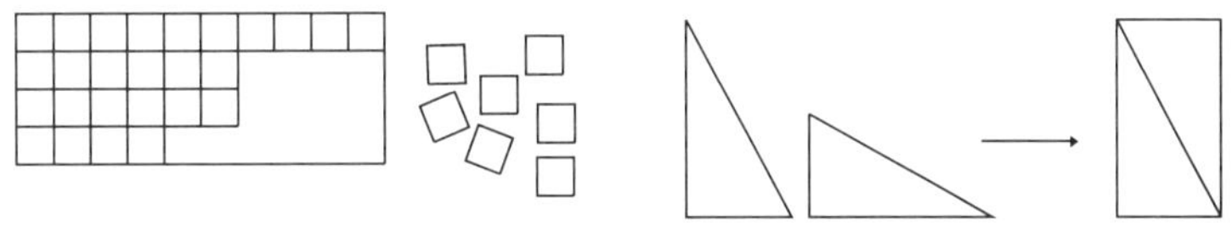

수준 1 : 분석

분석수준에서는 기하학적인 개념의 분석이 시작된다. 예를 들어 관찰과 실험을 통하여 학생들은 도형이 가지는 성질들을 구분하게 된다. 또 이러한 성질들을 통하여 도형을 분류하게 된다. 즉 도형에는 부분들이 있고 이 부분이 모여서 한 도형을 이룬다는 것을 인식한다. 다음 그림을 주면 학생들은 합동인 각을 골라낼 수 있으며 평행사변형의 대변은 서로 평행하다는 것을 안다. 이러한 관찰을 통해 평행사변형을 분류할 수 있고 일반화를 만들 수 있다. 그러나 아직 명확하게 수학적인 정의를 내리지는 못한다. 또, 정확한 정의를 이해하지 못하기 때문에 도형의 성질들 사이의 관계를 이해하지 못한다. 예를 들면, 정의를 이해함으로써 평행사변형에서 어떤 조건을 주면 직사각형이 되고 정사각형이 됨을 이해하기 어렵다.

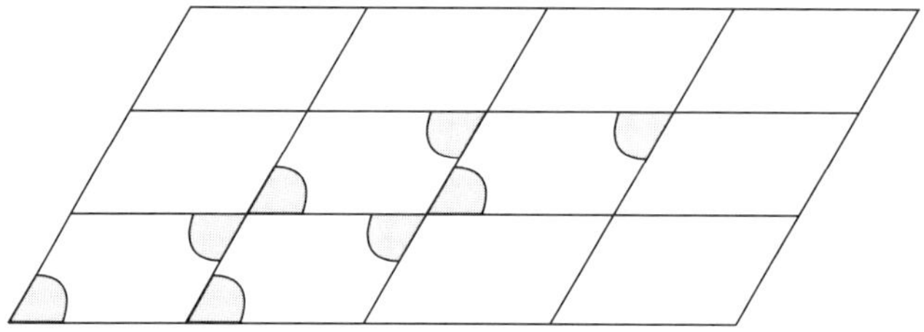

이 수준은 도형의 성질과 그 관계를 파악하는 단계로서 다음과 같은 활동이 가능하다.

(1) 도형의 성질과 기하적인 관계를 파악하기 위하여 측정해보고, 접어보고, 자르고, 색칠하는 활동을 마련한다. 예를 들어 두 도형이 합동이 되는지 접어보자.

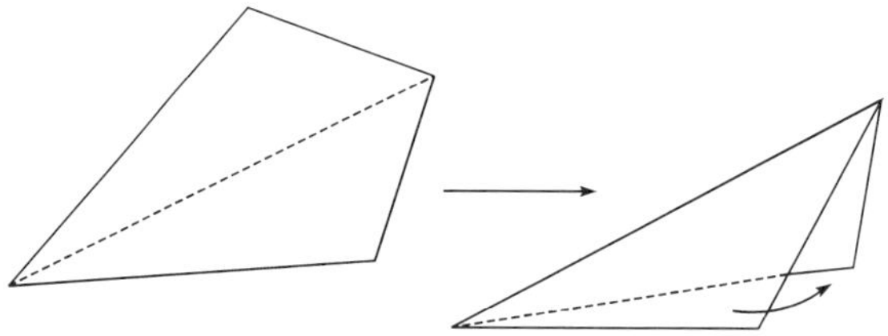

(2) 주어진 성질에 의하여 도형을 분류한다. 예를 들어, 사각형은 변이 네 개인 경우는, 각 변의 길이는 같은 경우는, 마주 보는 변이 서로 평행인 경우는, 네 개의 직각과 합똥인 두 대각선이 있는 경우는, 동등이다.

(3) 도형들을 주어진 성질에 의하여 서로 비교한다. 예를 들어 정사각형과 마름모가 같은 점은 무엇인가. 각 변에 대하여서는 어떤 점이 다른가. 또 사각형을 서로 평행인 변의 수와 직각의 수에 의하여 분류한다.

(4) 말이나 문장으로 쓰여진 성질이 주어질 때 그에 알맞은 도형을 확인하거나 그린다. 예를 들어

ㄱ. 교사(또는 학생)가 어떤 도형의 성질을 말한 다음 이 성질에 알맞은 도형을 가능한 한 많이 제시하라 한다.

ㄴ. 종이에 다음과 같이 성질을 기술한 다음 도형을 말하는 게임을 한다.

네 변이 있고 모든 변이 같음 → □ ◇

(5) 실험적으로 많은 보기를 통해 규칙과 일반화를 유도하게 한다. 예를 들어, 타일로 만든 직사각형에서 (밑변의 길이)×(높이)는 타일의 개수(넓이)임을 유도하게 한다.

(6) 유사하지 않은 종류의 도형의 성질들을 발견하다. 예를 들어, 사다리꼴의 예와 반례를 보여주어 사다리꼴이 가지는 성질을 말하게 한다.

(7) 적절한 용어와 기호를 사용하게 하고 기하적인 관계, 도형의 성질 등을 탐구하는 문제해결을 시도한다. 예를 들어

> 각도기를 이용하지 말고 다음의 도형에서 내각의 합을 구하라(통찰력 있는 학생들은 삼각형을 만들고 내각의 합을 구한다).
>
> 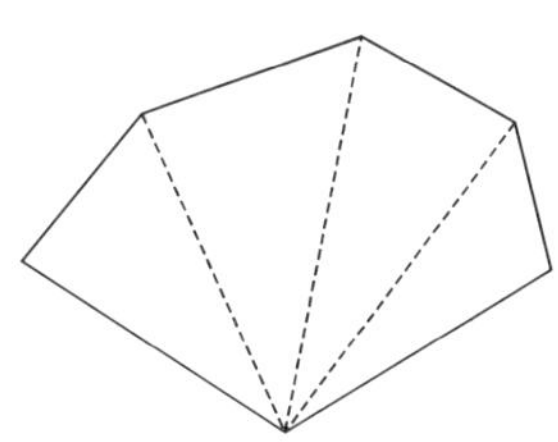

수준 2 : 비형식적 연역

비형식적 추론 수준에 있는 학생들은 한 도형에서 존재하는 성질들의 관계를 파악한다. 예를 들면, 평행사변형에서 대변이 서로 평행함에 따라 대각은 같다든지 도형들 간에 존재하는 관계를 이해한다. 또 정사각형은 직사각형이 가지는 모든 성질을 만족하므로 직사각형이다를 아는 등이다. 이와 같이 이 수준에 있는 학생들은 도형의 성질을 추론할 수 있고 도형을 어떤 관점으로 분류할 수 있다. 이 때 집합의 포함관계가 이해된다. 수학적 정의가 이해되고 비형식적 논쟁(argument)이 가능해진다. 즉, 간단한 기하적 성질(예, 맞꼭지각은 같다 등)이 성립하는 이유를 친구들

에게 말할 수 있다. 현행 교육과정에서 6학년 수준의 일부 학생들에게는 가능하다. 그러나 이 수준에 머무른 학생들은 수학의 공리론적 방법을 잘 이해하지 못하고 형식적 증명(formal proof)이 가능할 수도 있으나 가정에서 결론을 이끌어가는 논리적 순서를 잘 보지 못한다.

이 수준은 부분적인 추론을 할수 있고 비형식적으로 증명과정을 이해할 수 있는 단계이다. 다음과 같은 경험에서 (1)~(3)은 초등학교의 고학년에서 할 수 있는 것이고, (4)~(7)은 중학교에서 가능하다.

(1) 수준 1에서 공부한 관계(포함관계)를 발전시킨다. 예를 들면

ㄱ.

직사각형	정사각형
네 변이 존재함	…………
대변이 평행함	…………
합동인 대각선(두 개)	합동인 (두 개)대각선
네 개의 직각	…………
대변의 길이가 같음	…………

ㄴ. 1㎝ 단위로 점이 찍혀 있는 모눈종이에서 사각형을 사다리꼴로, 사다리꼴을 평행사변형으로, 평행사변형을 직사각형으로… 변환할 때 어떤 조건이 필요했는지 말한다.

(2) 수학적인 정의를 사용하거나 만들어 보게 한다. 예를 들면

정사각형은 ________________________.
평행사변형은 ________________________.

(3) 카드나 그림을 통해 증명을 비형식적 방법으로 설명하게 한다. 예를 들면, 삼각형의 한 외각의 크기는 인접하지 않은 두 내각의 합과 같음을 설명하기 위하여 다음과 같은 그림을 보여 주어 설명하도록 한다.

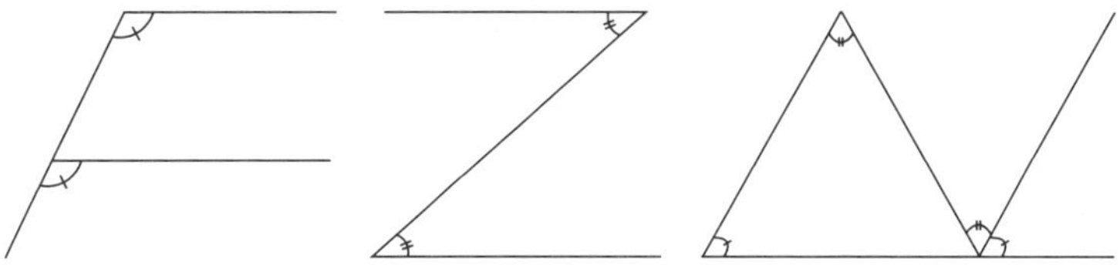

(4) 연역적 추론의 도입으로서 추론단계 중 일부를 공란으로 한다. 예를 들면, 그림에서 O는 원의 중심이다. 왜냐하면 ______________________.

i) $AO \equiv BO$

ii) $\triangle AOE \equiv \triangle BOE$

iii) $\angle OAB \equiv \angle OBA$

iv) $\overline{AE} \equiv \overline{EB}$, $\overline{OE} \perp \overline{AB}$

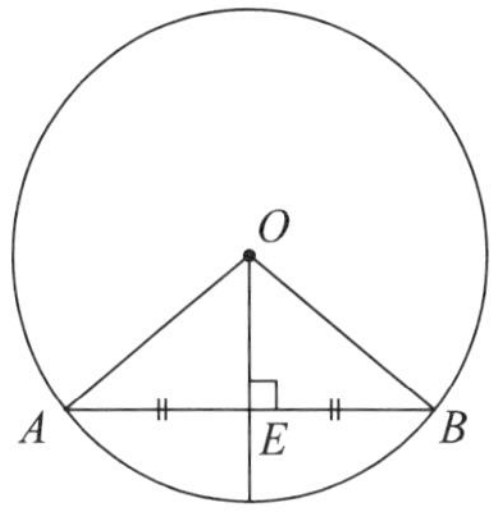

또, 삼각형의 한 외각의 크기는 이와 이웃하지 않은 두 내각의 크기의 합과 같음을 증명하는데 다음과 같은 과정을 써놓고 빈 칸을 채우라고 한다.

ㄱ. 그림에서 $\triangle ABC$의 변 BA의 연장선 위에 점 D를 잡고

ㄴ. $\angle A + \angle CAD = 180°$

ㄷ. [　　　　　　　]

ㄹ. 따라서

$\angle CAD = \angle B + \angle C$

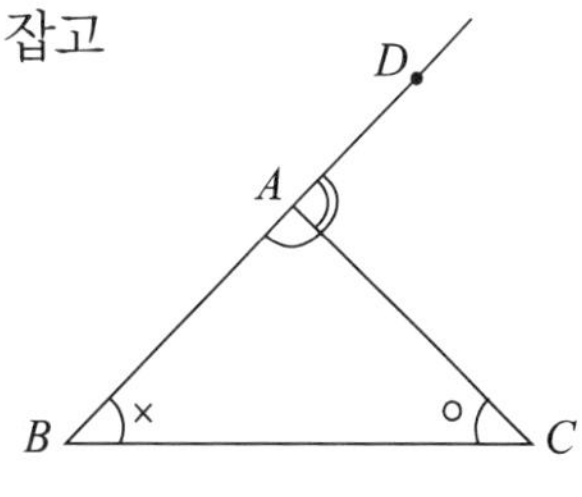

(5) 증명이나 정의를 만들 때 몇 가지 접근방법으로 해결하도록 한다. 예를 들어, 두 가지 방법으로 평행사변형을 정의하기(① 네 변과 대변이 평행, ② 네 변과 대변이 합동).

(6) 주어진 정리의 역을 진술하게 한다. 예를 들어, 한 직선이 평행한 두 직선을 가로지를 때 가로지를 직선 쪽에 있는 두 각은 서로 보각관계이다라는 명제의 역을 잘 설명한 그림은 다음 어느 것인가?

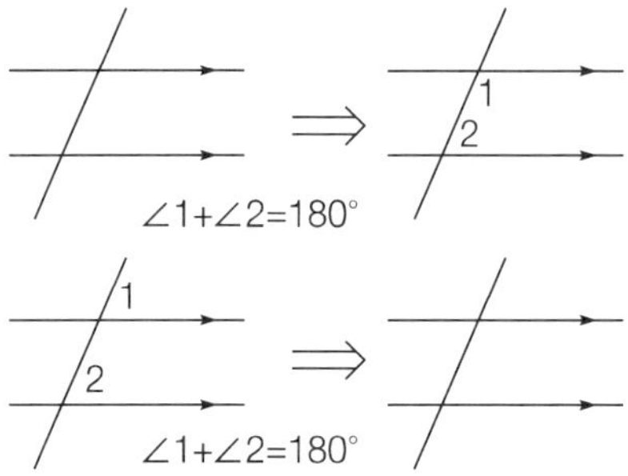

(7) 또 주어진 명제의 역을 말하고 역의 참, 거짓을 이야기 하도록 한다. 또 기하적인 관계를 강조하는 문제해결을 시도한다. 예를 들어, 다음 그림은 $\overline{AB}$와 수직이등분선을 작도한 것이다. 점 A, B에서 반지름이 같은 원을 그리 다음 교점 C, D를 만들고 연결을 하면 $\overline{CD} \perp \overline{AB}$이고 $\overline{CD}$는 $\overline{AB}$를 이등분한다. 그 이유를 설명해 보아라.

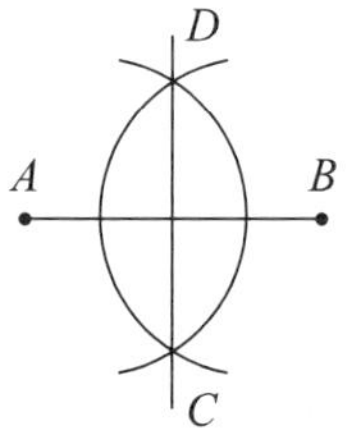

수준 3 : 형식적 연역

형식적 추론수준에 있는 학생들은 공리론적 조직(axiomatic system) 속에서 기하의 정리들을 세우는 방법의 하나인 추론을 이해한다. 무정의 용어, 공리, 공준, 정의, 정리 및 증명의 역할과 관계성을 알게 된다. 물론 이 수준에 도달한 학생들은 증명과정을 기억해서 기술하는 수준이 아니고 창조할 수 있으며 충분조건과 필요조건의 상관성을 이해한다.

이 수준에서는 연역적 추론(deduction)이 무엇인가가 이해된다. 다음과 같은 학습 활동이 학생에게 제공된다.

(1) 증명문제에서 정리의 가정 또는 결론을 구분하게 한다. 예를 들면, 이등변 삼각형의 밑변을 수직 이등분하면 수직 이등분선은 이등변 삼각형의 밑변을 수직 이등분하면 수직 이등분선은 이등변 삼각형의 꼭짓점을 지난다는 정리를 가정과 결론으로 나누어 본다든지 또 증명하기 위하여 이 정리에서 알아야 할 정보는 무엇인지를 말하게 하는 것이다.

(2) 무정의 용어, 공리, 정리, 정의의 뜻을 이해한다. 예를 들어, 다음 진술은 공리, 정리, 정의 중 어느 것인가. 이유는.
ㄱ. 같은 직선에 있는 점들을 collinear라 한다. (   )
ㄴ. 두 점은 한 직선을 결정한다. (   )
ㄷ. 모든 선분은 꼭 한 개의 중점을 가진다. (   )

(3) 증명에서 충분조건과 필요조건을 이해시킨다. 예를 들어 $a=b$는 $ac=bc$이기 위한
☐ 조건이다. 또, $a^2=b^2$는 $a=b$이기 위한 ☐ 조건이다.

(4) 기호를 사용하여 정리의 증명을 한다.

(5) 어떤 정리를 증명할 때 서로 다른 두 가지 증명을 해보고 차이를 비교한다.

(6) 증명하는 데 여러 가지 테크닉을 구사해 본다. 예를 들면, 한 정리를 증명하는 데도 종합적 증명(synthetic), 변환방법(transformation), 해석기하적 방법(coordinates) 그리고 벡터방법(vectors)과 같이 여러 증명방법을 사용한다.

(7) 기하적인 사고방법을 권장한다. 예를 들어, 연역적 사고와 귀납적 사고를 구분한다.

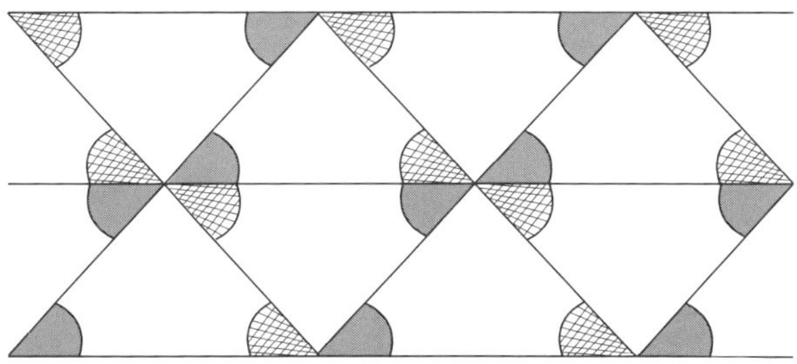

때때로 학생들은 기하를 기계적인 방법으로 학습하는 경우가 있다. 증명과정을 이해 없이 외운다든지 정리를 외우는 것으로 마치 목표를 달성한 것처럼 받아들인다. 이렇게 하면 기하교육에서 강조하는 논리적 추론이나 도형의 아름다움 등과 같은 학생들이 얻고자 하는 핵심을 버리는 경우가 있다. 결국 이해와 문제해결의 문제에 도착한다. 예를 들면 '삼각형의 세 내각의 합은 180°이다'를 보여주는 데 흔히 여러 종류의 삼각형을 재어보아 180°가 됨을 발견해서 정리를 암기한다면 이는 불행한 일이다. 귀납적 사고도 중요하지만 연역적 사고도 강조해야 한다. 따라서 수준 1에서는 다음 그림에서와 같이 삼각형 그리드(grid)에서 각을 색으로 나타낸 다음이 활동을 확장하여 연역을 하는 것이야말로 기하적인 개념을 이해하는 학습이 이루어진다. 이 연역에서 사용된 증명방법(평행선을 긋고, 동위각과 엇각을 생각)은 곧 다른 정리를 증명하는 데 다시 이용된다(예를 들면, 삼각형의 한 외각의 크기는 이와 이웃하지 않은 다른 두 내각의 합과 같다). 또 기하적인 사고발전에서 언어(language)와 기호는 중요한 문제이다. 어린이들은 초기에는 기하적인 개념(예를 들면, 평행선)을 자신의 언어로 표현한다. 즉 '각'대신 '코너'라든가 '평행선'대신 '곧바른 길'과 같은 것이다. 그러나 점진적으로 표준언어를 정확하게 이용하도록 해야 한다. 교사가 쓰는 용어도 매우 조심해야 한다. 수준 2 이하에서 사용하는 용어와 수준 3에서 사용하는 용어에는 차이가 있다. 수준 3에서는 공리, 공준, 정리, 역, 필요조건과 충분조건 등을 엄격히 사용하고 그 의미를 강조해야 할 것이다. 교사가 던지는 질문은 용어의 사용과 아울러 중요한 점이 된다. 교사는 항상 학생의 사고수준(예를 들면, 수준 2)에 알맞은 질문과 지도법을 생각해야 한다. 다음과 같은 질문을 교사가 던졌다가 생각해보자.

□은 어떤 도형인가? 어떻게 알았는가?

모든 수준에 잇는 학생들은 처음 질문에 직사각형이라고 대답한다.(만일 직사각형을 답하지 못했을 때는 수준 0에도 있지 못한다.) 두 번째 질문에 대해 각 수준에 있는 학생들은 다음과 같이 답변한다. 수준 0에 있는 학생은 '문짝과 같이 보이기 때문이다'와 같이 대답한다(이 대답은 수준0의 특징인 영상적 모델에 기초를 두고 있다). 수준 1의 학생은 '변이 네 개, 닫혀 있고, 두 개의 긴 변이 있고, 두 개의 짧은 변이 있고, 대변이 평행하고, 네 개의 직각이 있기 때문이다'라고 대답한다(성질들을 말했으므로 수준 1에 해당). 수준 2의 학생은 '직각을 가지고 있는 평행사변형이기 때문이다'라고 대답한다(최소수의 성질을 말하려 한다). 수준 3의 학생은 '만일 그림이 평행사변형이고 한 각이 직각이라면 나는 증명할 수 있다'라고 답한다.(이 사실을 연역적으로 증명하려 한다.) 결국 반힐의 아이디어는 학생들의 자연스런 성숙보다 교사가 어떻게 지도하느냐가 기하적인 사고를 발달시키는데 중요한 요인이라는 것을 설명해주고 있다.

반힐의 지도방법

앞에서 이야기한 학생들의 기하학적 사고의 발달과정은 교사의 입장에서 보면 중요한 것이다. 어떻게 하면 학생들이 어떤 수준을 빨리 획득할 수 있도록 도와줄 것인가. 이 점에 대해서는 반힐은 기하의 지도방법과 교재개발이 이를 가능하게 한다고 했으며 다음과 같이 지도방법을 권장하고 있다. 이 5단계 지도는 각 수준에서 이루어진다.

1 단계지도 : 질문/정보(inquiry/information)

이 단계는 초기 단계로서 교사와 학생들이 어떤 수준의 지도를 위해 학습목표를 이야기하는 것이다. 학생들이 주어진 과제(예를 들면, 수준0에 도달하기 위한 주어진 과제)에 대해 관찰해 보고 질문을 한다. 물론 그 수준에 알맞은 용어가 소개된다. 예를 들면, 교사는 학생에게 다음과 같은 질문을 한다. 마름모는 무엇인가, 정사각형은, 평행사변형은, 어떻게 그들은 같은가, 정사각형은 마름모가 된다고 생각한다, … 등등이다. 이러한 활동을 하는 이유는 교사가 본 과제에 대해 과거에 배운 예비

지식이 무엇인가를 확인하게 되고 학생은 앞으로 어떻게 공부하는지 방향을 얻을 수 있기 때문이다.

2 단계지도 : 유도된 오리엔테이션(directed orientation)

이 단계에서는 학생들은 교사가 제시하는 활동자료를 보면 자기 나름대로 과제를 탐구한다. 그런데 교사가 제시하는 활동자료는 학생들이 빨리 도달하기를 원하는 수준(예를 들면, 수준 0)에 알맞게 구성되어야 한다. 이를테면, 수준 0과 수준 2에 있는 학생들은 교사의 제시자료가 서로 다르다. 예를 들면 교사는 활동자로서 학생들에게 다음과 같은 모눈종이를 주면서 대각선이 같은 여러 크기의 마름모를 그리게 한다든지, 네 개의 각이 같은 마름모를 그리게 한다.

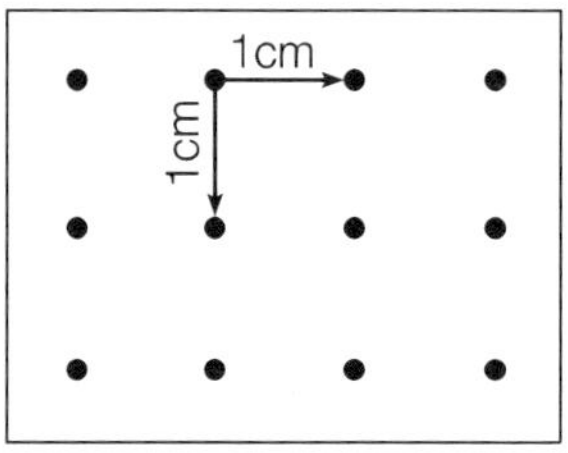

3 단계지도 : 설명(explication)

이 단계에서는 2단계 지도에서 얻은 경험에서 학생들이 경험 중에 관찰된 자기의 관점을 토론한다. 이 때 교사의 역할은 취소된다. 예를 들어, 모눈종이의 마름모의 활용에서 학생들은 자기가 한 활동에서 어떤 도형과 그 도형이 가지는 성질을 토론한다.

4 단계지도 : 자유로운 오리엔테이션(free orientation)

이 단계에서는 3단계보다 복잡한 과제(complex task)가 제시된다. 즉 많은 사고단계와 몇 가지 방법으로 끝마치는 과제를 의미한다. 관계에 관한 깊은 조사과정으로 들어간다. 예를 들면, '직사각형 모양의 종이를 반으로 접고 다시 아래 그림과 같이 반으로 접어라. 만일 그림 (b)와 같이 구석을 자르면 자른 것은 어떤 도형이 되는지 이야기해 보아라. 또, 구석을 30° 각도로 자르면 어떤 도형이 되는가, 45° 이면 어떤가, 꼭짓점은 그 도형의 어느 부분에 해당되는가, 어째서 마름모의 넓이는 두 대각선의 곱에다 $\frac{1}{2}$을 곱하는가.'

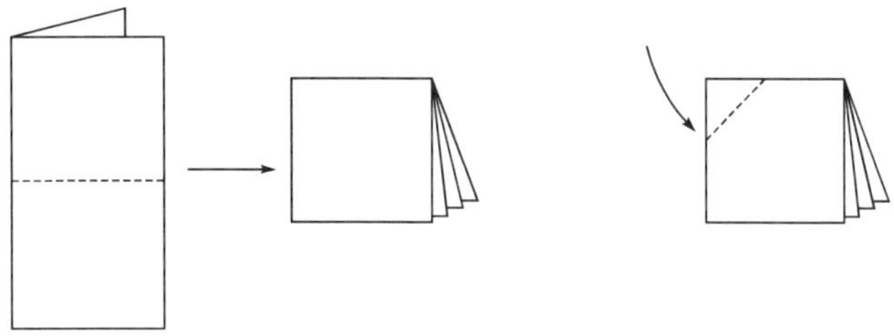

(a) (b)

5 단계지도 : 통합(integration)

이 단계는 학생들 스스로 자기가 경험한 4단계까지를 종합하는 단계이다. 예를 들면, 마름모의 성질이 학생들에 의하여 종합이 되고, 통합수준의 아래와 같은 문제해결이나 원리의 탐구가 이루어진다. 5단계가 끝나면 다음 수준을 획득할 준비가 되어 있다(예를 들면, 수준 0은 끝나고 수준 1을 시작할 준비가 됨).

> 정사각형 ABCD, EFGH는 서로 합동이다.
> $\overline{AB}$ =10이고, G는 정사각형 ABCD의 중심일 때,
> 이 두 정사각형으로 덮인 영역의 넓이는?
>
> ① 75　　② 100
> ③ 125　　④ 150
> ⑤ 175
>
> 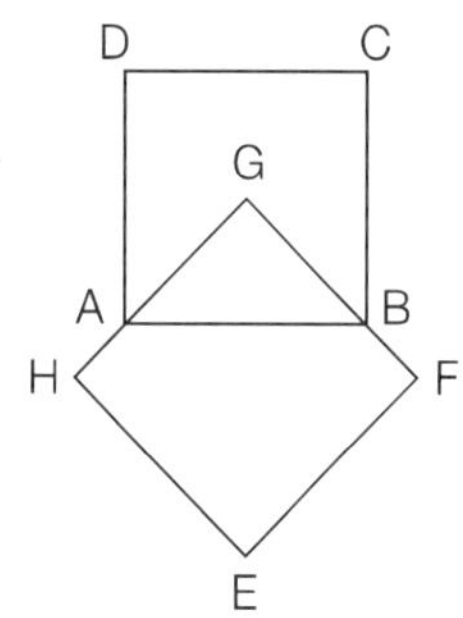
>

실험을 통한 기하지도

베블렌(Veblen, 1934)은 학교에서 기하의 지도를 강조한 사람인데 그는 기하를 수학과 물리의 한 분야로 보았다.

물리적 현상으로서 데이터, 문제상황 등은 기하의 학습에 대단히 중요한 모델을 제공한다. 예를 들어 설탕덩어리, 창문, 천장 등은 도형과 밀접한 관련이 있다. 이러한 구체적 모델의 적절한 사용은 학생들의 시각적인 능력을 기르고, 오일러 공식

을 유도하는 것과 같은 패턴을 발견하고 서로 차이점을 찾아내는 능력을 기르는 데 사용된다. 더욱 중요한 것은 물리적 모델과 수학적 모델(공리론적 체계)의 대조는 수학적 모델을 이해하는 데 매우 중요한 요소이다. 우리가 보는 문양은 17세기에 지은 건물에서 발견된 것이 많다. 이로부터 기하의 여러 성질이 설명된다. 한 꼭짓점에서 각의 합은 어떻게 이루어졌는가?

지식의 통합은 매우 중요한 과제이다. 수학의 어떤 개념을 지도하기 위하여 대수, 기하가 통합될 수 있다. 예를 들어, 함수의 개념을 가르치기 위해 다이어그램을 통해 대응하는 방법을 보일 수 있지만 변환(평행이동, 대칭이동, 회전이동)을 통해 함수 개념을 설명할 수도 있다. 기하에서도 유클리드의 접근방법도 있지만 대수적인, 해석기하적인 방법으로 접근할 수 있다.

다음 좌표평면은 여러 이동을 연습하는 과정이다. 즉, 단위 정사각형 PQRS를 어떻게 이동하여 사각형 P′Q′R′S′로 이동시키는지 알아본다.

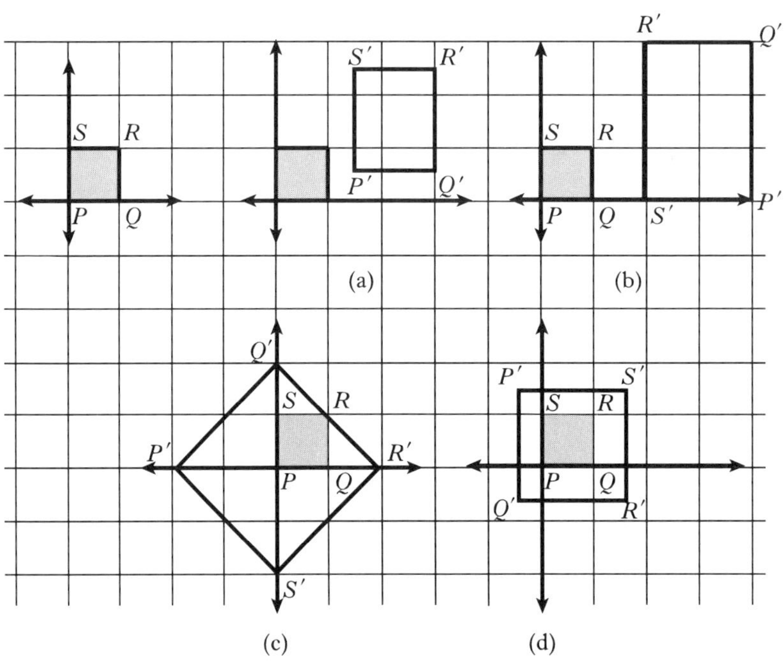

학교에서 기하를 어떻게 지도할 것인지 이미 많은 실험이 있었다. 다음은 이들 실험결과를 요약한 것으로 학교에서 널리 이용된다.

● 기하를 수학의 핵심으로 취급하고 실생활 문제해결 장면에 관련시켜라.

지금까지 수학과 교육과정을 보면 기하는 당연히 대수를 강조하고 난 다음 강조되어야 한다는 식으로 구성되었다. 그러나 수학은 구체물이나 사건을 추상화하여 기호로 표현되는 학문이고 보면 실생활과 가장 밀접하게 관련된 분야는 기하라고 말할 수 있다. 따라서 기하를 강조한다는 것은 당연한 논리이다. 다음 두 과제를 보자. 처음은 당구장에서 공이 이동하는 길을 추적하는 문제이다.

● 기하지도에 처음 대수를 가르치는 것처럼 수학의 형식을 너무 강조하지 말고 기하를 가르쳐라.

기하를 시작하는 학생들에게 공리, 정의를 이용하여 정리를 엄격하게 증명하도록 강요하는 경우가 많다. 그래서 학생들은 공리, 정리, 증명 등은 기하의 한 분야이지 대수, 삼각함수, 미적분 등에는 해당되지 않는 것이라고 생각한다. 그러면 이러한 공리나 정리 등은 대수에서도 존재한다는 말인가, 틀림없이 존재하며 단지 다른 이름을 쓸 뿐이다.

$$ab = 0 \text{이면 } a = 0 \text{ 또는 } b = 0$$

이 가정(postulate)은 보통의 규칙으로 통한다. 그래서 교과서에 요약부분에 네모를 치고 강조하고 있다. 여기서 기하를 다른 영역(대수, 미적분, 해석 등)에 관련시키면 아동들에게 통합적인 시각을 길러준다. 다음은 원의 넓이를 이용하여 $1+3+5+\cdots(2n-1)=n^2$을 설명한 그림이다.

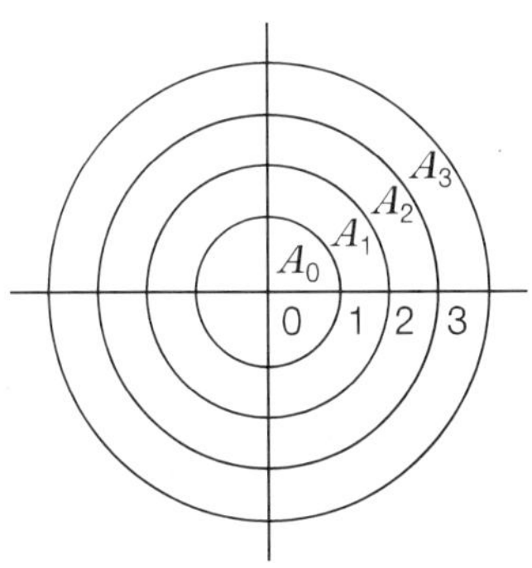

$A_0 + A_1 + A_2 + \cdots A_{n-1}$
= 반경 n인 원의 넓이
$\therefore \pi + 3\pi + 5\pi + \cdots$
$+ (2n-1)\pi = n\pi^2$
또는 $1+3+5+\cdots$
$+(2n-1) = n^2$

또, 지도과정에 있는 학생들에게 증명 등과 같은 엄격성보다 그림이나 쉬운 문장으로 비형식적으로 제시해야 한다.

● 좌표(모눈종이)를 이용한 대수, 해석기하에서 취급하는 방법을 택하여라.

오른쪽 그림은 4×8피트 당구장을 그린 것이다. 볼이 C에 있으며 3번 쿠션을 하여 B를 맞추려면 어떤 경로를 택해야 할까?

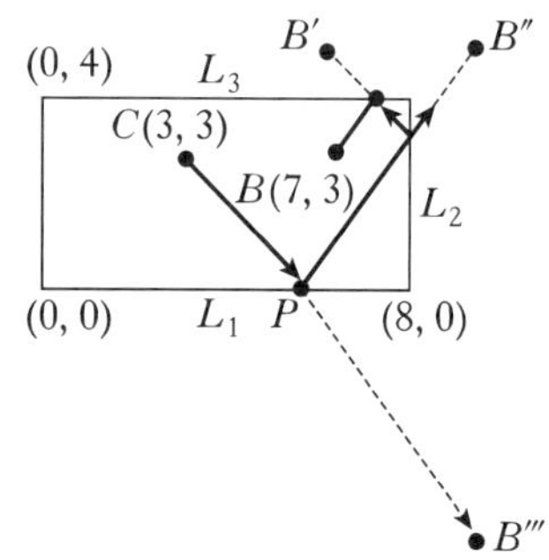

그림은 두 도시 사이를 수도관으로 연결하는데 강(L)을 거쳐 A에서 B로 가려 한다. 최소량의 파이프를 필요로 한다면 L의 어느 지점에 수도관이 머무는 곳을 선정해야 하는가?

● 각 학교에 알맞은 기하교육을 정하라.

학교마다 교육목표가 다르고 지역의 특성이 있기 때문에 학교에 알맞은 기하교육을 개발해야 한다. 이를 정할 때 다음을 참고한다.

경우 1 : 시각화(visualization), 그리기, 도형의 작도 등에 초점을 맞추어 기하를 구성하는 일이다. 학년이 낮은(주로 초등학교) 학생들에게는 원, 직사각형, 평행선을 재미있게 그리는 일에 열중하게 하고, 후에 함수개념으로서 변환(평행이동, 대칭이동, 회전이동)과 아핀기하의 개념을 가르칠 수 있다. 물론 여기에는 작도를 위한 컴퍼스, 자, 종이 등과 같은 구체물이 보조자료로 쓰인다. 사실 저학년에서 기하교육의 가장 큰 목적은 시각화에 있고, 그럼에도 저학년에서 기하를 지도할 때 이러한 면이 소홀한 것은 사실이다. 오히려 지능테스트를 보면 시각화에 초점을 둔 문항을 가끔 본다. 예를 들면, 패턴화된 몇 개의 도형을 주고 그 다음 도형의 모양을 그려본다든지, 주어진 도형을 270° 회전시킨 다음 어떤 모양의 도형이 그려지는지 상상해 보는 것 등이다.

경우 2 : 실제적인 생활장면과 자연현상에 초점을 맞추어 기하를 구성하는 일이다. 우리는 눈송이의 구조가 정교한 다각형 모양일 때, 그것은 무슨 도형인가를 주위에 묻는다. 조각가도 기하학적인 도형의 아름다움을 통찰하여 조각으로 남긴다. 이슬람 문화에서 도형의 대칭회전을 통해 아름다운 무늬를 만드는 경우를 곧잘 본다. 생활이나 자연현상이 기하와 관련되는 것(측량, 천체관측 등)이 많다. 이 점에 대해 뉴턴은 '자연현상은 마치 수학적인 공식에 의해 표현되는 세계와 같다'라고 말했다.

경우 3 : 수학적인 개념을 표현하는 수단으로서의 기하를 구성하는 일이다. 예를 들어, 수직선은 실수를 표현하기 위한 수단으로 이용된다든지, 원이나 다른 그래프는 수학적인 개념을 표현하는 수단으로 이용된다. 데카르트의 좌표개념은 대수와 결부되어 수학에서 강력한 힘을 발휘하고 있다. 이와 같이 기하는 산수, 대수, 해석 등에 개념의 이해를 위해 폭넓게 사용한다.

경우 4 : 수학적인 조직(mathematical system)의 한 예로서 제시되는 기하를 구성한다. 수학사에서 보면 기하는 논리적으로 조직된 첫 번째 수학의 한 분야였다. 그러므로 학교 수학에서 기하는 판단력을 기르고, 논리·연역을 토론하고, 증명을 쓰는 일이 주목적이었다. 연역적 논리는 초등학교에서도 가능하다. 중등학교에서 공리론적 방법(기하분야)의 도입에 어려움이 있다는 말은 초등학교에서 추론(reasoning)에 대한 교육이 부족했다는 것과 통한다.

다른 나라에서도 기하를 가르치기 위한 내용영역을 정하는데 많은 시간을 보냈다. 특징으로 몇 가지를 정리한다.

〈종합적인 관점에서의 기하 도입〉

여기에서는 초·중등학교에 다음과 같은 내용을 주로 한다.

① 입체를 그리고 이들이 가지는 성질을 해석한다.

② 인간의 활동에 기하를 응용하는 활동을 강조한다.

③ 합동, 닮음개념을 공부하고 이들 사이의 관계를 탐구한다.

④ 주어진 가정하에서 이끌어낸 도형들 사이에 관계와 성질을 끌어낸다.

⑤ 조사활동을 통해 공리론적 조직을 이끌어내고 발전시킨다.

그리스시대(예를 들면, 탈레스와 피타고라스) 전에는 기하의 아이디어들은 실생활 문제를 푸는 데 직접적으로 관련되었다. 따라서 기하의 내용, 아이디어를 추상화했다 하더라도 이 이론은 실생활에 강하게 응용력을 가졌다. 수학을 교육시킨다는 관점에서 보면 이 사실은 매우 중요하다. 왜냐하면 실생활 장면은 기하내용을 도입하고 응용하는 데 좋은 소재를 제공해 주기 때문이다. 예를 들어, 건물을 지을 때, 직사각형, 각, 수선 등 많은 기하의 아이디어들이 한 작품 속에 들어가야 한다.

기하는 학생들에게 예술과 수학 사이의 창의적인 관계를 설명해 주는 데 사용된다. 예를 들면, 한 점을 고정하고 정삼각형을 서로 겹치지 않게 이동(평행이동, 대칭이동, 회전이동)하여 아름다운 무늬를 만들게 한다.

이 때에 입체도형을 도입하고 그들이 가지고 있는 성질들을 분석하는 것은 매우 바람직한 지도이다. 이러한 일은 건축, 엔지니어링, 예술 계통으로 나아갈 학생들에게는 필수적인 내용이다. 삼차원 공간에서의 도형의 공부는 종이와 칠판을 통해 그림을 그리고 이 도형의 성질을 공부하지만 이보다 CAD(computer aided design) 소프트웨어가 큰 가치가 있다. 도 학생들에게 수학적인 정보(문장제 등)를 그래프, 다이어그램 등으로 표현하도록 하는 것은 나중에 수학을 읽을 수 있는, 어떤 정보를 다른 정보로 번역하는 능력을 길러준다. 그리스시대부터 발전되어 온 기하의 연역적 추론은 종합적인 기하라는 측면에서 크게 강조되지 않는다. 그러나 연역적인 것과 귀납적인 것들 사이의 관계에 대해서는 강조된다. 예를 들면, 모눈종이에서 3, 4, 5 단위인 직각삼각형에서 $\overline{\text{밑변}}^2+\overline{\text{높이}}^2=\overline{\text{빗변}}^2$과 같은 성질을 시행착오(그려보고, 재어보고, 가설을 세우고)로 안 다음 이러한 발견을 연역적 추론으로 증명(피타고라스 정리의 증명)한다는 것이다.

요약해 보면, 종합적인 기하에서는 연역적 추론이나 증명보다 다른 더 많은 사실들에 초점을 맞추어야 한다. 즉 시각화의 기술, 그림이나 다이어그램 등을 발전시켜야 한다.

<대수 관점에서의 기하>

여기에서는 주로 다음 내용을 취급한다.

① 기하를 좌표에 표현한다.
② 변환과 좌표개념을 사용한 도형의 성질을 공부한다.
③ 변환을 사용하여 합동, 닮음의 뜻을 익힌다.
④ 유클리드 변환의 성질을 분석하고 이를 벡터에 연관시킨다.
⑤ 문제해결에 변환기하, 해석기하, 벡터를 적용한다.

사실, 수학에서 가장 중요한 개념들간의 연결은 대수와 기하 사이에서 이루어진다고 볼 수 있다. 수학의 발전은 19세기부터 본격적으로 이루어졌는데, 그 이유는 첫째 그리스 수학의 특징(추상화, 공리화)을 재발견한 것이고, 둘째 좌표개념을 도입한 해석기하의 발전이라 말할 수 있다. 즉, 종전의 수학을 더욱 효과적으로 발전시킬 수 있는 훌륭한 도구를 만들었다고 볼 수 있다.

기하와 대수는 서로 좋은 대응을 이룬다. 예를 들면, 기하에서 한 점은 대수에서 한 개의 순서쌍 (x, y)에 대응되고 선 l은 대수에서 방정식 $ax+by=c$를 만족하는 순서쌍의 집합에 대응된다.

수학의 지도에서 좌표를 도입하여 도형의 성질을 유도하는 것은 유클리드 논증과 같은 방법보다 훨씬 쉽다는 것을 경험한다. 예를 들어, 다음 그림에서 $\overline{AB} \parallel \overline{MN}$을 증명하는데 좌표에서는 쉽게 이를 보일 수 있으나, 유클리드 논증방법은 이보다 불편하다.

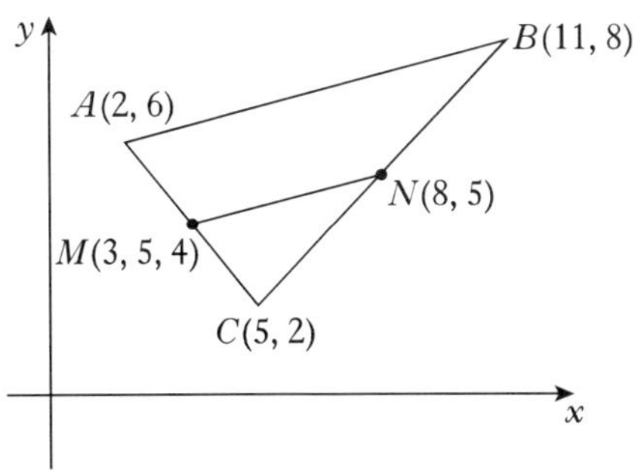

변환은 학생들이 합동과 닮음의 개념을 발전시키는 문제해결의 도구로 활용되는 데 훌륭한 성실을 이끌어낸다든시, 비례가 보존되는 변환을 통하여 닮음의 성질을 이끌어낸다. 이러한 방법은 종합적 기하와 좋은 연결을 만들어 준다. 컴퓨터를 통해 변환은 더욱 합동 또는 닮은 도형을 시각화하는 데 다양한 역할을 한다.

여기에서 또 하나 강조할 것은 벡터의 개념이다. 모든 학생들은 속도와 힘 같은 물리적 현상을 표현하는 데 벡터를 이용해야 한다. 또 벡터의 덧셈, 스칼라 곱셈 등을 기하학적이면서 대수적으로 보일 줄 알아야 한다. 그리고 이들을 역학적인 문제 상황(예를 들면, 비행기의 항로에서 바람의 효과를 수량화하기 등)에 활용할 줄 알아야 한다. 또 대학에 들어갈 학생들은 아래의 그림과 같이 기하적인 정리를 벡터를 사용하여 증명할 수도 있어야 한다. 문제는 한쪽 기하(예를 들면, 종합적 기하)만 보지 말고 여러 기하를 볼 줄 알아야 한다. 그래서 기하의 개념과 방법(종합적, 해석기하적, 변환기하적, 벡터적)을 이용하여 주어진 문제장면을 통합적으로 보는 눈을 길러야 한다.

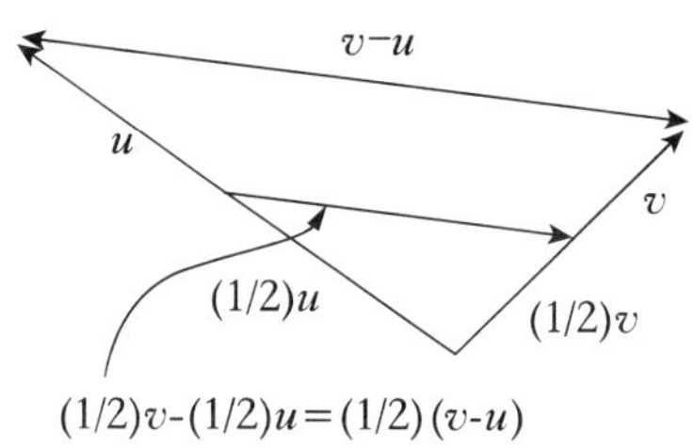

02

기하교재

지도이유, 좋은 토픽

초등학교에서 기하는 수와연산과 더불어 꼭 가르쳐야 할 영역이다. 무엇보다도 실생활(실세계)에서 유용한 기하개념을 학교교육에서 피할 수 없고, 또 기하가 가지는 아름다움을 무시할 수 없기 때문이다. 실세계에서 아동들이 보는 물체에는 기하적인 모형, 즉 프리즘, 피라미드, 구, 뿔, 원통 등이 자주 보인다. 인도사원에서 보는 완벽한 대칭, 거리에서 보는 시원한 직선모양의 도로, 서울랜드의 정교한 기하적 모형, 건축설계에서 보는 점, 선, 면의 아름다운 만남 등 예술, 과학, 디자인, 산업에서 도형과 그 성질을 관찰 할 수 있다. 이미 어린이들은 입학하기 전 실세계에서 기학적인 많은 경험을 했다. 자전거 바퀴를 보고 원모양을 식별할 수 있고, 호기심이 많은 아동은 바퀴에 리본을 달았을 때 바퀴가 도로 위를 달리면서 리본이 어떤 곡선을 만든다는 것도 체험한다. 뿐만 아니라, 자동차가 직선모양의 편편한 도로 위를 달릴 때 짐칸에 실은 직육면체 모양의 대형상자가 이동하는 과정을 관찰하기도 하고, 도시 한 복판에 있는 건물 벽에서 아름다운 기하적 문양이 일정한 패턴으로 정교하게 연결된 광경도 볼 수 있다. 이때, 패턴의 아름다움을 감상하기도 하고 기본도형이 똑같은 모양(합동)으로 어떤 규칙에 의해 반복 이동한다는 것을 발견하기도 한다. 학생들은 이미 엄밀한 기학적 개념을 정의하지 못해도 위치, 모양, 크기를 인식하게 된다. 사실 기하는 실세계를 모델링하는 영역으로 볼 수 있기 때문에 유치원에서 대학원학생까지 일상생활에서 직관력을 기르고, 탐구하는 정신을 기르고 창의적인 생각을 할 수 있는 적절한 학문이다. 다음소재에서 기하의 어떤 내용을 관찰할 것인지를 서로 이야기해보자.

(1) 그림을 보고 벌집은 어떤 모양인지 그려라. 무엇을 관찰했는가?

(2) 그림은 인공위성이 지구궤도를 도는 그림이다. 무엇을 관찰했는가?

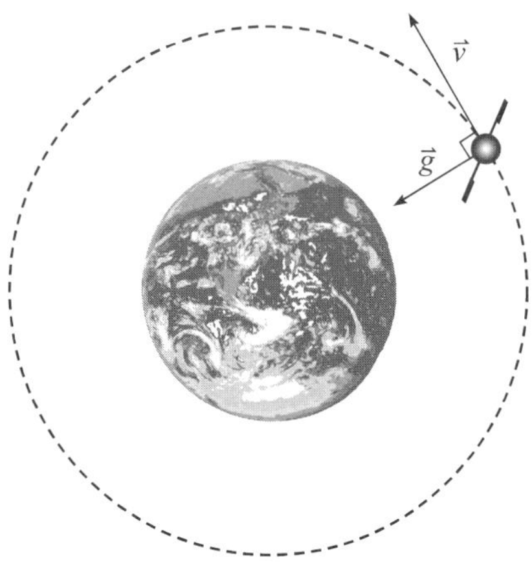

위의 관찰, 탐구 이외에도, 기하는 학생들에게 학습의 흥미와 도전을 줄 수 있는 풍부한 자료를 제공할 뿐 아니라 어려운 문제해결의 기법을 전해준다. 또 산수와 수학의 개념을 발전시키는데, 또는 응용하는데 기하는 많은 도움을 줄 뿐 아니라 데이터를 수집해서 가설을 만들고 일반화를 시키는 학습활동에 기하의 성질은 크게 활용된다. 다음 그림의 패턴을 읽고 다음 단계의 그림을 그려라.

(1)

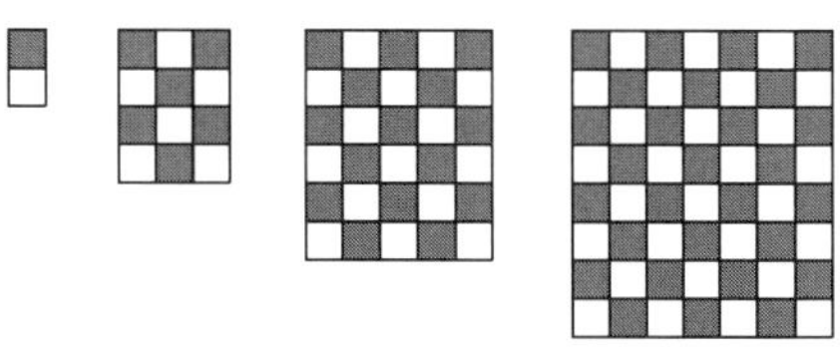

(2)

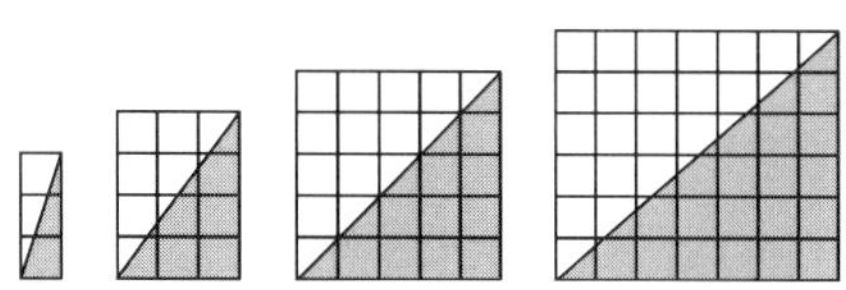

(3)

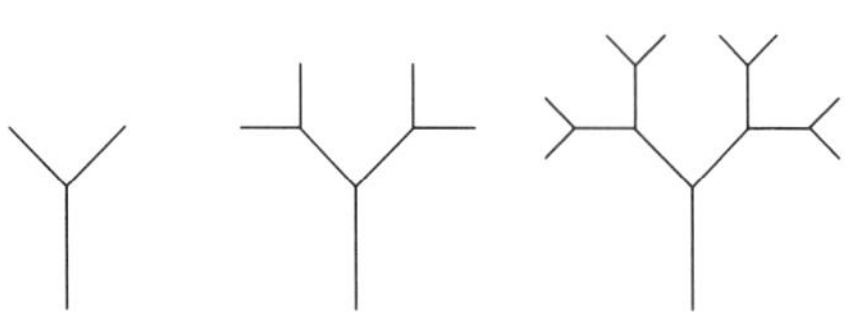

(4)

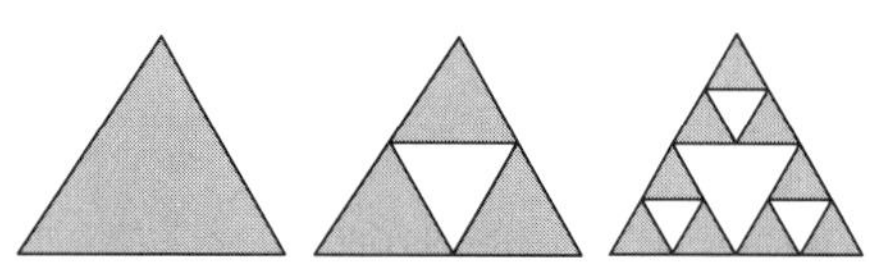

여러 기하 주제 중에 어느 것을 주제(예, 합동)를 선정하여 교육과정에 교수요목으로 놓을까? 하는 문제는 오래전부터 교사들의 관심이었다. 이를 선택하는 것은 다음의 준거에 의존한다.

- 산수와 수학의 개념형성과 문제해결을 신장시켜 줄수있는 토픽
- 수학의 귀납적 측면을 강조하는데 사용하는 토픽
- 탐구정신과 창의적사고를 발달시키는데 도움을 주는 토픽
- 추론과 증명의 학습에 도움되는 토픽
- 다른 수학과 통합되고 연결되는 토픽
- 시각화, 문제해결에 유용하게 쓰일수 있는 토픽
- 기타

교육과정에서 저학년에 도입되는 기하활동을 먼저 조사해보자.

입체도형의 모양

① 여러 가지 물건을 관찰하여 직육면체, 원기둥, 구의 모양을 찾을 수 있다.
② 여러 가지 모양을 만드는 활동을 통하여 기본적인 입체도형에 대한 감각을 익힌다.

평면도형의 모양

① 여러 가지 물건을 관찰하여 사각형, 삼각형, 원의 모양을 찾을 수 있다.
② 구체물을 이용하여 기본적인 평면도형을 만들고, 여러 가지 모양을 꾸밀 수 있다.

아동은 교실 주위에 있는 모양과 구조에 대해 조사, 탐구, 논의를 하고, 자연현상을 이해하면서 기하적 아이디어에 대한 자신의 생각을 이용하여 주변환경을 더 능숙하게 기술하고 표현한다. 학생들은 처음에는 전체적인 모양이나 어떤 특징에 의해 도형을 인식하지만(예, 창문처럼 생겼으나 직사각형) 2학년에 가서는 모양을 기술하고 명명하는 것으로부터 시작한다. 공간에서 구체적인 도형을 가지고 놀이를 하는 활동은 공간감각을 키우는데 도움을 준다. 앞에서 언급한 반힐의 영상수준의 교재

개발을 참고한다.

기하프로그램에서 점, 선, 면 공간을 소개하는 것은 기본이다. 점, 선, 면 공간은 물리적 모양 또는 현상에서 구분하기 시작 할 때 나오는 가장 기본적인 기하의 개념이다. 물리적 실세계에서 위치는 고유한 기하적 용어로 "점"으로 대응되며, 우리가 살고 있는 세계는 위치로 가득 차 있으므로 기하적인 용어로 3차원 "공간"에 대응한다. 물론 점으로 가득 찼기 때문에 점의 집합이다. 마찬가지로 곧게 뻗은 도로에도 위치로 가득 차 있으므로 직선은 점의 집합이고, 편편한 표면도 기하적인 개념인 평면으로 생각하고 점의 집합으로 생각한다. 그런데 이를 기본 개념 점, 직선, 평면, 공간을 기호로 나타내야 하기 때문에 우리는 모눈종이에 점을 찍고 점 A라고하든지 상자 구석을 점으로 생각하여 라고 생각한다. 점은 추상적인 개념이기 때문에 그것을 볼 수도 없고, 지울 수도 없고, 움직일 수도 없다는 것을 알아야 한다. 즉, 위치를 나타내는 수단으로 이해한다. 직선도 자를 대고 노트에 긋고 직선으로 생각하는 것이다. 이들 기본개념에 대해 다음 성질이 있다.

- **성질 1** : 공간은 모든점의 집합, 즉 무한집합이다.
- **성질 2** : 각 직선은 점들의 무한집합이고 공간의 부분집합(상등은 아님)이다.
- **성질 3** : 각 평면은 점들의 무한집합이고 공간의 부분집합이다.

지도에 그림과 같이 두 지역을 점 A, B를 나타내어보면 A에서 B로 가는 길은 많이 있다. 직관적으로 볼 때 직선으로 가는 길은 오직 유일함을 알 수 있다.

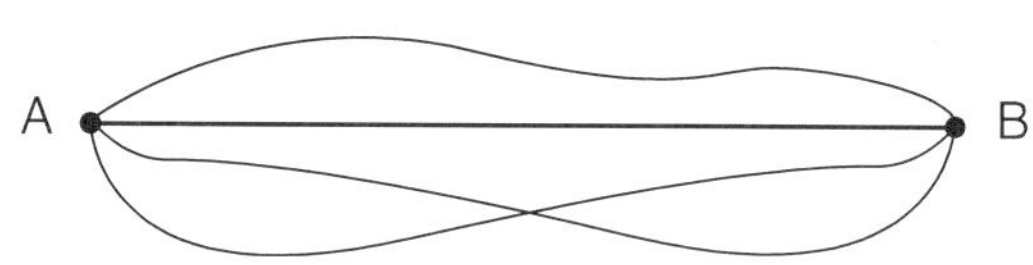

따라서 다음 성질이 성립한다.

- **성질 4** : 서로다른 두 점 A, B에 대해 A와 B를 지나는 직선은 유일하다.
- **성질 5** : 직선 l이 평면 P에 있고, 두 점이 l에 있으면 l의 임의의 점은 평면 P에 있다.

그런데 평면P는 몇 개의 점이 결정할 수 있을까?하는 질문을 자주한다.

문이 열리는 장면을 통해 이를 설명하여 보자. 여기서 문짝은 평면이다.

그림에서 두 점 A, C를 지나는 직선에 점 B가 있다면 이들 세 점을 지나는 평면이 많이 있다. 그러나 점 B가 가운데 문짝에 있다면 세 점을 지나는 평면은 유일하다.

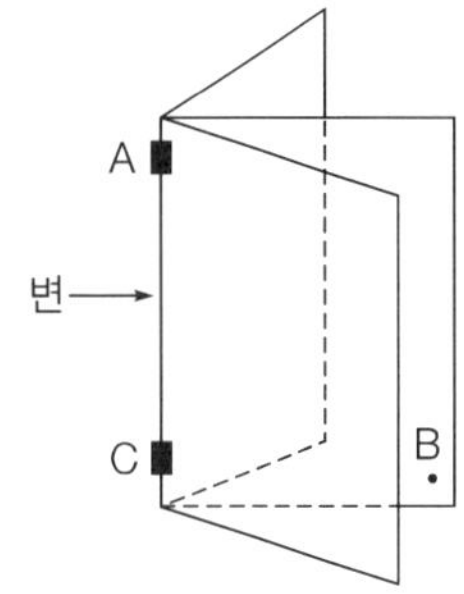

선분, 평면, 반직선

다음 그림은 직선 l이고, 점 A, B는 l에 있는 서로 다른 두 점이다. 기호

$$직선AB,\ \overleftrightarrow{AB}$$

와 같이 나타낸다. 또, 점A와 B를 포함해서 A와 B사이에 있는 모든 점을 합쳐서 선분AB

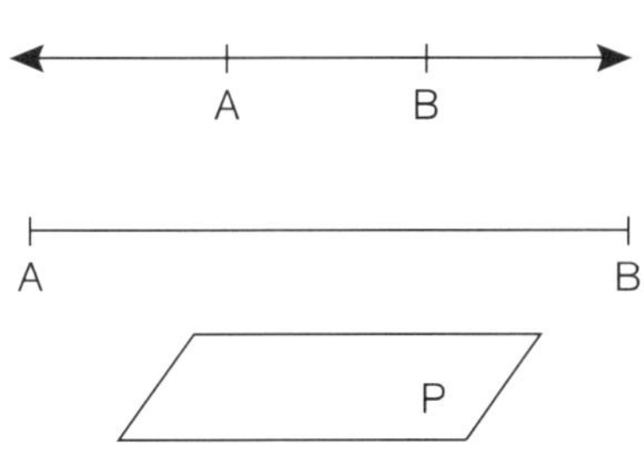

라고 하고 $\overline{AB}$와 같이 나타낸다. 직선 l이 평면 P위에 있을 때, P를 통과할 때, P와 만나지 않을 때도 그림으로 나타낼 수 있다. 그림에서

$$l = \overleftrightarrow{AB},\ \overline{AB} \subset l,\ \overline{AB} \subset \overleftrightarrow{AB}$$

와 같은 표현을 가릴 수 있다. 그런데, $\overrightarrow{AB}$를 새로 도입할 수 있으며 이것은 직선

l에 있는 점 A, B에서 A를 포함하여 B방향에 있는 모든 점을 의미한다. 이때 $\overrightarrow{AB}$를 반직선이라고 한다.

• 성질 6 : 서로 다른 두 평면이 만나면 만난 선은 유일하다.

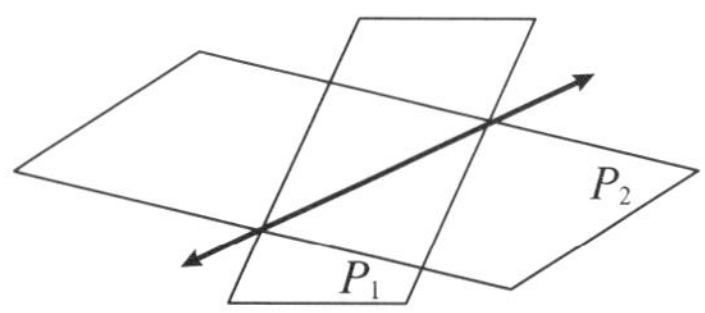

이 교수요목을 관찰해보면 아동은 일상생활에서 보는 물체 또는 경험을 통하여 직관적으로 평면도형과 입체도형은 구분하고 모양을 인식한다. 이때, 아동들은 선생님과 같이 종이접기 또는 자르기 등을 통하여 공간—시각적인 여러 경험을 하면서 앞으로 배울 삼각형, 사각형, 정육면체등과 같은 도형을 머릿속에 기억하고, 때때로 도형이 가지는 성질(면이 6개, 대각선이 두 개 등)을 직관적으로 파악한다. 또, 평면에서 공간으로 이동하는 훈련을 할 수 있다. 이를테면, 정육면체의 펼친 그림을 책상에 놓고 접어서 입체를 만드는 활동이다.

문제해결도 가능하다. 건물 모퉁이에 길이 5m정도 매단 염소가 자유롭게 다닐 수 있는 그림을 그려보는 것이다.

다음은 현행교육과정에 제시한 기초교수요목이다.

1 기본적인 평면도형

① 선분, 직선, 삼각형, 사각형, 원을 이해하고, 그 모양을 그리거나 만들 수 있다.

② 기본적인 평면도형의 구성요소를 알고 찾을 수 있다.

2 입체도형의 구성

① 쌓기나무로 만들어진 입체도형을 보고 똑같이 만들 수 있다.

② 주어진 쌓기나무로 여러 가지 입체도형을 만들 수 있다.

1 각과 평면도형

① 각과 직각을 이해한다.

② 직각삼각형, 직사각형, 정사각형을 이해한다.

2 평면도형의 이동

① 간단한 평면도형의 밀기, 뒤집기, 돌리기 활동을 통하여 그 변화를 이해한다.

3 원의 구성요소

① 원의 중심, 반지름, 지름을 알고, 그들 사이의 관계를 이해한다.

② 컴퍼스를 이용하여 여러 가지 모양을 그릴 수 있다.

또 추론에서 구체적인 경험을 하는 시기에서는 추론에 사용하는 그리고, 또는, 모든, 어떤, 항상과 같은 수학적 용어를 구체적 사례를 통해 파악할 수 있다. 또, 수학적 용어 수직, 평행, 닮음, 합동과 같은 용어 의미를 파악한다. 용어가 많이 소개 되면서 삼각형, 마름모등 새로운 학습이 도입되며 2차원 3차원의 도형을 그리고 시각화하고 도형의 간단한 성질을 구체적 활동을 통해 탐구한다. 삼각형은 기본도형으로 초등학교 뿐 아니라 중등에서도 자주 활용하는 개념이다. 이러한 용어와 기본도형을 관찰하는 이유는 중등에서는 유클리드기하에 관련된 여러 성질을 증명하는 과정을 강조하기 때문이다.

오른쪽은 최근에 건설한 아파트의 방을 나타낸 그림이다. 그림에서 $\overline{CE}$와 $\overline{BF}$를 연장을 하면 두 직선

$$\overleftrightarrow{CE}, \overleftrightarrow{BF}$$

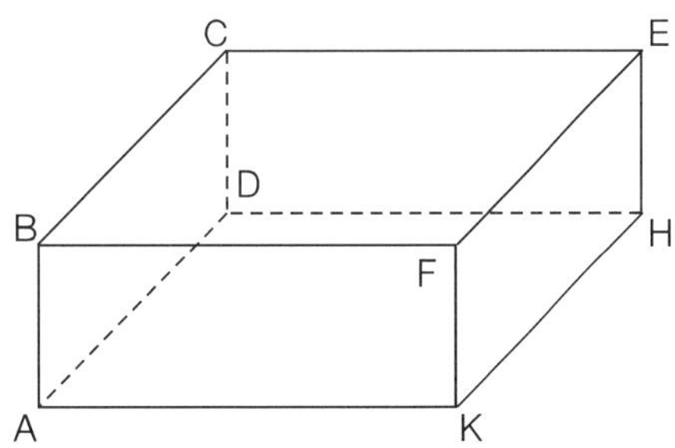

를 생각할 수 있다. 이때 두 직선은 만나지 않는다. 따라서 두 직선이 만나지 않으면 서로 평행이라 정한다. 즉, $\overleftrightarrow{AB} /\!/ \overleftrightarrow{CD}$. 마찬가지로, 아파트 방의 그림에서 서로 만나지 않은 두 면을 확장하면 평행이라는 용어를 쓸 수 있다.

학생들은 생활주위에서 각을 관찰한다. 산위에서 기준선을 설정하고 시계방향으로 다른 지점을 정하면 자연스럽게 각 또는 시계방향 0시라고 말할 수 있다. 또, 비가 많은 지역의 지붕의 기울어진 정도를 각으로 나타내는 경우도 있고, 간접측정으로 산의 높이를 잴 때 각도는 매우 중요하다는 것을 인식한다.

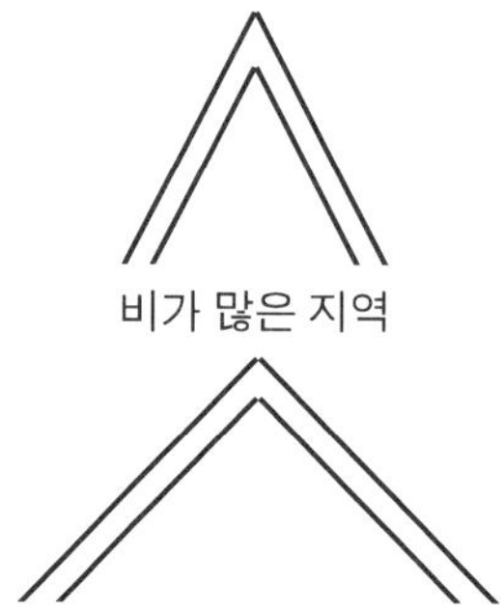

그림에서 각 POQ 또는 $\angle PQR$는

$$\angle PQR = \overrightarrow{QP} \cup \overrightarrow{QR}$$

로 정의된다. 그림에서 두 개의 반 평면이 겹치는 영역이 $\angle PQR$의 내부라 한다. 내부의 개념은 각의 크기(도)를 정하는데 필요하다.

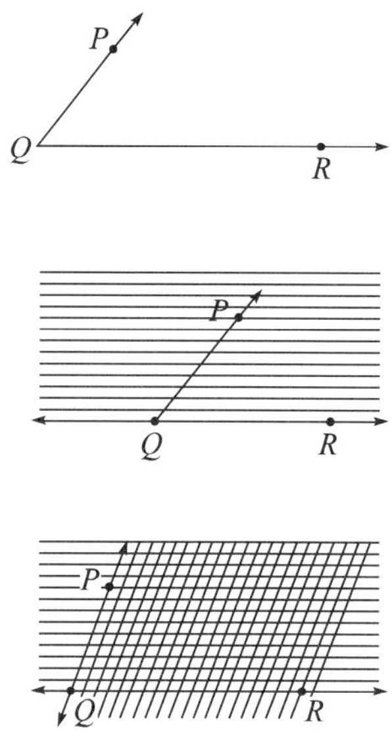

삼각형, 사각형, 다각형

직관적으로 닫힌 곡선은 오른쪽 그림과 같다. 평면에 연필을 대고 그릴 때 연필을 떼지 않은 상태에서 그림이 그려지고, 이때 점들의 집합을 곡선이라 생각할 수 있다. 직선도 곡선으로 볼 수 있다.

그림에서 점A는 닫힌곡선의 내부, 점C는 닫힌곡선의 외부, 점B는 경계점이라 한다.

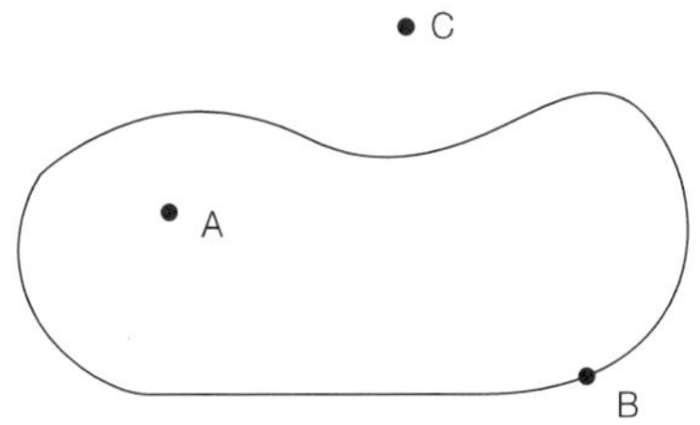

• **성질 7** : 그림과 같은 임의의 닫힌곡선은 평면을 두 부분으로 분리한다.

• **성질 8** : 그림과 같은 닫힌곡선과 그것의 내부를 합쳐서 영역이라 한다.

위와 곡선개념은 다각형을 유도한다. 즉, 원과 같은 닫힌곡선이 3개 이상의 선분의 합으로 이루어져있고, 공통점으로 이루어진 두 선분이 같은 수선위에 있지 않을 때 이 닫힌곡선을 다각형이라 한다. (잠정적정의) 다음 그림에서 왼쪽에서 첫 번째는 다각형이라 하지만 두 번째 그림은 다각형이 아니다.

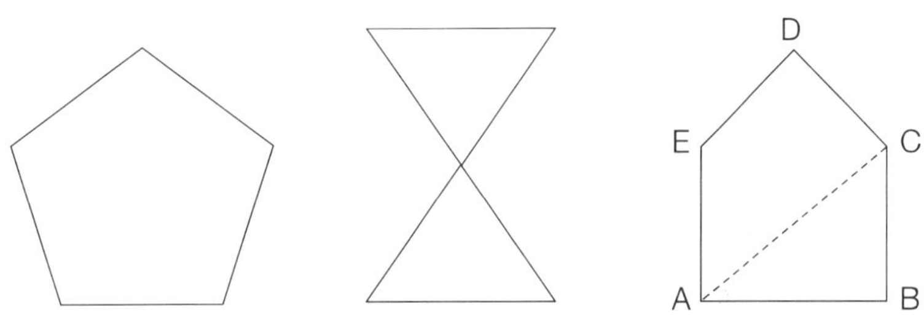

$\overline{AB}$는 다각형 ABCDE의 대각선

• **성질 9** : 다각형의 임의의 공통점(끝점)은 정확히 두개의 선분의 끝점이다. 이때, 이 끝점을 꼭짓점이라 한다.

다각형의 대각선은 같은 선분의 끝점이 아닌 두 꼭짓점을 연결한 선분이다. 보통 다각형은 가리고 있는 선분(변)의 개수에 따라 여러 종류로 분류한다.

삼각형 – 삼각형 ABC는 $\overline{AB} \cup \overline{BC} \cup \overline{CA}$로 정의하며, 기호로 $\triangle ABC$라 쓴다.

마찬가지로 삼각형의 내부는 각각의 각의 내부의 공통부분을 말한다. 이러한 내부개념을 도입하는 이유는 삼각형의 넓이, 다각형의 넓이를 도입하여야 하기 때문이다.

• 성질 10 : 주어진 $\triangle PQR$에서 임의의 한 직선이 이 삼각형의 한변을 통과할 때, 그 직선은 삼각형 $\triangle PQR$의 다른 선분을 적어도 하나 통과한다.

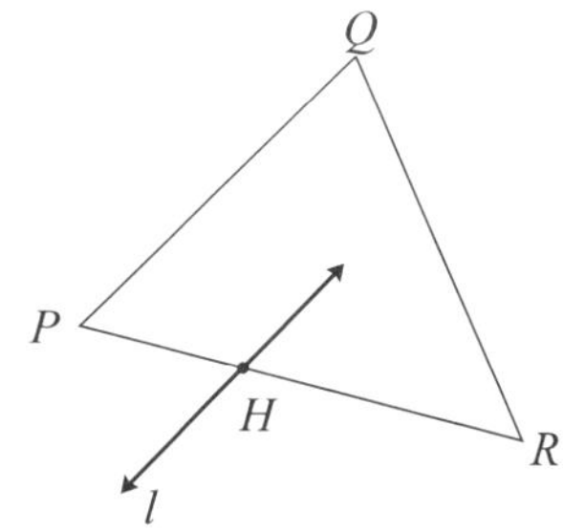

사각형—사각형 $ABCD$는 $\overline{AB} \cup \overline{BC} \cup \overline{CD} \cup \overline{DA}$ 로 정의한다.

• 성질 11 : 그림의 블록사각형(보통, 사각형)의 대각선은 사각형의 내부에 있다. 단 끝점은 제외한다.

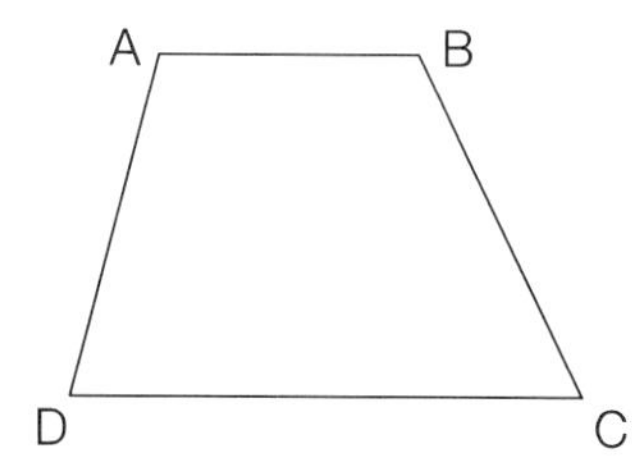

• 성질 12 : 블록사각형의 대각선은 서로 교차한다.

이들 용어와 성질에 관련하여 형행 교육과정에 제시된 교수요목을 보자.

1 각과 여러 가지 삼각형

① 이등변삼각형과 정삼각형을 이해한다.

② 예각과 둔각의 뜻을 알고, 예각삼각형과 둔각삼각형을 이해한다.

2 다각형의 이해

① 수직과 평행의 관계를 이해한다.

② 사다리꼴, 평행사변형, 마름모, 직사각형, 정사각형의 개념을 알고, 그 성질을 이해한다.

③ 간단한 다각형과 정다각형을 이해한다.

④ 주어진 도형으로 여러 가지 모양을 만들 수 있다.

⑤ 주어진 도형을 여러 가지 모양으로 덮을 수 있다.

학교에서 관심있는 다각형은 다음과 같다.

정사각형 — 모든 변이 같고 모든각이 90°이다.
직사각형 — 모든각이 90°이다.
마 름 모 — 모든변이 같고
평행사변형 — 대변이 서로 평행하고
사다리꼴 — 한 쌍의 미변만이 평행하다.

이들 사각형들 사이에는 명제 $p \to g$는 참이지만, $q \to p$는 참이 아니다. 이들 관계를 그림으로 나타내면 다음과 같다.

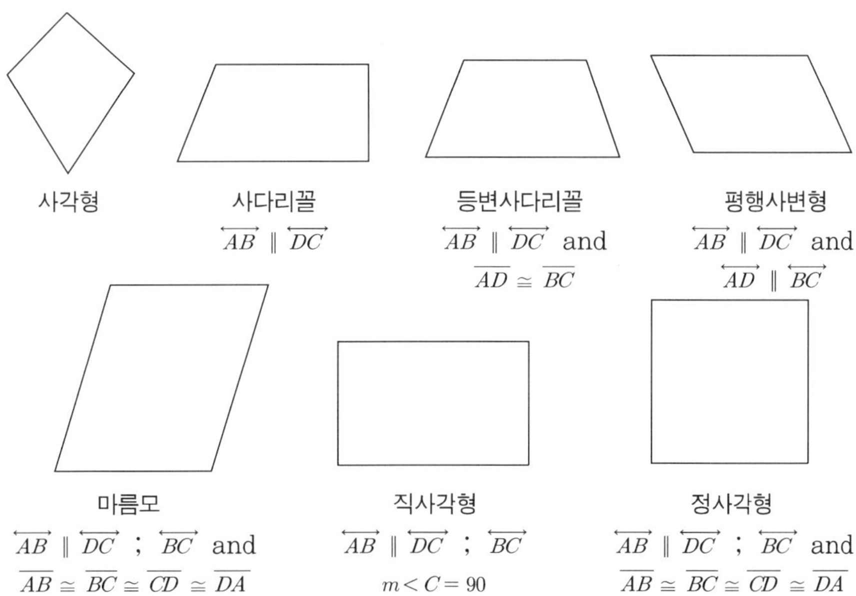

앞의 기본 교수요목들 활동을 통해 이해하면 다음은 추론에 관련한 교수요목이 소개된다.

1 직육면체와 정육면체의 성질

① 직육면체와 정육면체의 구성 요소를 알고, 여러 가지 성질을 찾을 수 있다.
② 직육면체와 정육면체의 전개도와 겨냥도를 그릴 수 있다.

[2] 합동

① 도형의 합동의 의미를 알고, 합동인 도형을 식별할 수 있다.

② 자, 컴퍼스, 각도기를 이용하여 조건에 맞는 삼각형을 그릴 수 있다.

[3] 대칭

① 선대칭도형과 점대칭도형의 의미를 알고 그릴 수 있다.

② 선대칭 위치에 있는 도형과 점대칭 위치에 있는 도형을 그릴 수 있다.

3차원공간, 다면체

학생들은 교과서에서 공간도형을 다면체를 통해 이해한다. 다면체는 면으로 구성된 3차원 도형으로 임의의 두면이 많아야 한 개의 공통변을 가진다. 학교에서 주로 다루는 다면체로 프리즘, 피라미드, 정다면체를 들 수 있다. 따라서 3차원공간의 다양한 모양과 그 성질을 초·중등학교에서는 배울 수 없는 제한점이 교육과정에 항상 존재한다.

• 프리즘(기둥), 피라미드(뿔) – 그림에서 보는 것처럼 프리즘은 도형의 밑면이라 하는 마주보는 한 쌍의 면이 있고, 한 쌍이 서로 평행해서 합동이어야 한다. 다른 면은 측면이라 하고, 밑면의 모양에 따라 도형의 이름을 정한다. 삼각형프리즘, 6각형 프리즘, …

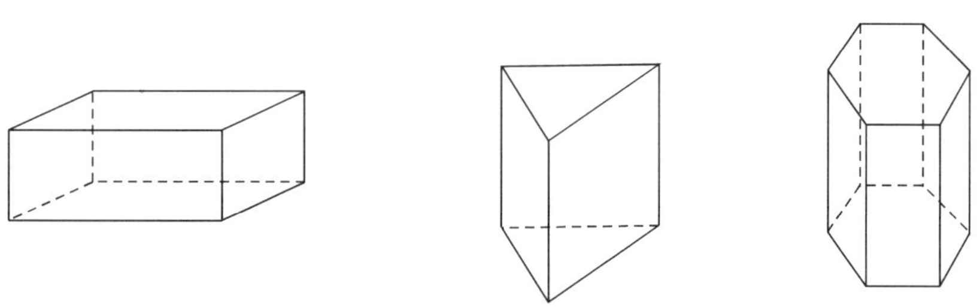

측면의 모양이 직사각형이면 직각 프리즘(즉, 직각기둥)이라 한다. 피라미드는 밑

면과 삼각형 모양의 측면을 가진 정다면체이다. 피라미드는 밑면을 품는 평면과 위에 있진 않은 점에서 밑면의 각 꼭짓점을 연결하여 만들어진다. 피라미드의 밑면이 정다면체, 측면이 이등변삼각형일 때와 그렇지 않을 경우가 있다. 학교에서 소개하는 피라미드는 전자를 말한다.

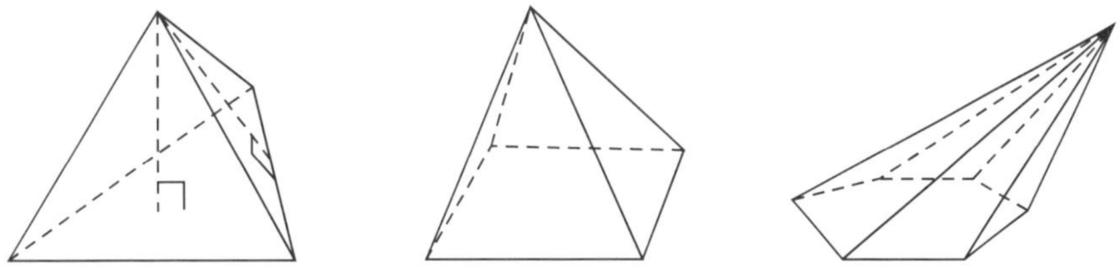

정다면체는 모든 면이 정다각형인 크기가 같고 모양이 같은(합동) 다면체를 말하며 5가지 종류가 있다. 즉 정사면체, 정육면체, 정팔면체, 정12면체, 정20면체이다. 이들의 면의 모양, 면의 수, 꼭짓점의 수, 변의 수는 다음과 같다.

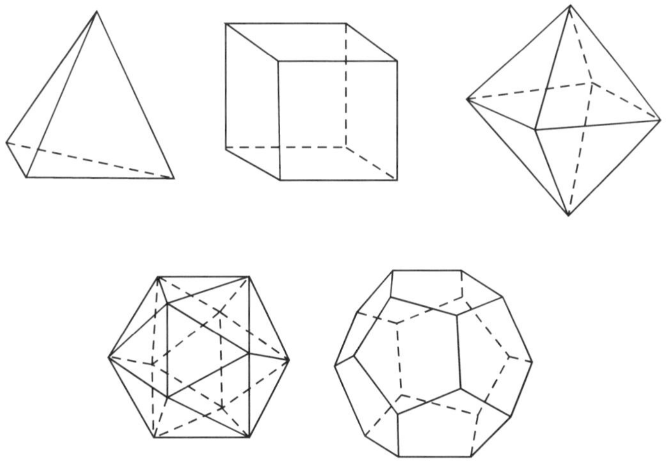

- **기둥, 뿔, 구** – 원기둥은 합동인 두 원을 밑면으로 하고 두개의 원을 연결한 선분으로 구성한 표면으로 둘러싸인 도형이며, 두 가지 형태로 나눌 수 있다. 원뿔은 밑면은 원모양이고 밑면을 포함한 평면위에 있지 않는 점에서 밑면의 원에 임의의 선을 연결한 표면으로 이루어진 도형이다.

특히, 입체도형에 관한 교육과정의 교수요목은 학생들이 귀납적으로 성질을 관찰·

실험하고 구체적 조작활동을 통하여 도형을 경험해보도록 설계되었다.

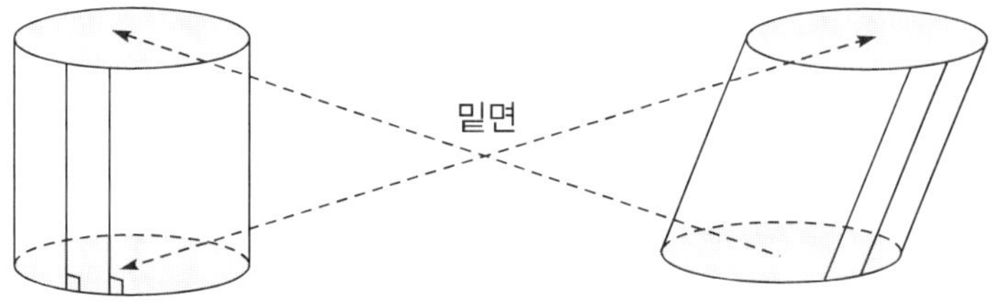

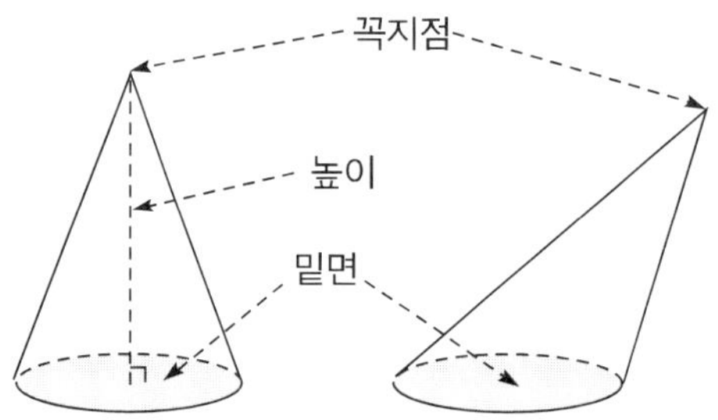

1 각기둥과 각뿔의 성질

① 각기둥과 가뿔을 이해하고, 구성 요소와 성질을 안다.

② 각기둥의 전개도를 그릴 수 있다.

2 원기둥과 원뿔의 성질

① 원기둥과 원뿔을 이해하고, 구성 요소와 성질을 안다.

② 원기둥의 전개도를 이해한다.

③ 회전체를 이해한다.

3 여러 가지 입체도형

① 쌓기나무로 만든 입체도형을 보고 사용된 쌓기나무의 개수를 구할 수 있다.

② 쌓기나무로 여러 가지 모양을 만들고 규칙을 찾을 수 있다.

③ 쌓기나무로 만든 입체도형의 위, 앞, 옆에서 본 모양을 표현할 수 있다.

④ 여러 가지 물체의 위, 앞, 옆에서 본 모양을 표현할 수 있다.

Chapter 5
연습문제

PART I 학생들이 자주 범하는 오류에 답하여라.

01. $3\frac{1}{3}\times\frac{3}{5}=2$를 보고 어떤 학생이 "답2가 $3\frac{1}{3}$보다 작을 수 있습니까?" 라고 질문한다. 왜냐하면 그는 $3\times4=12$에서 12는 3 또는 4보다 크다는 것을 기억했기 때문이다. 이 학생에게 어떻게 설명해야 할까?

02. 교실에서 학생들은 $\frac{3}{5}+\frac{2}{7}=\frac{5}{12}$로 대답한다. 이 학생들의 이유를 들어보면 틀린 곳이 없다. 즉, 농구선수가 월요일 5번 슛하여 3번 성공했고, 화용일 7번 슛하여 2번 성공했으므로 월요일과 화요일을 통해 총 12번 슛하여 5번 성공했기 때문에 $\frac{5}{12}$라고 말한다. 이 학생은 분수의 덧셈을 생각하지 않고 벡타로써 비(ratio)를 생각하고 있다.

① 3개 사과를 q백원에 사는 상황을 비(3, q)로 나타내면 (3, 8)은 벡타이다. 두 벡타의 연산 +을 도입하여라.

$$(a,b)+(c,d)=$$

또, 연산 +를 적용하여 새로운 벡타를 만들었다. 실생활에 일어나는 상황으로 이 과정을 번역하여라.

② 위에서 정의한 +에 대해 닫힘성, 결합성, 항등원, (a, b)에 대한 역원을 말하고 실생활의 상황으로 번역하여라.

③ (a, b)에 유리수α를 곱하는 것을 $\alpha(a,b)=(\alpha a, \alpha b)$와 같이 정의하면 닫힘성, 분배법칙, 결합성이 항등원이 성립한다. 이를테면, 결합성에 대해

$$\alpha \cdot \beta(a,b) = \alpha(\beta a, \beta b),\ \alpha, \beta \text{는 유리수, 즉,}$$

$$4 \cdot 5(2,3) = 4(10,15)$$

이고, 사과2를 3원에 사는 것을 5번 하고, 이들을 4번 반복하면 10개사과를 15원에 4번 구입하는 것과 같다. 라고 해석할 수 있다.

위 모든 성질을 만족하면 벡타공간이라하고 원소를 벡타(비)이다.

03. 다음은 어느 학생이 칠판에 계산한 나눗셈이다. 옳은가?

$$\frac{14}{9} \div \frac{2}{3} = \frac{14 \div 2}{9 \div 3} = \frac{7}{3}$$

04. 한 학생이 칠판에 다음 그림을 그리면서 "$\frac{1}{2} = \frac{1}{3}$ 입니다. 왜냐하면 이 그림처럼 검은 부분이 일치하기 때문입니다." 이 학생에게 어떻게 설명하겠는가?

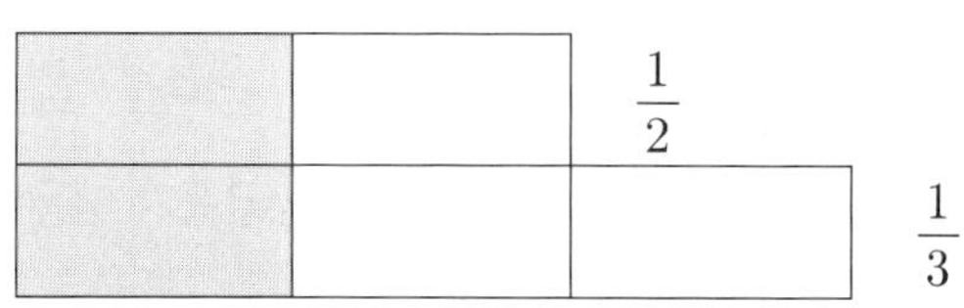

05. 어떤 학생이 부등호 $<$에 대한 정의가 잘못된 것이라고 질문한다. 그가 든 예를 보면 다음과 같다.

$$\frac{-3}{-4} < \frac{-2}{5}$$

왜냐하면 $(-3)\cdot 5 < (-2)\cdot(-4)$, 그런데 $\frac{-3}{-4} = \frac{3}{4}$ 이 상황에 어떻게 설명해야 하는가?

06. 한 학생이 $\frac{2}{3} \div \frac{4}{5}$를 할 때 $\frac{2}{3} \times \frac{5}{4}$를 하는 이유를 모르겠다고 말한다. 여러분의 설명은?

$$\frac{2}{3} \div \frac{4}{5} = \frac{2}{3} \times \frac{5}{4} = \frac{5}{6}$$

?

07. 6학년 학생은 판매가격, 원가 등에 혼동을 한다. 어느 날 선생님이 "어떤 자동차의 판매가격이 3300만원이고 이속에는 원가의 $\frac{1}{10}$이 이익금이다. 이익을 얼마로 정했는가?"을 물었을 때 한 학생이 다음과 같은 답을 칠판에 썼다. 옳은가?

$$3300 \times \frac{1}{10} = 330(\text{만원})$$

08. 어느 날 선생님이 교실에서 "20m의 판자를 여러 개 부분으로 절단한다. 각 조각의 길이가 $4\frac{3}{4}$m 일 때 몇 조각으로 자를 수 있는가?"를 학생들에게 물어본다. 이때, 한 학생이 칠판에 $20 \div 4\frac{3}{4} = 20 \div \frac{19}{4} = 20 \times \frac{4}{19} = 4\frac{4}{19}$와 같이 쓰고 "4조각하고 1m의 $\frac{4}{19}$가 남습니다."라고 답한다. 이 학생의 답은 옳은가?

PART Ⅱ 다음 수학교육에 관련된 문제를 해결하여라.

01. 다음은 수행평가의 한 유형인 '프로젝트'에서 사용할 수 있는 가상적인 소재이다. A교사는 학생들에게 학교의 부지, 건물 등이 배치되어 있는 설계도를 가져와서 학생들을 소집단으로 구성하고 각 소집단별로 다음 과제를 해결하려고 한다.

> 다음 주에는 건물이 배치되어 있는 장소를 제외하고 나머지 땅에 잔디를 깔려고 한다. 가능한 한 최소 비용으로 이 작업을 마치려면 어느 정도의 예산이 필요한가?

(1) 현행 수학과 교육과정의 세 가지 하위 목표 중에서, A교사가 위와 같은 수행 평가를 실시했을 때, 달성하고자 하는 목표를 지적하여라.

(2) 위의 소재는 구성주의 (특히, 상황학습)에서 강조하는 학습 형태이다. 구성주의를 이루는 가정(공리) 2개를 간단히 써라.

(3) 위와 같이 열린형태의 실생활 문제의 장점을 써라.

(4) 어떤 문제를 실생활 문제라 하는가? 정의하여라.

02. 구성주의는 학습에 대해 대략 다음과 같은 견해를 가진다.

- 학생은 지식을 능동적으로 창조 또는 구성한다.
- 반성활동을 중시한다.
- 토론하고 대화하는 사회적 과정이다.

이러한 구성주의 관점을 다음 소재에 적용하여 지도계획을 짜라.

힌두-아랍인	이집트인
7	1111 111
13	∩ 111
268	𓍢𓍢 ∩∩∩∩∩∩ 1111 1111 or 𓍢𓍢 ∩∩∩ ∩∩∩ 1111 1111
3,245	𓆼𓆼𓆼 𓍢𓍢 ∩∩ ∩∩ 11 111
21,214	𓂭𓂭 𓆼 𓍢𓍢 ∩ 1111
132,642	𓆐 𓂭𓂭𓂭 𓆼𓆼 𓍢𓍢𓍢𓍢𓍢𓍢 ∩∩ ∩∩ 11
2,123,122	𓁨𓁨 𓆐 𓂭𓂭 𓆼𓆼𓆼 𓍢 ∩∩ 11

```
  321
+ 245
-----
  566
```

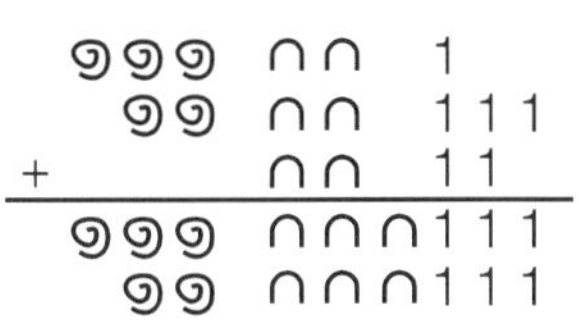

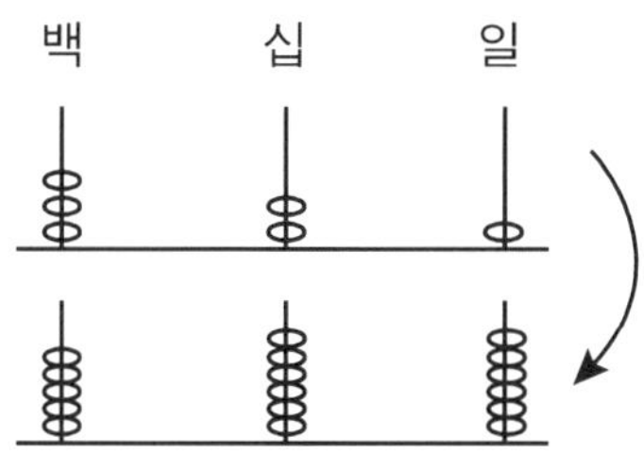


```
  467
- 142
-----
```

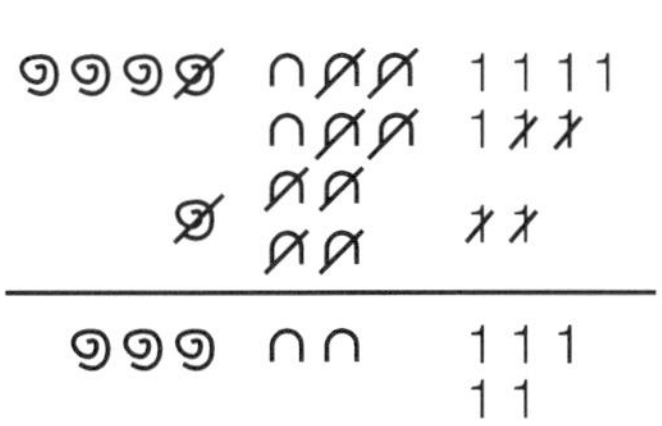

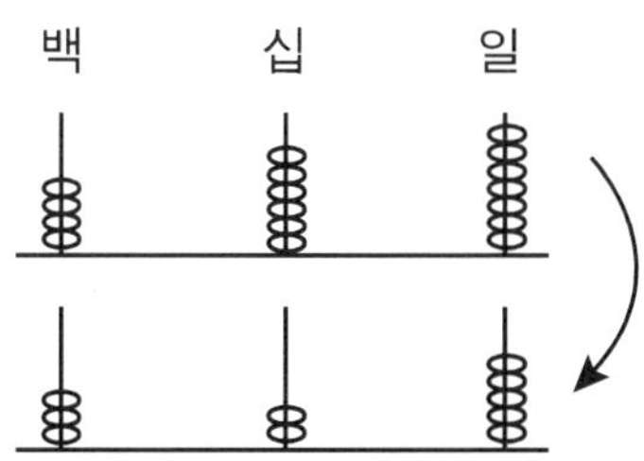

Chapter 6

계산·절차 학습, 측정

01

계산·절차 학습

계산에서 알고리즘의 획득과 같은 절차적 지식은 자릿값의 개념의 이해와 같은 인지활동을 수행하는 방법을 아는 것을 의미한다. 이를테면, 2+2+2+2를 계산하는 알고리즘을 획득한 학생은 나름대로 절차적 지식을 얻었고, 이 지식은 곱의 개념 2×4를 이해하는 수단으로 사용된다. 이러한 절차적(방법적)지식은 학교 교육에서 중요한 측면을 담당해서 학생들은 긴 나눗셈의 알고리즘(절차)을 익히고, 이 기술을 소수, 실수를 이해하고, 문제해결에서 한 수단으로 활용한다. 보다 전문적인 용어론(Hiebert,1986)의 수학적 지식을 절차적지식과 개념적 지식으로 나누는 것이 수학의 수업에 편리하다. 개념적 지식은 이미 배운 여러 관련 지식의 관계를 파악하여 머릿속에 연경망(network)을 설치하는 것이다. 다음은 두 수의 덧셈에 대해 아동의 머릿속에 정리된 개념적 지식의 연결망이다.

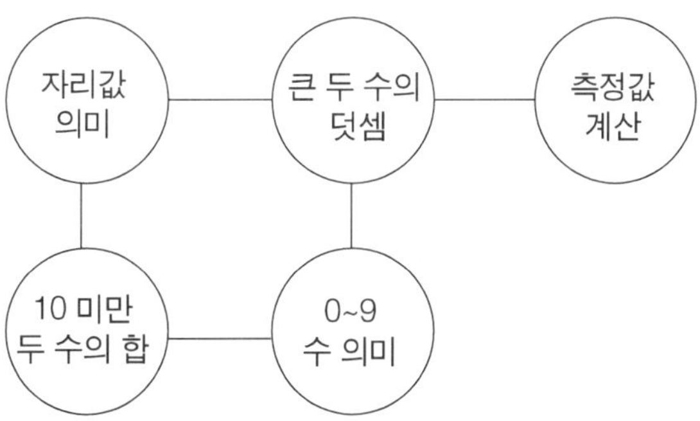

그가 새로운 지식(정보)를 이해했다는 것은 기존의 조직에 새로운 정보를 연결했다는 뜻이다. 이와 대조적으로 절차적 지식은 수학적 과제를 수행하는데 사용된 알고리즘, 절차 등을 말한다. 이를테면, 일차방정식 $4x+4=2x+10$ 인 과제를 푸는

데는 4~5단계인 절차를 수행하면 옳은 대답을 얻을 수 있다.

개념적 지식은 의식적이어서 이를 얻기 위해 많은 생각을 해야 하고 처리하는 속도도 매우 느리다. 반면 절차적 지식은 일단 기억에 정착이 되면 신속히 그리고 자동적으로 인출된다. 두개의 네 자리 수의 덧셈을 하고 이를 계산절차를 기억한 학생은 많은 두개의 4자리의 덧셈이 주어져 신속하게 답을 얻는다. 이러한 방법은 개념적 지식과 절차적 지식의 수업에 중요한 연결을 준다. 두 지식의 좋은 연결은 생산적인 수업이 될 수 있지만 좋지 않은 연결은 암기를 유발하여 아동들의 수학 학습에 악영향을 준다. 다음 과정을 보자.

절차적 지식	개념적 지식
$3x+4=12$	
	↓ 덧셈에 대한 역원이해
$3x+4+(-4)=12+(-4)$	
	↓ 기본계산이해
$3x+4+(-4)=8$	
	↓ 덧셈에 대한 단위원 0이해
$3x+0=8$	
	↓ 곱셈에 대한 역원이해
$\frac{1}{3}(3x)=\frac{1}{3}\cdot 8$	
	↓ 곱셈에 대한 결합법칙 이해
$(\frac{1}{3}\cdot 3)x=\frac{8}{3}$	
	↓ 곱셈에 대한 항등원 이해
$1\cdot x=\frac{8}{3}$	

이 과정은 오른쪽의 개념적 지식의 이해를 전제로 절차적 지식을 얻을 수 있다. 만일 개념적 지식의 충분한 이해 없이 "왼쪽에 미지수가 있는 항을, 오른쪽에는 수를 이항하여 정리한다. 이때 각 항이 이항할 때는 부호가 바뀐다. 양쪽 항을 간단히 하여 $ax=b$(a, b는 수) 형태로 쓰고, x의 계수로 양변을 나눈다. 그러면 x의 값이 나온다"와 같이 수업이 이루어졌다면 좋은 수업이 아닐 것이다. 또, 절차적 지식에서는 기능(skill)이 뒤따른다. 기능은 자동처리의 특성을 갖는 고도로 발달된 절차들의 계열이다.

기능을 습득하기 위해서 앤더슨(Anderson, 1982)은 개념적 단계와 절차적 단계를 내포하는 3단계학습 모형을 제시한다. 처음단계는 개념적 단계로 학습과제에 대한 사실 또는 정보가 해석되고 일반적인 문제해결 방략 또는 현 과제에 적절한 도식이 만들어지는 단계이다. 다음은 절차적 단계로 개인이 사실 또는 정보의 사용방법을 아는 단계이다. 마지막단계에서는 계속하여 연습과정이 있고 수행에 대한 숙달수준이 뒤따른다.

연습의 피드백

교실에서 기능숙달을 위해 많은 연습을 한다. 우리가 경험한 것처럼 연습의 효과는 (1)과제 완성 속도의 증가 (2)수행의 정확성 (3)집중을 들 수 있다. 연습할 때는 먼저 한 번에 과제 전부를 다루도록 해야 하는 전체연습, 또는 과제는 작은 부분들로 나누어져야 하는 부분연습을 고려해야한다. 후자의 경우는 과제의 부분들을 독립적으로 연습한 다음 부분들을 종합하여 생각한다. 연습도 집중연습과 분산연습이 있는데 연구에 의하며 어문자료에 관해서는 분산연습이 집중연습보다 장기파지를 촉진시킨다고 한다. 연습 중에 피드백활동은 매우중요하다. 피드백이라 함은 연습 중에 답이 맞다. 틀리다와 같은 것도 있지만, 조금만 ~하게 생각하면 ~하다. 와 같은 조언형식의 피드백이 있다. 일반적으로 후자가 더 효과가 있다고한다. 이를테면, 피자 한판을 균등하게 8등분하고

$$\frac{1}{8}+\frac{3}{8}$$

은 얼마인가? 라고 물었을 때 $\frac{4}{16}$을 답하는 학생이 종종 발견된다. 이때, 학생에게 피자 한 부분과 세부분을 합쳐보고 전체의 몇 분의 몇 인가?를 반문해 보는 경우이다. 이러한 피드백은 두 가지 목적이 있다. 하나는 학습자에게 무엇이 행하여 졌으며 그리고 무엇을 행하여야 하는지를 말해주고, 다른 하나는 학습자로 하여금 더 큰 노력을 하도록 자극한다. 이를테면, 다음 문제를 6학년 학생이 연습하고 있다고 해보자.

오른쪽 그림과 같은 과녁에 화살을 쏘아서 얻은 점수의 합이 꼭 150점이 되는데 필요한 화살의 최소개수를 구하여라.

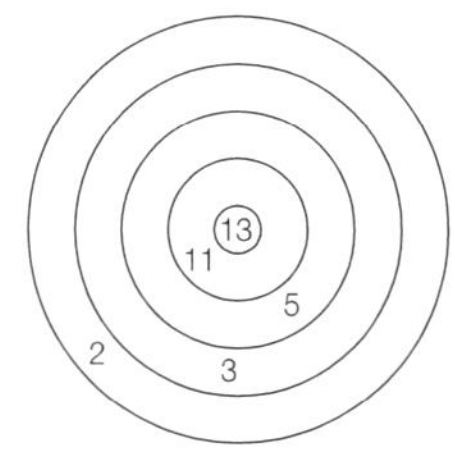

이 학생의 풀이 활동이 끝났을 때 교사는 그가 거의 옳은 과정의 답을 보였을때는 피드백으로 정답 12 을 보여줄 것이고, 오류가 발생했을 때는, 오류를 수정하는데 도움이 되는 정보를 줄 수 있다. 실제 실험할 때 이문제의 정답은 다음과 같았다.

$$9 \times 13 + 3 \times 11 = 150$$

따라서, $9 + 3 = 12$

이러한 오류분석은 교사에게는 필수적이다. 이유는 학생이 보인 오류는 그 학생이 가진 사고 방법의 단서가 될 뿐 아니라 해결과정을 추론하는 기호가 되기 때문이다. 만일 학생이 스스로 자신의 오류를 발견할 수 있다면 실수로부터 학습할 수 있다. 특히, 교실에서 일어나는 체계적 오류는 교사가 관심을 꼭 가져야할 정보이다. 문자가 들어있는 항의 계산에서 일부학생은 $x+6x=6x, x+5x+9x=14x$와 같은 결과를 보인다. 이 학생은 $1x$와 x를 구분해서 x는 $0x$와 같이 생각하는 체계적(또는 구조적)오류를 범한다.

학습 결과

그동안 여러 연구가 교실에서 많은 학생들이 절차적 지식을 개념적 지식과 분리해서 별개로 학습하는 경향이 있다고 지적한다. 다시 말하면 규칙 또는 절차를 배울 때 자신이 배우는 과제가 의미하는 것이 무엇인지, 자신의 계산절차가 어떤 이유로 성립하는지, 자기가 말한 대답이 이유가 충분히 설명되는지 등을 놓치고 간다. 어느 나라든 이러한 현상은 자주 일어난다. NAEP(1989)의 성취도 검사결과에서도 똑같은 현상을 얻을 수 있다.

49 + 83 = 132는 참이다. 다음 중 참인 것은?

(1) 49 = 83 + 132 52%
(2) 49 + 132 = 83 13%
(3) 132 − 49 = 83 29%
(4) 83 − 132 = 49 7%

이 결과를 보면 응답자 중 29%만이 덧셈과 뺄셈의 역연산 관계를 이해한다고 보며, 72%의 학생은 이해 없이 기호 또는 수의 조작으로 들어갔다고 볼 수 있다. 이와 같은 학습습관이 이어지면 어떤 일이 일어날까? 여러 연구결과는 다음을 지적한다.

첫째는 기억의 문제이다. 만일 학생이 이해되지 않는 분리된 정보로 절차를 배웠다면 곧 기억에 사라지게 마련이다. 기억에 대한 연구를 한 이론가들은 새로 들어온 정보는 기존의 정보 네트워크에 잘 연결이 되지 않으면 곧 망각을 한다는 것이다.(Simon,1973,chi 1978)

둘째는 전이의 문제이다. 학생들에게 절차가 충분히 이해되면 그는 이절차를 관련 과제를 해결하는 데에 쉽게 전이한다(Brounell,1947). 왜냐하면 이해된 절차와 관련 과제 해결에는 공통된 개념이 들어 있기 때문에 관련 과제를 해결하는데 학생은 어떤 실마리를 찾아갈 수 있다. 학생은 정신적으로 관련된 과제해결 하는데 이미 이해된 절차 속에 있는 개념적 통로를 따라가는 것이다.(Greeno,1983) 따라서, 학습자가 한 절차를 이해하면 이 절차 속에 있는 개념적 통로에 익숙하게 되고, 곧, 관련된 새로운 과제를 해결하는데 이미 이해된 개념적 통로를 활용하는 것이다.

이러한 현상은 교실에서 자주 관찰된다. 다음 첫 번 절차는 기계적으로 뺄셈을 하는 과정이다.

46 − 21 = (　)
46아래 21을 쓰고 오른쪽부터 왼쪽으로 빼어라.
6 − 1 = 5
4 − 2 = 2, 2를 쓴다.

$$\begin{array}{r} 46 \\ -\ 21 \\ 5 \end{array}$$

---

63 − 28 = (　)
63아래 28을 쓴다.
3 − 8을 할수 없으므로 6을 지우고
6에서 1을 가져온다.

13을 일의자리에서 만들고 8을 뺀다.

5에서 2를 뺀다.

학생들은 각 문제에 맞는 절차를 암기해야 하며 이 두 가지를 외운 다음에는 302 − 185, 300 − 42, 413 − 189를 줄여 앞의 두 가지 절차는 더 이상 활용할 수 없이 또 문제에 맞는 새로운 절차를 암기해야한다. 사실 교실에서 이러한 수업은 수십개, 수백개의 절차를 학생들이 준비해야 하기 때문에 비효율적이다. 그러나 이들 문제를 개념적으로 접근하여 보자.

63 − 28=(　)
열이 6, 낱개 3

한 개의 열 빌려가기

8 빼기

결과

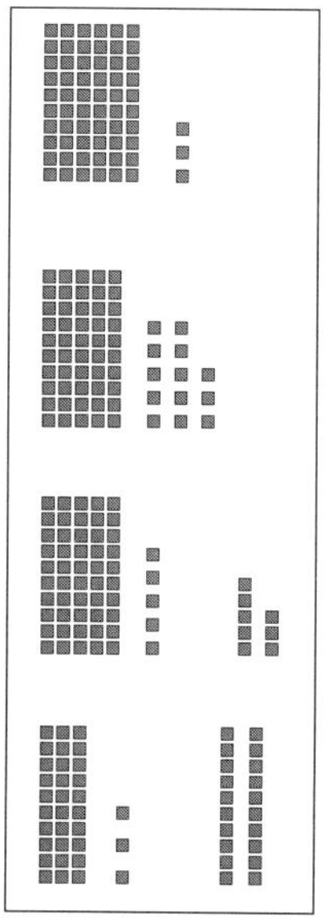

이와 같은 방법으로 300 − 42를 그림을 그려서 해결하여보자. 이 두개의 보기는 절차가 개념과 밀접하게 연결하면서 그것을 완성하는 것을 보여준다. 다른 뺄셈도

이와 같은 십진기수법의 원리에 가능해 가능해진다.

셋째는 부정적인 태도, 신념 등이 수학의 학습에 인식된다. Doyle(1988)는 학생들이 교실에서 경험한 수업에 따라 수학을 보는 관점이 어떻게 다른지 연구하였다. 그의 결론은 학생들이 기계적인 절차를 중시하는 수업에 자주 접할 때 학생들의 수학을 보는 관점이 부정적으로 변한다는 사실을 알았다. 즉, 수학은 여러 규칙을 외우고, 그것을 확인하는 학문으로 본다는 것이다. 비슷한 연구가 Mas(1987), Kouba(1988)에 의하여 확인하였다. 이를 연구에서도 학생들은 그들이 할 일은 어떤 수나 기호에 연결된 규칙을 수행하는 절차를 따르고 기억하면 수학의 학습은 이루어진다고 보았다. 그들이 해야 할 수학적인 직관, 감각을 기르는 아이디어, 개념적인 이해 등이 필요하지 않다고 생각한다(Hiebert,1986; Schoenfeld,1986) 이러한 신념은 학생들이 앞으로 수학을 하는데 파괴적이고 부정적인 생각을 길러주어 수학시간에는 당연히 문제가 교과서 또는 교사에 의해 주어지고, 자신들은 덜 이해된 상태로 기억한 공식 또는 절차를 적당히 꺼내고 그 결과를 교사가 확인한다고 본다. 따라서 그들은 수와 연산등에 대한 지식이 실생활에서 일어나는 상황에 적당히 이용된다고 생각을 하지 않는다.

개념과 절차의 연결

교실의 문제는 교사가 어떻게 개념을 절차에 잘 연결해주는 지도를 계획할 것인가에 집중된다. 이에 대해 Hiebert(1988)은 3가지를 지적한다.

과제 23×4를 생각해보자.

23×4=(   )

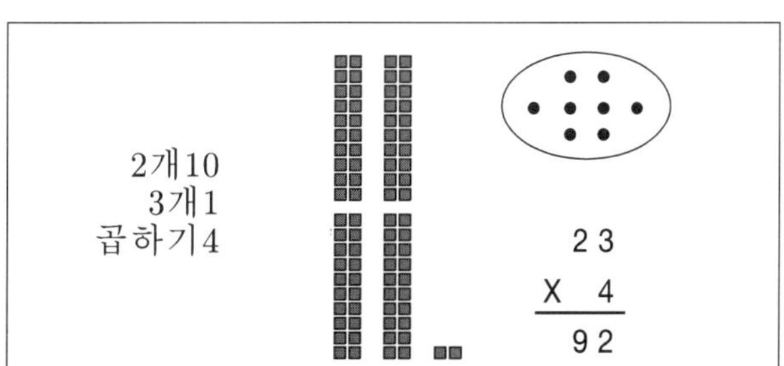

첫 번째는 기호를 해석하고, 이 과제에 어떤 규칙과 절차가 사용되는지 결정 하는 것이다. 그 다음에 절차를 수행하고 답을 얻는다. 이 과정은 개념과 절차가 같이 있음을 알 수 있다. 위 그림과 같이 쓰여진 4, 23을 구체물로 나타내고, 학생이 해야 할 활동 곱(×)은 23의 모임을 표현하는 활동으로 나타낸다.

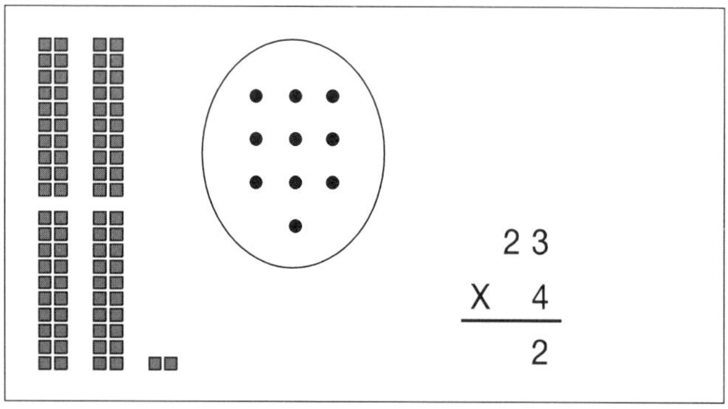

두 번째 활동은 몇 가지 개념을 도입한다. 즉 2개의 10을 4배하는 구체적 활동과 $3\times4=12$를 하는 구체적 활동이다. 세 번째 단계로 $4\times25=100$에 가깝게 답이 나올 것 같다는 어림을 한 다음 구체적 조작으로 결과를 얻는다. 따라서 $23\times4=92$가 어떻게 만들어 졌는지 이해할 수 있다.

고등학교에서 배우는 절차도 이와 똑같은 방식으로 이해할 수 있다.

함수 $f(x)=2^x$에서 $f'(0)$을 구하는 절차를 생각해보자 먼저 앞에서 본 보기처럼 $f'(0)$의 개념적 접근을 시도한다.

$$f'(0)=\lim_{n\to0}\frac{f(n)-f(0)}{n}=\lim_{n\to0}\frac{2^n-1}{n}$$

고등학교에서 볼 수 있는 개념이기 때문에 수치해석적인 방법으로 직관적인 극한을 보인다.

n	$\frac{2^n-1}{n}$
0.1	0.718
0.01	0.696
0.001	0.693
0.0001	0.693
−0.1	0.670
−0.01	0.691
−0.001	0.693
−0.0001	0.693

이 극한에서 아마 $f'(0)=0.69$ 이고 더 정확하게 그래픽계산기로 보여주면 다음과 같다. 함수 $y=2^x$ 을 점(0,1)로 방에서 확대한 것이며, 접선의 기울기는 $0.14/0.20=0.7$ 정도로 어림된다.

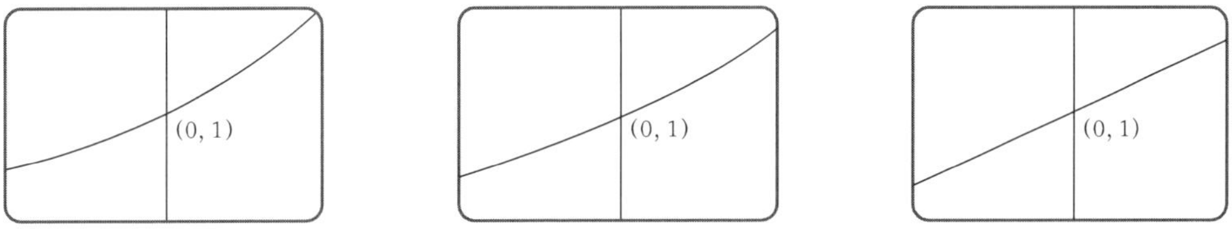

(a) [-1, 1] by [0, 2]　(b) [-0.5, 0.5] by [0.5, 1.5]　(c) [-0.1, 0.1] by [0.9, 1.1]

개념을 획득했으면 절차(공식)에 따라 그 값을 계산한다.

$$\frac{d}{dx}2^x = 2^x In 2$$

이때 $f'(0)=2^0 I_n 2=0.6931$ 이다. 앞에서 직관적으로 $0.693(h=0.0001)$ 을 얻었는데 공식을 이용한 것과 일치가 된다.

그러면, 절차 지도를 위한 가장 효율적인 방법을 생각할 수 있다. 다음과 같이 몇가지 접근이 통합이 되어야한다.

첫째는 개념이 학생들의 정신활동 속에 개발이 되어야한다. 아동은 강한 수 감각을 가져야 하기 때문에 8을 5+3, 7보다 1많은수, 10보다 2적은수 등과 같은 활동을 한다. 마찬가지로 연산의 감각을 익히기 위하여 8−3=(　), 또는 이 식을 표현할 수 있는 문장제를 말하기로 나타낸다. 이 모든 활동은 어떤 개념을 발달시키기 위한 다양한 접근이다. 기하교육에서 같은 활동이 교실에 일어난다. 한 개념을 배우고 그 개념에 대한 예와 반례, 비교, 다른 도형과 관계 파악과 같은 활동을 한다. 이 과정은 교사의 주도로 이루어질 수도 있지만 그들의 토론을 통한 수학적 아이디어의 교환도 큰 역활을 한다.

둘째는 모델이 이용된다. 학생들이 수학적인 아이디어를 교환하는데 제일 많이 사용하는 것은 구체물 조작이다. 구체물의 효과는 초등학교에서 가장 많이 모델로 활용되나, 고등학교로 갈수록 구체물은 영상적 자료로 대체된다.

특히, 아동들은 구체물에 상징적 기호(+, =, 2)를 대응시켜 마음속에 기호의 의미를 이해한다.

셋째는 수학적인 아이디어를 구두로 말하게 한다. 학생들은 수학적인 아이디어를 구체물 조작으로 얻으면 그것을 말로 표현하고 다음에 기호, 문자 등으로 노트에 나타낸다. 개념은 종이(또는 교과서)에 쓰여 있는 기호만으로 학생의 마음속에 전달이 되지 않는다. 교실에서는 교사가 질문을 통해 아동이 개념을 말로 표현하도록 도와준다. 이러한 질문은 아동의 생각을 구체적으로 머릿속에서 꺼내는데 도움을 준다. 이들 질문은 "답이 나온 이유는?" 또는 "아이디어들 중에 비슷한 또는 서로 다른 것은?" 등이 대부분이지만 모니터링하는 과정 "내가 이 문제와 비슷한 문제를 전에 본적이 있는가?" "내가 지금 옳은 방향의 해법을 생각하고 있는가?" 등도 좋은 질문이다.

넷째 기호 (+,− 등)는 조심스럽게 개발되어야 한다. 교실에서 자극 관찰하는 현상으로 아동이 기호를 충분한 경험없이 쉽게 도입하는 경우를 자주 본다. 예를 들어,

$$2+(\quad)=8$$

$$x^2-3x+2=0$$

의 절차에서 "="의미를 충분히 이해하지 못하면 앞에서 본 것처럼 ( )=2－8, 8＋2 등과 같은 답을 말한다. 등호의 의미를 알 수 있는 충분한 학습경험을 했다면 오답은 나오지 않는다. 여기서 다양한 경험은 그 개념을 이해하는 감각을 길러준다. 초등학교에서는 이러한 경험을 자주 가진다. 예를 들면, 37은 $3\times10+7$, $1\times10+27$, $2\times10+17$, 7개씩 5개모임에다 2가 많은 것, 10의 3개모임에 7을 더한 것 등등이다. 또 문항제 또는 말로 다양한 표현을 할 수 있다.

다섯째는 절차가 개념에 연결이 되어야한다. 앞에서 아동은 절차에 있는 개념을 충분히 이해하고 개발해야 한다고 말했다. 여기서는 이해된 개념과 절차를 어떻게 연결하느냐를 논한다. 이를 위한 몇 가지 조언이 있다. 맨 먼저 학생은 기호의 의미를 개발하기 위해 구체물 조작활동을 하면서 절차를 배운다. 마음은 절차의 부분을 익힐 때 반드시 부분에 대응하는 구체물 조작을 보여주어야 한다. 이러한 평행한 활동은 문제를 다 풀 때까지 짝으로 이루어진다.

여섯째는 절차 속에서 관계를 찾아야한다. 학생들이 다음과 같은 단항식의 덧셈에서 합을 구할 때

$$x+3x+5x+6x+8x$$

이 계산은 수의 덧셈 $2+3\cdot2+5\cdot2+6\cdot2+8\cdot2$에서 아이디어가 연결이 되는지를 조사해본다. 이분배법칙을 이용하여

$$2(a+b)$$

를 전개할 때도 $2(3+7)=2{\cdot}3+2{\cdot}7$와 어떤 관계가 있는지 알아본다. 더 나가면 임의의 실수 a, b에 대해서 $c(a+b)$도 과거에 배운 비슷한 정수, 유리수 보기로부터 아이디어를 얻을 수 있다.

일곱째는 교실에 있는 학생 모두 활동적으로 풀이 또는 학습에 참여해야 한다.

02

측정교재

측정은 양의 실수를 기하적 모형에 짝지어주는 과정으로 생각한다. 즉, 함수적인 생각으로 선분 AB의 길이 d는

$$d: M \to R^{+,0} \text{(음이 아닌 실수 집합)}$$

와 같이 정해진다. 따라서 측정에는 선분 또는 곡선의 일부, 각, 면적, 부피에 관련 있다.

선분, 곡선의 부분 - 선분의 길이를 잴 때는 단위 길이가 필요하다. 두개의 선분 모양의 막대가 서로 볼 수 없는 방에 따로 있다고 해보자. 옮길 수가 없다면 직접 비교를 할 수 없기 때문 단위길이라 하는 막대를 이용하여 막대가 길다 또는 짧다 라고 말할 것이다. 위에서 M은 선분이라는 도형의 집합이므로 그림과 같이 5㎝와 같이 생각한다.

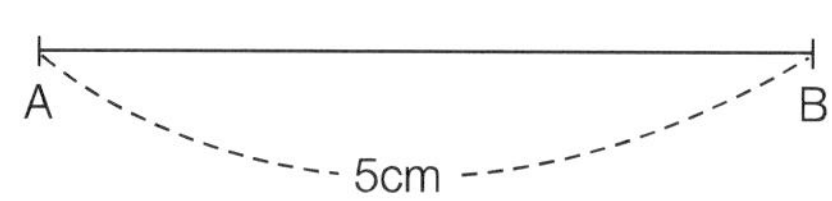

1cm : 단위길이

위의 함수 d는 다음과 같이 몇 가지 성질을 만족한다.

1. $d(A, B) = d(B, A)$, 두점 A, B를 연결하는 선분에서 점A에서 B까지의 거리는 점 B에서 A까지의 거리와 같다.

2. $d(A,\ B)=0$이면 $A=B$, 역도 성립한다.
3. 선분 AC에서 점B가 점 $A,\ C$의 사이에 있다면

$$d(A,\ B)+d(B,\ C)=d(A,\ C)$$

4. 선분 AB가 선분CD와 합동이면 $d(A,\ B)=d(C,\ D)$이다.

교육과정에 제시한 측정에 대한 교수요목을 나열하면 다음과 같다.

1 시간

① 시각과 시간의 의미를 이해한다.
② 1분은 60초임을 알고, 초 단위까지 시각을 읽을 수 있다.
③ 초 단위까지 시간의 덧셈과 뺄셈을 할 수 있다
① 1㎝, 1m의 단위를 알고, 길이를 잴 수 있다.
② 1m가 100㎝임을 알고, 길이를 단명수와 복명수로 말할 수 있다.
③ 여러 가지 물건의 길이를 어림하고 재어봄으로써 양감을 기른다.
④ 길이의 덧셈과 뺄셈을 할 수 있다.

3 측정값 나타내기

① 길이 재기에서 자의 눈금과 일치하지 않는 길이의 측정값을 '조금 더 된다', '조금 못 된다'로 판단하여 이를 '약'으로 표현할 수 있다.

2 길이

① 1㎜, 1㎞의 단위를 안다.
② 1㎝와 1㎜, 1㎞와 1m의 관계를 이해하고, 길이를 단명수와 복명수로 말할 수 있다.
③ 길이의 덧셈과 뺄셈을 할 수 있다.

3 들이

① 1ℓ 와 1㎖의 단위를 알고, 그 관계를 이해한다.
② 들이를 측정하여 ℓ 와 ㎖로 말할 수 있다.

③ 들이의 덧셈과 뺄셈을 할 수 있다.
④ 여러 가지 그릇의 들이를 어림하고 재어봄으로써 양감을 기른다.

[4] 무게

① 1g, 1kg 단위를 알고, 그 관계를 이해한다.
② 여러 가지 물체의 무게를 측정하여 g과 kg으로 말할 수 있다.
③ 무게의 덧셈과 뺄셈을 할 수 있다.
④ 여러 가지 무게를 어림하고 재어봄으로써 양감을 기른다.

[1] 각도

① 각의 크기의 단위인 1도(°)를 알고, 각도기를 이용하여 각의 크기를 측정할 수 있다.
② 주어진 각도와 크기가 같은 각을 그릴 수 있다.
③ 삼각형과 사각형의 내각의 크기의 합을 구할 수 있다.

[2] 평면도형의 둘레

① 간단한 평면도형의둘레의 길이를 구할 수 있다.

위의 교수요목을 관찰해 보면 측정은 아동들이 실생활에 유용하게 사용하는 수학의 영역으로 도형을 접하면서 자연스럽게 길이를 재고, 넓이를 계산하고, 각을 비교하는 활동으로 발전하였다. 측정분야, 즉 넓이, 길이 등은 학생들이 분수, 소수를 학습하면서 자연스럽게 이용되었다. 측정하는 과정은 단위를 결정해서 사물을 그 단위와 비교하고 단위 수를 기록한다. 단위 수는 세거나 도구를 사용하거나 공식을 사용하여 결정된다. 측정의 처음 이해는 측정단위에서 출발한다. 단위의 선택은 임의적이지만 넓이의 단위는 넓이를 측정할 때, 무게의 단위는 무게를 측정할 때 선택한다. 또, 부피를 측정할 때도 욕조는 큰 단위, 찻잔의 부피는 적은 단위를 사용하고 이후 표준단위로 들어간다. 측정에서는 어림 개념이 자주 쓰이고, 이 개념은 실생활을 이해하는 데 중요한 것이다.

교수 요목에 있는 각의 측정도 선분의 측정과 비슷하다.

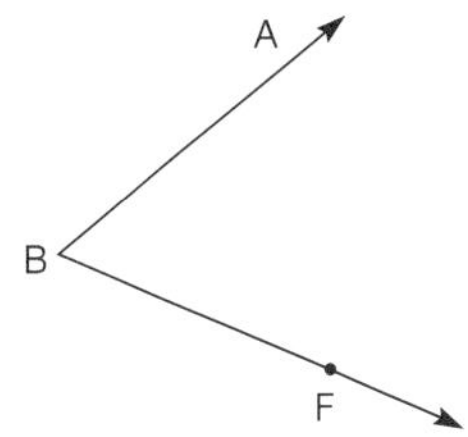

오른쪽은 두각 $\angle ABF$, $\angle DCH$를 나타낸 그림이다.

직관적으로 보면

$\angle ABF$는 $\angle DCF$보다 크다라고 말할 수 있다.

이를 설명하면 $\overrightarrow{BA}$, $\overrightarrow{CD}$를 시계의 짧은 바늘이라 하고, $\overrightarrow{BF}$와 $\overrightarrow{CA}$를 긴바늘이라고 하면 첫 번째 각에서

긴바늘이 두 번째 각보다 더 멀리 갔다고 볼 수 있기 때문에 위와 같이 말할 수 있을 것이다. 그러니 좀 더 엄밀히 이야기하면 단위 각도 (1°)를 정하고 컴퍼스를 이용하여 단위의 수를 쓰고 비교할 수 있다.

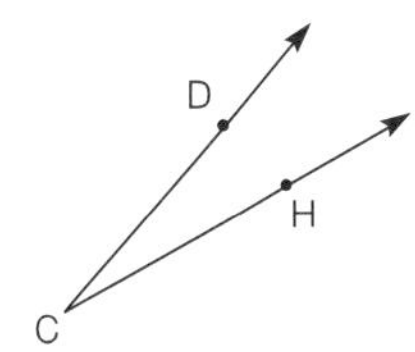

• **성질 13** : 도형으로 임의의 각에 오직 양수 하나가 맺어진다. 이 수를 각도라 한다.

이러한 각의 정의로부터 두 직선이 직교하는 경우, 서로 교차하는 경우 등에 대하여 여러 성질을 얻을 수 있다. 현행 교육과정에서 제시한 기초가 되는 교수요목을 나열하면 다음과 같다.

3 직사각형과 정사각형의 넓이

① 넓이를 이해하고, 1㎠의 단위를 안다.

② 직사각형과 정사각형의 넓이 구하는 방법을 이해하고, rm 넓이를 구할 수 있다.

4 어림하기

① 이상, 이하, 초과, 미만의 뜻을 알고, 수의 범위를 나타낼 수 있다.

② 반올림, 올림, 버림의 의미를 알고, 이를 생활에 활용할 수 있다.

1 평면도형의 넓이

① 평행사변형, 삼각형, 사다리꼴, 마름모의 넓이 구하는 방법을 이해하고, 그 넓이를 구할 수 있다.

2 여러 가지 단위

① 무게의 새로운 단위를 알고, 무게 단위 사이의 관계를 이해한다.

② 넓이의 새로운 단위를 알고, 넓이 단위 사이의 관계를 이해한다.

1 원주율과 원의 넓이

① 원주율을 이해한다.

② 원주와 원의 넓이 구하는 방법을 이해하고, 이를 구할 수 있다.

2 겉넓이와 부피

① 직육면체와 정육면체의 겉넓이 구하는 방법을 이해하고, 이를 구할 수 있다.

② 부피를 이해하고, 1㎤, 1㎥의 단위를 알며, 단위 사이의 관계를 이해한다.

③ 직육면체와 정육면체의 부피 구하는 방법을 이해하고, 이를 구할 수 있다.

④ 부피와 들이 사이의 관계를 안다.

위에서 잠깐 이야기 한대로 측정활동은 학생들이 사회활동에서 매일 접한 개념이다. 건축물, 과학, 디자인과 광고, 스포츠와 소비활동에서 수와 연산 못지않게 측정은 생활의 중요한 수단으로 모든 사람에게 전달되며 측정활동은 통계와 직접연결이 된다. 학생들은 효율적으로 측정하려는 욕심이 있고, 직사각형의 넓이를 재는데 단위를 일일이 세는 활동을 넘어 규칙(공식)을 발견하려한다. 이를 통하여 개념과 개념간의 연결과 탐구가 이루어진다.

길이와 같이 면적이라는 함수, 즉 면적함수 $A : M \rightarrow R^+$, $M =$ 다각형 영역(면)의 집합, R^+는 양의 실수를 생각할 수 있다. 다만 다각형영역(면)은 내부가 있는 원과 같은 다각형을 말한다.

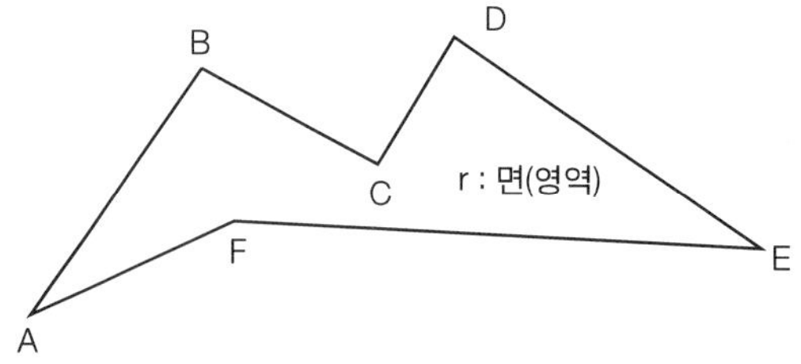

(1) $r_1, r_2 \in R^+$ 이고 r_1이 r_2와 같다면 $A(r_1) = A(r_2)$

(2) 도형 S_1이 정사각형이고, 한 변의 길이기 1이면 $A(S_1) = 1$.

마찬가지로 넓이도 단위 넓이를 가로, 세로가 1인 정사각형으로 한다.

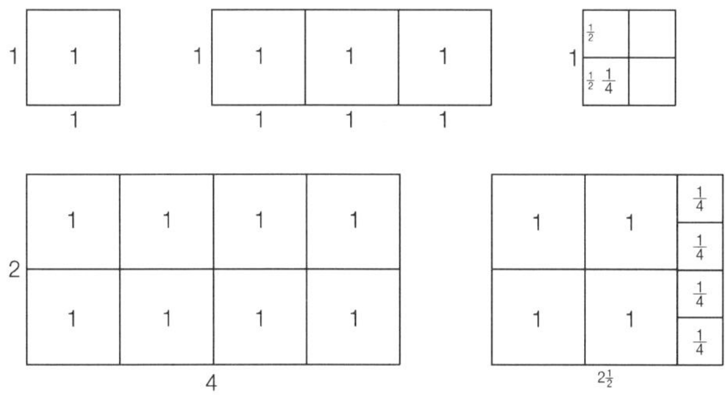

교육과정에서 취급하는 넓이는 직사각형, 삼각형, 평행사변형, 마름모, 정다각형이고, 이들의 넓이를 구하는 공식도 쉽게 얻을 수 있다. 그러나 원의 넓이는 이해하는 데 어려움이 있다. 원의 넓이는 어림값에서부터 출발하는 것이 바람직하다.

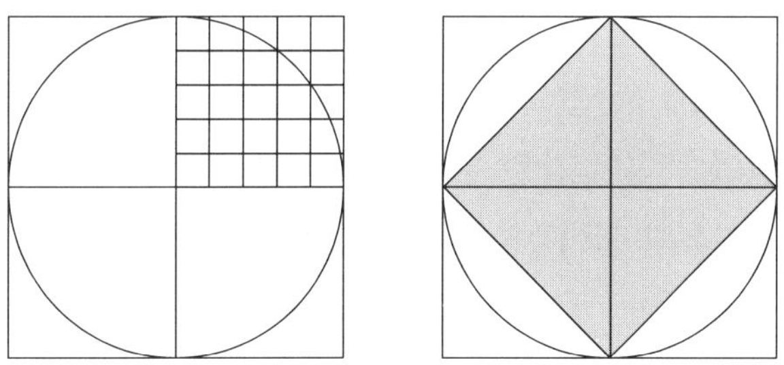

그림과 같이 원의 반지름을 5단위라면 두개의 그림으론 원의 넓이를 어림할 수 있다. 왼쪽그림에서 원의 넓이는 원에 외접하는 정사각형의 넓이 $4 \cdot 5^2$ 제곱단위보다는 작고, 오른쪽 그림에서 원내부에서 접하는 정사각형 넓이 $2 \cdot 5^2$ 제곱단위보다는 크다. 반지름을 r단위라 하면

$$2r^2 < \text{원의 넓이} < 4r^2$$

인 관계를 가진다. 좀 더 그럴듯한 어림값을 산출하기 위해서는

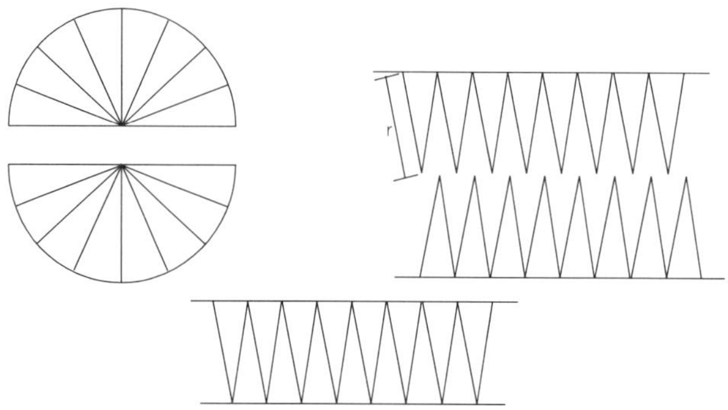

그림과 같이 잘게 쪼개는 방법을 쓴다. 각 조각의 길이는 원의 반지름 r단위이고 윗변의 길이와 아랫변의 길이는 각각 πr단위이다. 좀 더 잘게 조각을 내면, 이를테면 백만번 조각을 낸다고 생각하면 세로 r단위, 가로 πr단위인 직사각형이 됨을 상상할수있다. 즉, 원의넓이를 짐작할 수 있다.

$$\pi r^2$$

여기서 π는 어떤 수를 나타내는 기호로 어림값으로 3.1416 또는 $3\frac{1}{7}$로 나타내지만, 사실은 반복되지 않은 무한소수이다. 그러면 π는 어떻게 정의할까?

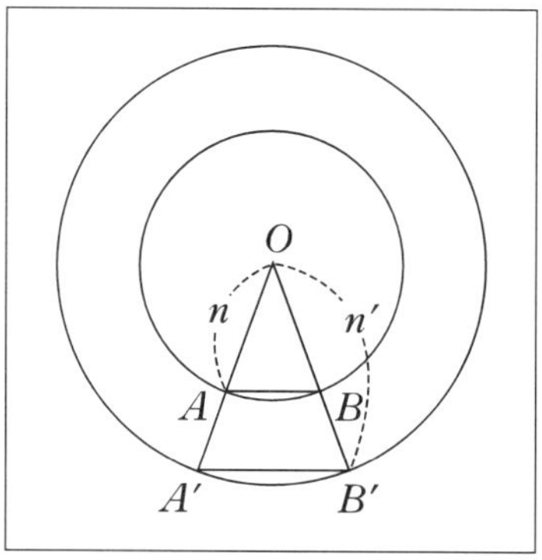

오른쪽 그림은 원의 중심이 같은 두 원을 나타낸 것이다. 두 원의 반지름의 길이는 각각 n, n'라 하면 삼각형의 닮음에 의하여

$$\frac{m(\overline{AB})}{n}=\frac{m(\overline{A'B'})}{n'}$$, $m(\overline{AB})$는 길이를 의미

비례의 성질에 의하여 양변에 $\frac{n}{2}$를 곱하면

$$\frac{n\cdot m(\overline{AB})}{2\cdot n}=\frac{n\cdot m(\overline{A'B'})}{2\cdot n'}$$

위의 식에서 $n \cdot m(\overline{AB})$는 작은 원에 내접한 다각형의 둘레이고, $2 \cdot n$은 작은 원의 지름, $n \cdot m(\overline{A'B'})$은 큰 원에 내접한 다각형의 둘레, $2 \cdot n'$는 큰 원의 지름이다. 따라서 방정식

$$\frac{n \cdot m(\overline{AB})}{2 \cdot n} = \frac{n \cdot m(\overline{A'B'})}{2 \cdot n'}$$

는 원의 크기에 상관없이 (원에 내접한 정다각형의 둘레의 길이) / (원의 지름)이 일정함을 나타낸다. 만일 n이 한없이 커진다면 정다각형의 둘레는 원에 가깝게 접근한다. 좀 더 엄밀하게 말하면 다각형의 둘레에 대한 수열을 만들 수 있고, 이 수열의 Lub(최소상계)는 원둘레가 된다.

$$\frac{\text{작은원의 둘레}}{\text{작은원의 지름}} = \frac{\text{큰원의 둘레}}{\text{큰원의 지름}} = \pi(\text{상수})$$

이때, π는 임의의 원의 둘레를 그것의 지름으로 나눈 비이다. 지금부터 π를 계산하여 보자.

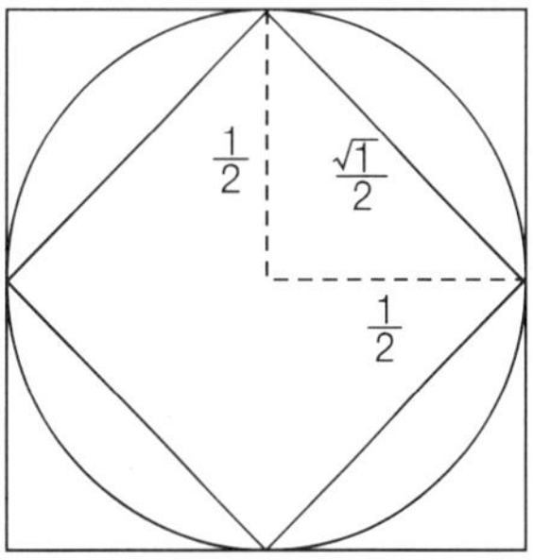

그림에서 $2\sqrt{2} < \pi < 4$ 또는 $2.82 < \pi < 4$이고, 원에 내접하는 정다각형을 늘려 팔각형으로 하면 다각형의 한 변의 길이 S는

$$S = \sqrt{(\frac{\sqrt{2}}{4})^2 + (\frac{2-\sqrt{2}}{4})^2}$$

$$= \sqrt{\frac{2}{16} + \frac{4-4\sqrt{2}+2}{16}}$$

$$= \sqrt{\frac{2-\sqrt{2}}{4}} = \frac{1}{2}\sqrt{2-\sqrt{2}} \quad \text{(그림참고)}$$

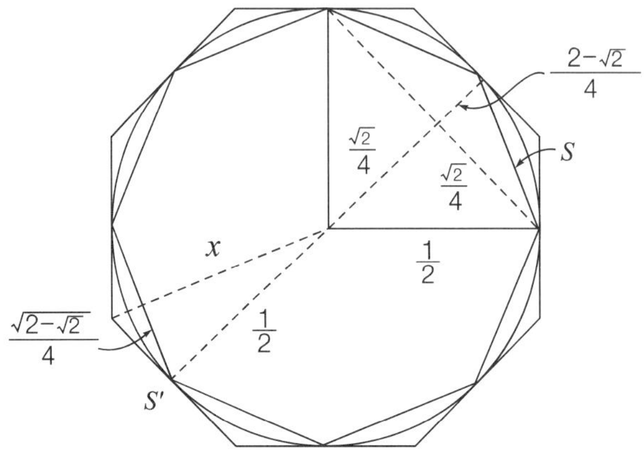

따라서 정다각형의 둘레는 $8\times(\frac{1}{2}\sqrt{2-\sqrt{2}})$이고, 이를 어림하면

$$4\times(0.7654)\fallingdotseq 3.06$$

또, 외접해있는 정팔각형의 한 변의 길이를 S'라면

$$\frac{\frac{S'}{2}}{\frac{\sqrt{2-\sqrt{2}}}{4}}=\frac{\frac{1}{2}}{x},\quad x=\sqrt{(\frac{1}{2})^2-(\frac{\sqrt{2-\sqrt{2}}}{4})^2}$$

S'를 어림하면

$$\frac{S'}{2}\fallingdotseq 0.2071$$

따라서 외접하는 정8각형의 둘레는 $16\cdot(\frac{S'}{2})\fallingdotseq 16(0.2071)=3.31$이고, π의 값은 $3.06<\pi<3.3$과 같이 나타낼 수 있다.

π의 값을 구하려는 인류의 노력도 일찍 시작되었다. 고대에는 π값을 3으로 생각하다가 파피루스에는 $\pi=(\frac{4}{3})^4=3.1604\ldots$와 같이 제시되기도 했다. 과학적인 계산으로 아르키메데스가 B.C 240년경에 π는 223/71 과 22/7 사이에 있음을 알렸고, 이후 400년후 알렉산드리아에서 π의 어림값으로 3.1416까지 계산했다.

A.D 480년경에 중국에서는 355/113으로 계산했고, 이를 소수로 나타내면 3.1415929...이다. 다시 A.D 1150년경 힌두에서는 π의 값을 3927/1250로 생각했다.

Chapter 6
연습문제

PART I 학생들이 자주 범하는 오류에 답하여라.

01. 직선을 배우는 한 학생이 “선생님 $\frac{1}{2}+\frac{1}{2}=1$이므로 두 반직선은 직선을 결정하지요?” 라고 질문을 한다. 이에 대한 여러분의 대답은?

02. 삼각형의 합동을 배우는 학생이 어느 날 선생님께 “삼각형의 합동에서 합동은 같다는 뜻이지요?”라고 묻는다. 이에 대한 여러분의 대답은?

03. 오른쪽은 다각형인가? 다각형의 정의를 말하여라. 또, 그림의 A에서 기존 선분에 있지 않은 새로운 선분을 추가했을 때, 새로 생긴 도형도 다각형인가?

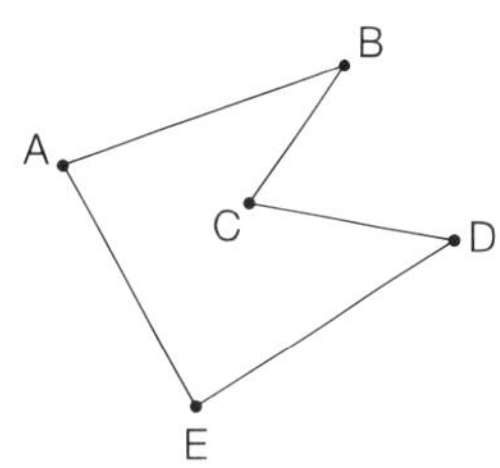

04. 초등학교 2~3학년의 교실에서 어떤 학생이 칠판에 구멍이 생긴 선분을 가진 삼각형과 비슷한 도형을 그리고 동료들에게 “삼각형 ABC또는 $\triangle ABC$가 말할 수 있을까?”라고 말한다. 여러분의 대답은?

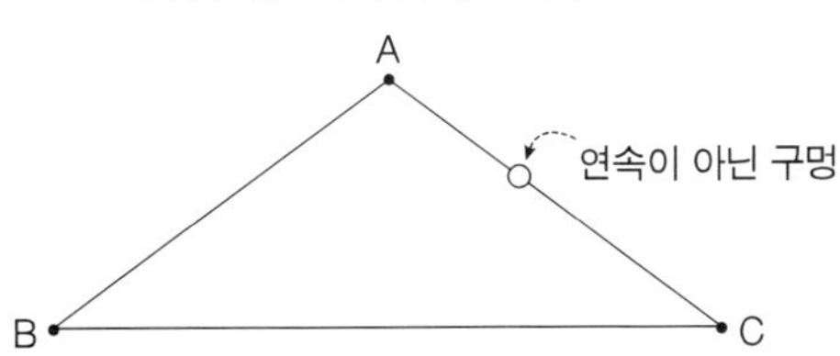

05. 기하시간에 용어에 대해 혼동한 한 학생이 선생님께 다음과 같은 질문을 한다. "선생님, 다각형과 다면체의 용어차이가 있는가요?" 이 학생에게는 그림만 보여주고 서로 다르다고 말하기보다 수학적인 용어정의를 해주어야한다 서로 정의를 비교하여라.

06. 선생님이 칠판에 그림과 같은 도형을 그리고 학생들에게 "그림의 도형은 다각형일까요?"라고 물어본다. 학생들은 다각형이라고 대답하는 학생과 그렇지않다라고 대답하는 학생이 반반이다. 여러분은 이 교실상황을 어떻게 해결하겠는가?

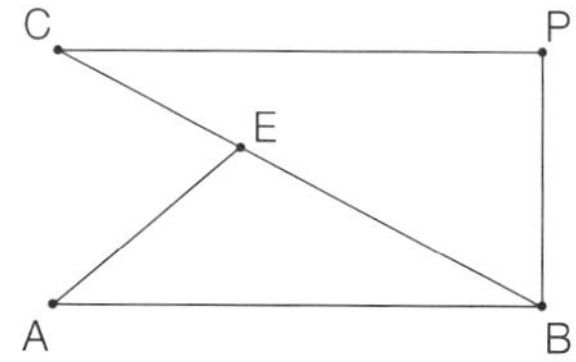

07. 각을 배우는 학생이 친구들 앞에서 다음과 같은 주장을 한다. "내가 그린 다음 직선위의 각에서 $a+b+c+d=180$이다" 이 학생은 옳게 주장했는가?

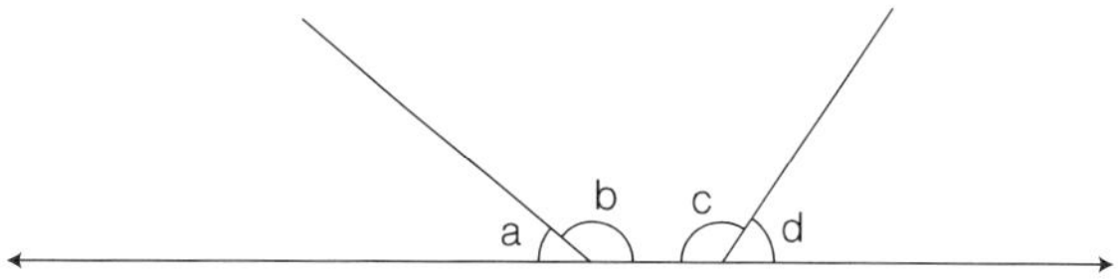

08. 수학사에서 3가지 작도 불가능한 주제를 읽을 수 있다. 3가지를 나열하여라.

09. 학생이 원에 대한 설명을 듣는 도중 다음과 같은 질문을 한다. "선생님 오른쪽 원의 내부도 면이(region)라고 말할 수 있습니까?

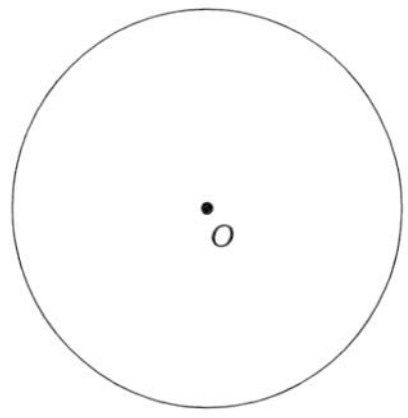

PART II 다음 수학교육에 관련된 문제를 해결하여라.

01. 수학과 교육과정은 문제해결 전략으로 '그림그리기', '예상과 확인', '표 만들기', '규칙성 찾기', '반례 들기'등을 들고 있다. 다음 [문제]를 통하여 가장 효과적으로 지도할 수 있는 문제해결 전략을 위의 예에서 한 가지 지적하시오.
또 [문제]를 풀고, 그 전략을 어떻게 사용하였는지 풀이 과정을 밝히시오.

> 그림과 같이 세 개의 기둥과 크기가 서로 다른 4개의 구멍 뚫린 원판이 있다. 다음 규칙에 따라 기둥 1에 있는 4개의 원판을 다른 한 기둥으로 모두 옮기려고 한다. 이때, 기둥 3개를 모두 이용할 수 있다. 최소 몇 번의 이동으로 가능하겠는가?
>
> 규칙 1 : 한 번에 한 원판만 다른 기둥으로 옮길 수 있다.
> 규칙 2 : 작은 원판 위에 큰 원판을 놓을 수 없다.
>
> 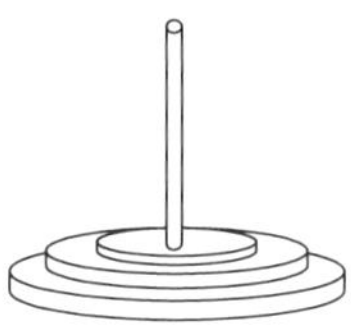

02. 수학적 개념이나 원리를 지도할 때 시각적 모형(Visual model)을 사용하기도 한다.

(1) 시각적 모형이 교수-학습 과정에 도움이 되는지 그 이유를 간략히 설명하시오.

(2) 325-296을 지도할 때 도움이 도는 시각적 모형을 한 가지 제시하고, 그 모형을 설명하시오.

03. 교실에서 발전적 사고는 대상을 고정적, 종국적으로 보지 말고 끊임없이 새로운 것으로 창조하는 또는 발전해나가는 생각이다. 이를테면, 이미 통합한 것을 보다 넓게 활용한다든지, 어떤 문제의 답을 구하고 보다 일반적인 정리 또는 사실을 발견하는 것이다. 다음 기하판에 직사각형을 그리고 이어서 삼각형의 넓이를 유도하여라.

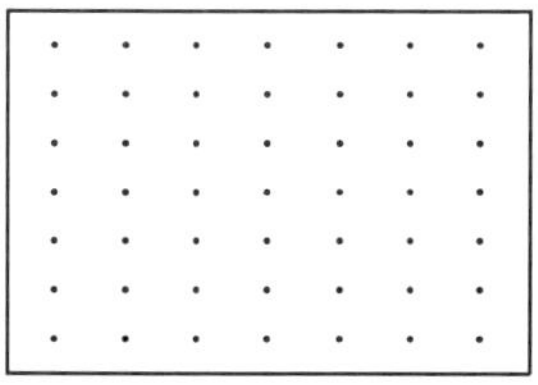

04. 다음은 현행 교육과정에서 기하영역에 있는 교수요목을 복사한 것이다.

> [1] 각과 여러 가지 삼각형
>
> ① 이등변삼각형과 정삼각형을 이해한다.
>
> ② 예각과 둔각의 뜻을 알고, 예각삼각형과 둔각삼각형을 이해한다.
>
> [2] 다각형의 이해
>
> ① 수직과 평행의 관계를 이해한다.
>
> ② ( )의 개념을 알고, 그 성질을 이해한다.
>
> ③ 간단한 다각형과 정다각형을 이해한다.
>
> ④ 주어진 도형으로 ( )
>
> ⑤ 주어진 도형을 ( )

(1) 위의 ( )안에 알맞은 말을 써라. 단, 처음은 5개 평면도형, 둘째는 문양만들기, 셋째는 면적과 관련있다.

(2) 마름모, 직사각형, 정사각혀의 정의를 써라.

(3) 현행 초 · 중등교육과정에서 넓이의 개념을 어떤 순서로 완성하는지 교수요목을 나열하여라.

Chapter 7

문제해결의 학습

01

기본 이론

교사는 수업에서 학생들을 이해시키는 것이 현실적인 고민이다. 90년대부터 수학의 이해를 다시 생각해보자는 운동이 일어나면서 이해교육은 문제해결에서 찾아야 한다는 운동이다. 두 자리의 수와 자릿값의 이해, 두 자리 수의 계산 또는 기능 훈련 등을 따로 배우는 것이 아니고, 문제해결 속에서 생각하면서 이들을 배운다는 것이 보편적 생각이다. 전통적인 수업에서는 연산을 때로는 암기하면서 반복학습을 통해 익히고 이 과정을 문장제 또는 문제해결의 과제에 이들을 적용한다. 따라서 학생들은 복합적인 문제상황에서는 어떤 연산을 택하고 어떤 과정을 구상하고, 또 이들을 어떻게 포함하여 문제해결을 해야하는지 잘 모른다. 바로 이러한 약점을 극복하기 위하여 문제해결을 통해 계산 또는 기능활동, 개념이해활동, 문제해결활동을 통합적으로 생각해야한다. 이들 관점을 정리하면 다음과 같다.

(1) 문제해결을 통해 계산 또는 기능을 연습한다. 계산연습은 문제해결에서 더욱 효과를 가진다. 여러 계산을 서로 분리한 상태로 연습하는 것은 각각의 계산을 반복하고 일부기억을 하는데 도움을 줄 수 있으나, 학생들이 생활을 하면서 여러 계산을 통합적으로 실행하는 과정이 중요하다는 것이다. 다음 문제를 풀어보자.

> 오른쪽 그림의 밑변에 6개의 행을 더 그어서 만들었을 때 작은 삼각형이 모두 몇 개가 되는가?
>
> 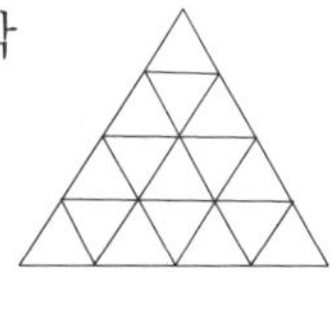

여기에는 여러 계산 또는 기능 훈련이 복합적으로 작용한다. 먼저 각행에는 몇 개의 삼각형이 있는지 세어보고, 1행의 삼각형의 수 1, 2행의 삼각형의 수 3, … 10행의 삼각형의 수 19

따라서 삼각형의 개수를 구하는 덧셈과 곱셈은 다음과 같다.

$$1+3+5+\ \cdots\ +17+19=20\times5=100$$

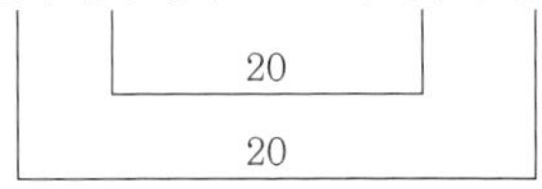

위의 문제해결은 세기, 덧셈, 곱셈이 복합적으로 실행되는 예이지만, 이보다 훨씬 복잡한 구조를 가진 문제해결도 있다. 다음을 보고 어떤 계산 활동이 네트워크로 짜여 있는지 조사해보자.

> $2^{16}-1$은 네 개의 소수로 나누어진다.
> 이들 수를 찾아라.

이 문제를 풀기 위해서는 $(2^2-1)(2^2+1)(2^4+1)(2^8+1)$과 같이 생각한다.

둘째는 새로운 아이디어 / 문제형태는 문제해결을 통해 익숙해진다. 위의 두 문제를 해결하는 과정에서 학생들 몇 개의 수학의 아이디어를 얻었다. 즉, 패턴, 재미있는 통찰 (1, 3, 5, … 10의 덧셈공식), $2^{16}-1$을 인수분해하기, 소수 등이다. 또, 다양한 문제해결의 기법을 배운다는 것은 학생이 앞으로 생활에서 어려운 과제를 해결할 힘을 더해준다. 이러한 능력은 한 종류의 문제만 수십번 반복훈련하는 것과는 근본적인 차이가 있다. 다음은 야구장에서 일어난 문제이다. 종목이는 오른쪽투수와 왼쪽투수에 대항하여 타율이 종호보다 높다. 그러나 한꺼번에 보면 오히려 종호가 타율이 더 높다. 이 시나리오가 옳은지 실제 예를 들어라.

학생들은 교실에서 흔히 볼 수 없는 이 문제를 대할 때, 제일 먼저 손을 대는 학생은 다양한 종류의 문제를 푼 학생일 것이다. 이 해법은 다음과 같다.

오른쪽 투수에 대항한 타율

	안타수	타수	타율
종목	9	10	0.90
종호	8	10	0.80

왼쪽투수에 대항한 타율

	안타수	타수	타율
종목	2	12	0.167
종호	0	2	0.000

왼쪽투수와 오른쪽 투수에 대항한 타율

	안타수	타수	타율
종목	11	22	0.500
종호	8	12	0.667

셋째는 문제해결을 통해 전이를 학습한다. 앞에서는 전이에 대한 이론가들의 연구내용을 읽었다. 한마디로 학습의 전이는 한 상황에서 학습한 것이 다른 상황에서도 적용되는 것을 의미한다. 사람에 따라 수학교과서에서 배운 어떤 개념이 교과서의 여러 문제해결로 전이하는 것을 바람직한 학습으로 보는 사람도 있고, 학교에서 배운 것이 실생활의 문제해결에 전이되는 것을 바람직한 전이라 생각하는 사람도 있다.

다음 (1), (2), (3)의 문제해결은 모두 십진기수법으로 나타낸 수에서 자릿값의 개념이 들어있는 문제이다. 우리가 관심을 가지는 것은 (1)번을 풀면서 이용한

(1) 집합 {100, 101, 102, 103, ⋯, 999}에서 2, 5, 7 또는 8을 포함하지 않는 수는 몇 개인가?

(2) 100에서 999까지의 3자리 정수 중에서 임의로 하나를 꺼낼 때 그 수가 완전제곱(a^2)일 확률은 얼마인가? 답 $\frac{22}{900}=\frac{11}{450}$

(3) 어떤 X에 대한 3진법의 수를 나타낸 결과가 1 2 11 22 111222 1111 2222 이다. 이수를 다시 9진법으로 나타낼 때 제일 큰자리의 수(맨 왼쪽자리의 수)는 얼마인가?

자릿값의 개념이 (2),(3)에 전이가 될까? 하는 질문이다. 모든 교실에서 교사가 원하는 바는 이러한 전이가 교실의 모든 학생에게 있기를 바란다. (1)을 계산하면,

100의 자리수 – 1, 3, 4, 6, 9
10의 자리수 – 0, 1, 3, 4, 6, 9
1의 자리수 – 0, 1, 3, 4, 6, 9

따라서 $5 \times 6 \times 6 = 180$(개)

풀 수 있는 학생은 10진기수법의 원리에 의하여 자릿값의 개념 $1, 10^1, 10^2, 10^3, \cdots$을 이해하고, $3254 = 3 \times 10^3 + 2 \times 10^2 + 4 \times 10 + 5$를 이해한다. 이 학생의 지식이 (3)을 푸는데 전이가 될까? 하는 의문이 있다. 쉬운 전이는 아니다. (1)은 10진수기법으로 나타낸 수들이고 (3)은 3진법, 9진법으로 나타내는 수이기 때문에 10진법에서 자릿값의 개념이 다른 진법으로 전이 되는 문제는 교실에서 어떻게 연습하느냐?에 달려있다. 그런데 전이는 문제해결을 통해서 가능하다는 점이다.

브라운웰(1942)은 "개념과 문제해결의 기법은 많은 문제해결을 통해 연습할 때 유용해진다"라고 말했다. 그에 의하면 수학의 다양한 분야에서 한 문제해결은 전이를 강화하여 준다.

넷째는 문제해결을 통해 동기유발이 지속된다. 고등학생들은 저학년에서 문제해결에 취약했다가 어떤 시기에 어려운 문제를 성공적으로 풀게 됨으로서 수학은 보는 눈이 달라졌고, 문제해결에 자신감을 가지는 경험을 한 번씩을 가진다.

> $4^{20} + 4^{20}$을 간단히 하여 2^x 모양으로 나타내어라. x의 값을 구하여라.

초등학교 6학년 학생도 지수법칙을 익히면 도전해 볼만한 좋은 계산형 문제해결이다. 교사의 간단한 지수법칙에 대한 설명을 듣고 위 문제를

$$
\begin{aligned}
4^{20}+4^{20} &= (2^{2})^{20}+(2^{2})^{20} \\
&= 2^{40}+2^{40} \\
&= 2(2^{40}) = 2^{41},\ \ x=41
\end{aligned}
$$

과 같이 풀었다면 이 학생은 문제해결에 자신감과 의욕을 가질 것이다.

문제, 문제종류

앞에서는 문제해결은 수학과 교육과정의 스타라고 했는데, 이 스타가 가지는 첫 번째 가치는 좋은 문제이다. 교실에서 문제와 연습을 자주 대한다. 두 가지 모두 문제점보다 질문이 있지만 문제를 정의하는 사람들은 엄격히 구분한다. 문제는 (1)문 마지막 목표(질문)가 있고, (2) 해를 위한 뚜렷한 경로를 발견 할 수 없는 수학적 상황을 의미한다. 반면 연습은 해결자가 이미 해의 알고리즘을 알고 있는 상황으로 정의 한다. 다음을 보자.

> 원 모양의 양궁 과녁은 5개의 동심원으로 만들어졌다. 한가운데 작은 원에 화살이 들어가면 13점이고, 차례로 11점, 5점, 3점, 2점이다. 화살을 쏘아서 얻은 점수의 합이 꼭 150점이 되는데 필요한 화살의 최소개수를 구하여라.
>
> 답 12(9×13+3×11=150)

초등학교 6학년 학생에게는 문제가 될 수 있지만 중학교 3학년 학생에게는 연습인 상황이 될 수 있다. 다음과 같은 계산형의 상황도 6학년 학생들에게는 문제가 될 수 있다.

$$
\begin{array}{r}
\mathrm{P}\ \mathrm{Q} \\
+\ 4\ 7 \\
\hline
7\ 3
\end{array}
\qquad\qquad
\begin{array}{r}
\mathrm{M}\ \mathrm{M} \\
-\ \ \ 8 \\
\hline
3\ \mathrm{N}
\end{array}
$$

문자에 알맞은 숫자를 넣어라.

학생들에게 앞으로 수학을 하든 또는 이 세상을 살아가는 중에 수학에 관련된 실생활의 과제를 해결하는데 도움을 주기위해 학교에서는 좋은 문제를 선택하려한다. 다음 4가지 유형이 학생들에게 유익한 문제라고 알려졌다.

하나는 수학의 많은 개념과 계산 또는 기능이 들어있는 문제이다. 수학의 가장 의미있게 공부하는 길은 잘 짜여진 개념의 연결망(네트워크)을 조직하여 기억하는 것이다. 이러한 연결망은 많은 문제해결을 통해 얻어지며 학교에서는 통합형 문제해결이라 한다.

$$\begin{aligned} 1995 &= 997 + 978 \\ &= 664 + 665 + 666 \\ &= 397 + 398 + 399 + 400 + 401 \\ &\cdots\cdots\cdots\cdots\cdots \end{aligned}$$

와 같이 1995는 연속된 양의 정수의 합으로 나타낼 수 있다. 가장 많은 연속된 정수의 합으로 나타내어라.

통합형 문제해결은 수학의 여러 영역인 대수, 기하, 산술, 해석 소재들이 통합되어 표현되는 경향이 있다. 따라서 학년이 높을수록 좋은 통합형문제를 만들 수 있어 개념의 연결망이 확대된다.

> 자연수 $n(n \geq 4)$에 대하여 $An = \{x \mid x$는 한 변의 길이가 1인 정사각형의 대각선의 길이$\}$라 하고, a_n을 집합 A_n의 원소의 개수라 하자 이때 $\sum_{n=1}^{25} a_n$의 값은?

하나는 일반화를 강조한 일반화형 또는 문제상황 변형이다.

알반화는 추상화의 확장으로 본다. 즉, 같은 성질로 묶인 류(Class)이 비슷한 성질을 가진 사건 또는 상황을 확장하는 것이다. 자연수에서 정수로, 정수에서 유리수로, 유리수에서 실수로 확장하는 예를 볼 수 있다.

> 길이가 a인 선분이 있다. 첫 번째 시행에서 이 선분을 3등분하여 중간부분을 버리고, 두 번째 시행에서는 첫 번째 시행의 결과로 남은 두 선분을 각각 3등분하고 중간부분을 버린다. 이와 같이 계속 할 때 20번째 시행 후 남은 선분의 길이의 합은? 또, n번째 시행 후 남은 선분의 길이의 합은?

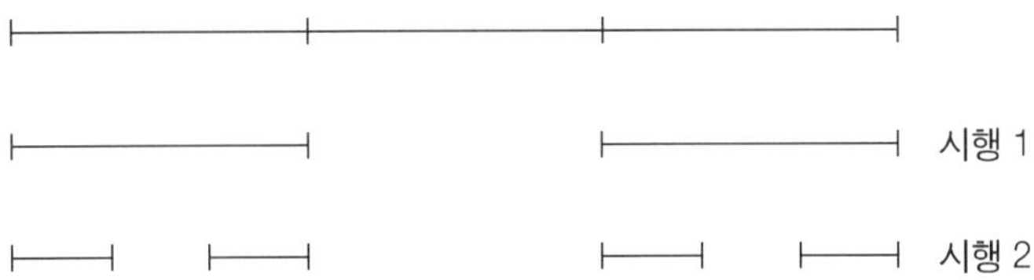

하나는 다양한 해법이 있는 문제이다. 수학에서 사고의 유연성을 길러주는 방법으로 다양한 해법이 있는 문제를 해결하게 한다. 앞에서 소개한 "다각형의 각변이 서로 수직으로 이어져있고, 28개의 모든 변의 길이가 같으며, 둘레의 길이는 56인 다각형의 넓이를 구하는 "문제에서 3가지 해법을 생각할 수 있다.

- 제 1 해법 – 다각형의 한 변의 길이를 S라면, $28S=56, S=2$ 따라서, 작은 정사각형의 개수는 25개이므로 $25S^2=100$
- 제 2 해법 – 7×7격자의 각 구석으로부터 $6S^2$크기의 도형 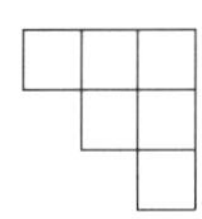 이 잘려나간다고 생각하면 (구하는넓이) $= 7\times7-6\times4)S^2 = 255^2 = 100$
- 제 3 해법 – 그림과 같이 다각형의 중심에서 가장 멀리 떨어진 4개의 사각형 a, b, c, d를 없애고 그것을 남아있는 움푹한지역 A, B, C, D에 채워 넣으면 5×5 정사각형이 된다.

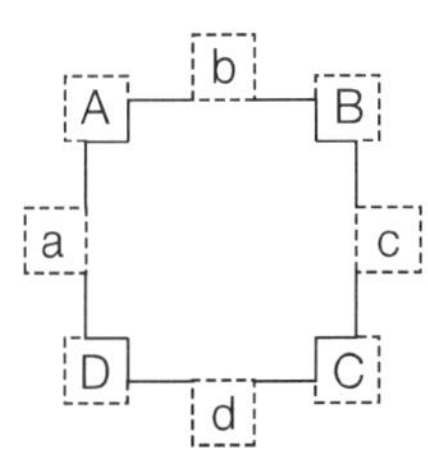

원래 다각형의 한 변의 길이는 $\frac{56}{28}=2$이므로 구하는 넓이는

$$(5\times5)\times(2\times2)=100$$

일반화 문제 중에는 문제상황을 산술적으로 해석한 후에 기호를 사용한 공식을 유도하는 문제도 있다.

> 6명의 학생과 A, B, C 세 명의 선생님이 한 줄로 놓인 9개의 의자에 앉으려한다. 학생들이 오기 전에 선생님이 먼저 자리를 잡으려고 하는데 세 선생님 모두 두 학생 사이에 앉도록 하려면 A, B, C 세 선생님의 자리를 정할 수 있는 방법의 수는?

이 문제는 어떤 공식이 없어도 산술적으로 해결할 수 있다. 양쪽 끝의 두 의자에는 학생이 앉아야 하므로 선생님은 중앙의 7개 의자 중 이웃하지 않는 3개의 의자를 선택해야한다. 이 의자들은 번호 순서에도 2, 3, 4, ⋯ 8이라 하면

① ② ③ ④ ⑤ ⑥ ⑦ ⑧ ⑨

이고, 선생님의 의자를 고려해보면 10가지 경우가 생긴다.

(2, 4, 6) (2, 4, 7) (2, 4, 8)
(2, 5, 7) (2, 5, 8) (2, 6, 8)
(3, 5, 7) (3, 5, 8) (3, 6, 8)
(4, 6, 8)

따라서 $6 \times 10 = 60$

이 해법은 구체적으로 의자를 숫자로 대신하여 문제의 구조를 파악한 다음 가능하게 나올 수 있는 방법이다. 이러한 이해가 끝나면 문제의 구조가 파악이 되어 다음과 같이 공식이 유도된다.

$${}_5P_3 = 5 \times 4 \times 3 = 60$$

하나는 실생활의 활용문제이다. 이 문제는 학생들이 실생활을 하는데 도움을 줄 수 있는 추상적인 문제가 아니다. 학생들은 학교를 졸업하면 대학 또는 실세계에서 변화하는 세계를 경험한다. 따라서 이들은 자발적인 문제해결의 경험을 통하여 이

들 세계에 적응하는 기술을 쌓아야한다. 이 기술에는 탐구하는 정신, 창의적인 생각이 항상 같이 있어야 한다. Butt(1980)는 이들 문제를 "문제서술 속에 실제해결을 위한 명확한 전략이 포함되지 않은 문제"로 규정한다. 다음은 NCTM(1993)이 제시한 문제이다. 이들 문제의 특징은 학생이 필요하면 여러 정보를 추가하면서 문제를 완성하는 경우가 대부분이다.

공장을 지을 때 자료, 기계 및 장비들을 놓을 위치를 잘 정하면, 공사기간에 그만큼 비용이 적게 든다. 마찬가지로, 기존의 공장에서도 기계를 놓을 곳, 제품을 쌓아두는 곳, 원자재를 놓은 곳 등을 잘 정하면 원가가 절감이 된다. 다음 문제를 보자. 어느 공장에 4대의 기계가 다음 그림과 같이 일렬로 배열되어 있다. 지금 새로운 포장기계 한 대를 구입하여 전에 있던 기계 사이에 설치하려 한다. 이때, 전에 있던 기계에서 생산된 제품을 새 포장기계로 포장해야 하기 때문에 각 기계와 포장기계 사이의 거리의 총합은 최소가 되게 하려고 한다. 새로운 기계를 어디에 설치해야 하는가?

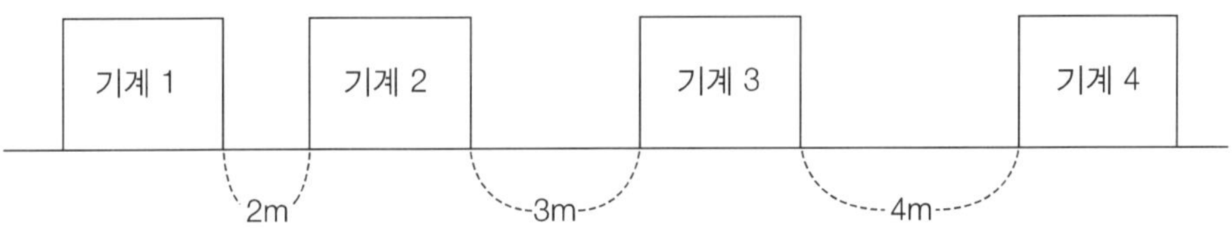

학교에서 문제해결 시간을 정기적으로 운영한다면 이를 4가지 유형의 문제는 기본문제와 유사문제의 세트로 학생들에게 보인다. 여유가 있는 교실이라면 추론 및 증명문제도 빼놓을 수 없는 소재이다. 현행교육과정서는 종합적 증명이 중학교 2학년부터 도입되므로 그 전에는 추론문제를 다룬다.

(1) 윤숙이, 윤옥이, 윤정이 세 소녀가 각각 2개의 배를 먹는다. 6개의 배는 모두 다른 종류인데 품명은 아리, 보미, 바니, 캐리, 카랑 세미를 각각 한 개씩이다. 세 소녀 중 한명은 같은 자음 또는 모음 (ㅂ, ㅂ)으로 시작되는 배를 두개 먹고, 윤숙이는 바나나를 먹지만 세미는 먹지 않는다. 또, 윤정이는 카랑을 먹는다. 세 소녀는 각각 어떤 품종을 먹는가?

(2) 두 대의 기차가 같은 트랙에서 640km 떨어져 서로 마주보고 있다. 하나는 110km/시간으로 달리고, 다른 하나는 146km/시간으로 달린다. 출발과 동시에 움직이는 물체사이를 26km/시간의 속력으로 이리저리 왔다갔다할 수 있는 초능력 파리를 열차와 열차시에 풀어 놓았다. 열차가 부딪칠 때 까지 파리는 얼마만큼 날았겠는가?

문제의 재진술과 발견술

좋은 문제를 학생들이 쉽게 풀 수만 있다면 학교의 문제해결의 목표는 쉽게 달성되고, 교사의 지도 기술은 빛이 난다. 그런데, 학생들은 처음 본 문제를 무척 어렵게 생각하며 해의 방법이 쉽게 떠오르지 않는다고 불평한다. 학생들 간에는 분명 문제를 해결하는 기술이 뛰어난 학생도 있지만, 반대인 경우도 많아 교사가 이들을 위해 매번 문제의 해법을 설명해야 하는 일이 자주 발생한다. 1930년 이래 연구된 문제해결을 보면 스스로 문제 해결을 잘하는 학생의 특징과 이들을 훈련시키는 방법도 보고되고 있다. 먼저 문제의 재진술이 성공적이고 문제해결에 크게 영향을 준다는 것이다.

문제의 재진술은 학생들이 주어진 문제가 읽기 어렵고 이해하기 힘들 때 자기 용어에 알맞게 문제를 다시 진술하는 방법이다. 문제를 해결하는 동안 학생들은 그들이 가진 지식의 구조에 새로운 정보를 연결하여 전에 가지고 있는 구조를 수정하고 확장시킨다(Silver,1990). 이 과정에서 자신이 알맞게 문제를 다시 표현한다. 다음은 중학교 1학년 학생이 문제를 재진술하여 지식의 구조를 파악하는 과정을 실험한 것이다.

둘레가 500m인 연못을 A, B 두사람이 자전거로 돌면 1분40초, 반대방향으로 돌면 20초 만에 만난다. 이때 빠른 사람의 속력을 구하여라.

연구자 : 여러 번 읽어 보세요.
학 생 : 예
연구자 : 문제가 무었을 구하라고 했어요.
학 생 : 빠를 사람의 속력을 구하라고 하는 문제인데... 그런데 잘 모르겠어요.

연구자 : 다시 문제를 써보자. 다음 그림을 보며 선생님이 설명하지...
(연구자가 그림을 그려가며 문제를 제 진술한다)

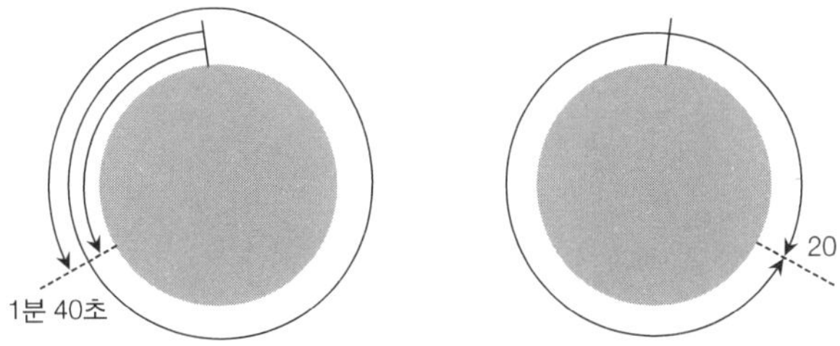

이제 문제 뜻을 알겠어요?

(잠시 시간이 흐르고........)

학 생 : 이렇게 하면 어때요....

$$100x - 100y = 500$$
$$20x + 20y = 500$$

(20일 후 비슷한 문제를 주고 가능하면 문제를 제 진술 하도록 했다.)

둘레가 1.5km 인 원 모양인 저수지를 형과 동생이 같은 지점에서 동시에 출발하여 같은 방향으로 돌면 15분 후에 처음으로 만나고, 반대 방향으로 돌면 3분후에 처음으로 만나다. 형이 동생보다 빠르게 뛴다고 하면 형과 동생의 속력은 각각 얼마인가?

학 생 : 지난번과 같이 풀 수 있어요.

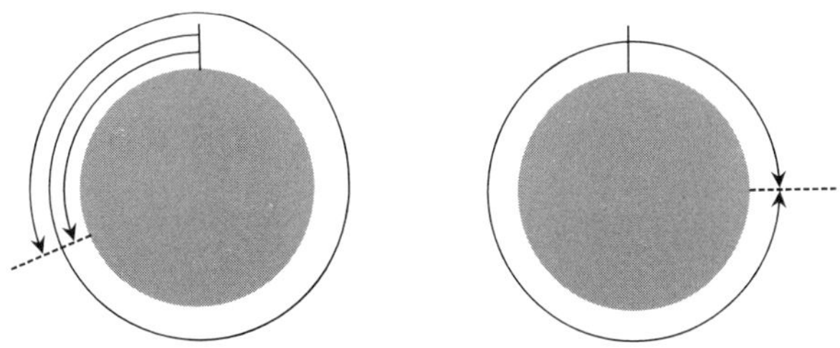

$$15x - 15y = 1500$$
$$3x + 3y = 1500$$

여러분은 문제 구조 파악을 위한 이들 권고가 교실에서 통할 수 있는 말이라고 보는가? 다음은 어느 학생이 보인 자신 만의 이해 방법이다. 어떤 특징이 있는가?

> 수직선 위의 두 점 $P(1)$, $Q(9)$를 잇는 선분 $\overline{PQ}$를 10등분하는 점의 좌표를 차례로 $x_1x_2x_3\cdots,x_0$라 할 때, $x_1+x_2+x_3+\ldots+x_0$의 값을 구하여라.
>
> 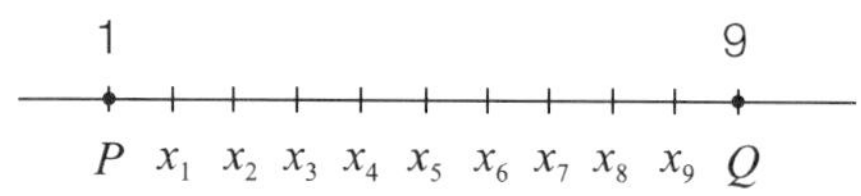
>
>
> 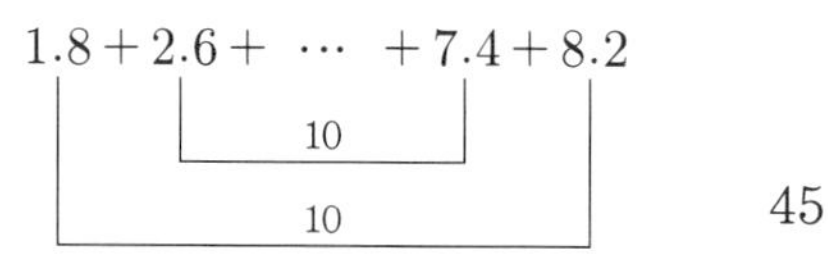
>
>
> 어떤 박테리아의 개체 수는 1시간 마다 r배 증가한다. 이 박테리아 1000마리를 관찰한 결과 4시간 후에 8000마리로 증가 하였을 때, 실수 r의 값을 구하여라.
>
> 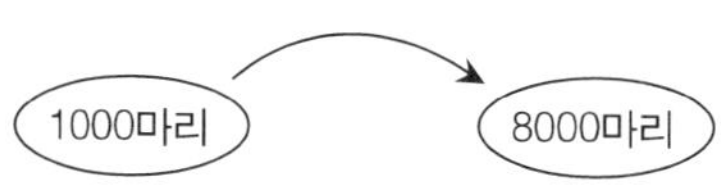
>
>
> 
>
>
> $1000r^4 = 8000$
>
> $r^4 = 8 \quad r = \sqrt[4]{8} = \sqrt[4]{2^3} = 2^{\frac{3}{4}}$

이 학생은 Silver(1979)의 관찰자료에서 보는 바와 같이 두 문제를 재진술(재표현)하여 두 문제의 구조를 쉽게 비교했다. 이러한 구조를 신속하게 비교한다는 것이 문제를 성공적으로 해결하는 학생들의 특징이다.

인터뷰가 끝난 후 얼마 있다가 이 학생에게 부등식의 활용문제를 주었다. 어떤 일이 일어났을까? 역에서 열차를 기다리는데 출발시간 까지 2시간 40분의 여유가 있어 이 시간을 이용하여 시속 6㎞를 걸어서 놀이터에 가려한다. 최소 1시간 이상 놀이터에서 놀려면 역에서 최소 몇 ㎞이내에 있는 놀이터를 이용해야 하는가?

그러나 이 학생이 이 문제를 대 했을 때 그림을 문제를 재진술하려 노력했지만, 스스로 완성하지 못하며 교사의 도움을 받아 완성했다. 이후 이 표현 모델을 보고 쉽게 부등식을 세울 수 있었다. 교사에 따라 학생들과 문제 구조를 파악하는 활동은 특색이 있다. 다음 예비교사인 한 대학생이 고등학생에게 문제구조를 파악하게 하는 방법이다.

그림과 같이 서로 평행하고 거리가 1 두 직선위에 간격이 1인 점들이 놓여 있다. 주어진 점을 꼭짓점으로 하는 삼각형 또는 사각형 위에 주어진 점이 n개 놓여 있을 때, 그 다각형의 넓이를 S_n 이라고 하자. S_n과 S_n+1의 관계는?

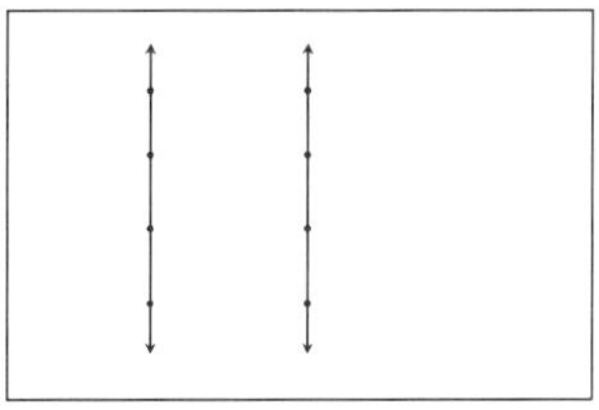

(1) S3 ?
(2) S4, S5, S6 은?
(3) S3, S4, S5, S6 의 값 사이에 어떤 패턴?
(4) S_n+1을 S_n으로 나타내면?

이 방법은 문제구조를 잘 연결된 질문(힌트)을 주고 문제 구조를 파악하면서 해결계획도 탐구하게 하는 장점이 있다. 이 문제를 푼 학생은 곧 큰 아이디어(통찰)인 패턴인식을 쉽게 했다. Chace(1981)의 연구를 보면 숙련된 체스기사들은 체스판 위의 의미있는 패턴을 신속하게 인식하는 능력이 있다고 한다.

Polya(1957)는 일반적으로 문제해결에서 특정한 발견술의 가치를 강조한다. 이들 발견술에는 그림표를 그리기, 물리적 모델 만들기, 추측점검하기, 패턴(규칙성)찾기,

유추하기 등이 있는데 문제의 해법을 보장해주지는 않으면서 해법을 찾아가는데 유용한 방향을 제안하다.(Marshall, 1990) 학생은 문제를 해결하는데 표 그리기를 이용했다.

> 100kg의 옥수수를 100명에게 나누어주는데 남자에게는 3kg을, 여자에게는 2kg을 어린이에게는 0.5kg을 준다고 한다. 남자, 여자, 어린이는 각각 몇 명인가?

이 학생은 먼저 표를 그려 문제의 구조를 파악하는 과정부터 시작했다. 이 불완전한 표에서 그는 변수 M, W, C를 정하고, 표에 있는 패턴을 인식하여

$$3M + 2W + 0.5C = 100 \quad - \quad (1)$$

$$M + W + C = 100 \quad - \quad (2)$$

여기서 M, W, C의 정수를 생각했다. 이후의 식을 간략히 하여 앞에서 그렸던 불완전한 표를 완성하였다.

여자	0	5	10	15	20	25	30
남자	80	78	76	74	72	70	68
어린이	20	17	17	11	8	5	2

다음 문제는 한 학생이 추측과 점검을 이용하여 문제를 해결하는 과정을 나타낸 것이다.

> 좌표평면 위에 꼭짓점의 좌표가 (0, 0), (0, 3), (3, 3), (3, 1), (5, 1), (5, 0)인 L자 모양의 영역이 있다. 원점을 지나는 직선으로 이 영역의 넓이를 이등분 하려한다.
> 이 직선의 기울기는?

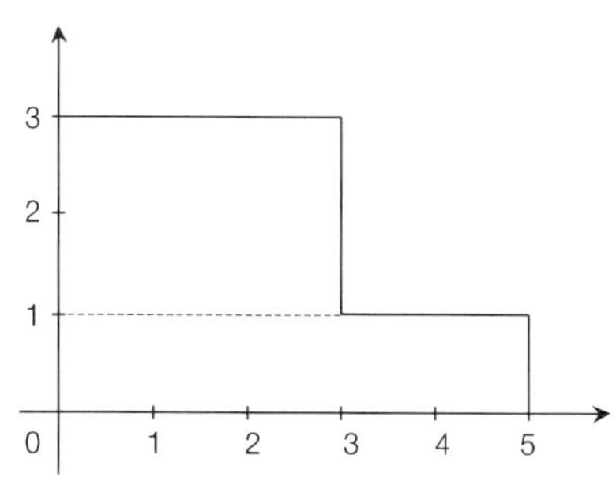

이 학생은 주어진 정보는 그림을 통해 쉽게 확인했지만, 숨겨진 정보를 찾을 수 없었다. 그러나 다음 그림은 이 학생이 추측을 해보는 과정이다.

이후 더 진행이 없었고 면담자의 힌트

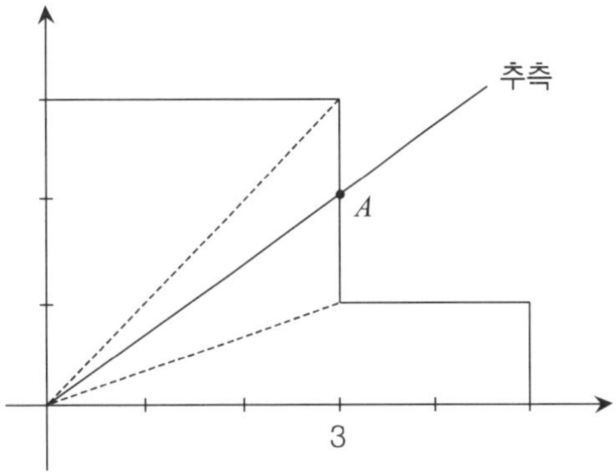

> (1) $y=mx$를 생각하고
> (2) 점A를 순서쌍으로 나타내어라.

를 받고 한참 있다가 다음을 얻었다.

$$\text{점}A\,(3,3m)$$

$$(\text{사다리꼴 넓이}) = \frac{3+(3-3m)}{2}\times 3$$

$$\vdots$$

이 학생의 느슨하게 조직된 관련 원리들과 이들의 적용에 대한 정보가 결핍된 문제 상황의 모델을 형성했지만 아무튼 추측은 이 문제를 해결하는데 중요한 수단이 되었다. 물리적 모델은 실제 구체물을 놓고 문제 해결의 다양한 방법을 생각하는 것이다. 구체적 모델에서 쉽게 해의 아이디어를 얻는 경우가 많다. 아래 그림과 같이 가로 세로 각각 1인 타일로 둘레의 길이가 14인 다각형을 만든다.

> 새로운 타일 두개를 더해서 적어도 한 면이 원래의 모양과 접하도록 할 때 둘레의 길이 중 옳은 것은?
>
> 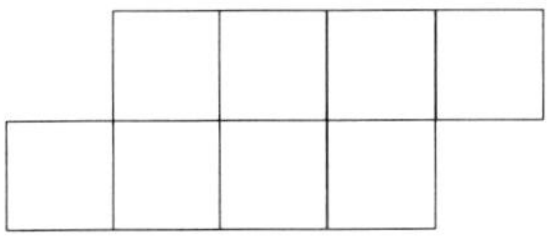

이 문제는 실제 타일을 가져와 모델을 만들고 타일을 옮기고 붙이고, 모양을 만들어 가는 실험을 해야 한다. 한 면 또는 두 면을 붙이는 방법은 다음과 같다.

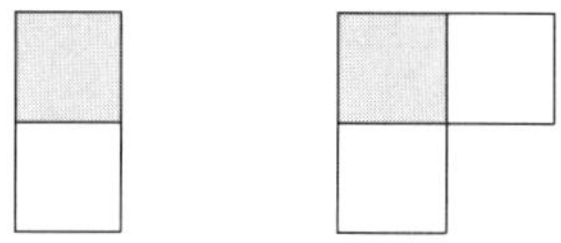

타일을 한 면에 붙일 때는 2가 증가하고 두면에 붙일 때는 길이가 변하지 않는다. 두개의 타일을 붙이면 길이는 0, 2, 4가 증가한다. 따라서 가능한 길이는 14, 16, 18이다.

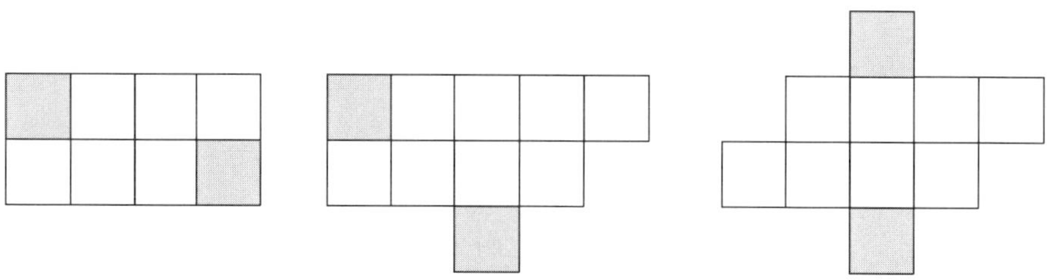

패턴(규칙)찾기는 문제해결에서 자주 사용하는 발견술이다. 패턴 찾기의 관련된 많은 문제는 구체적 사례를 늘어놓으면서 일정한 패턴을 찾는다.

$29!-2992$에서부터 $29!+2992$까지의 정수 중 한 개를 선택할 때 1995로 나누어질 확률은?

택할 수 있는 총개수는 $2\times2992+1=5985$이고 $1995(3\times5\times7\times19)$에 의해 나누어지려면 $3\times5\times7\times19$의 인수를 가지고 있어야 한다. 따라서 이 조건을 만족하는 수는 $29!-3\times5\times7\times19$, $29!+3\times5\times7\times19$ 3가지이므로 구하려는 확률은 $\frac{3}{5985}=\frac{1}{1995}$이다. 이 밖에도 유추하기는 일종의 유사성을 찾는 발견술이며 문제해결을 시도할 때 학생들은 좀더 단순하고 유사한 문제를 과거에 경험에서 찾으려 한다. 앞에 중학생에게 실험했던 운동장 트랙 문제는 좋은 보기이다.

02 문제해결지도

학생들은 위에서 열거한 발견술을 잘 습득하여 다양한 문제에 어떻게, 언제 적용할 것인지 그 기술을 얻어야한다. 학생들이 발견술 사용하는 것을 관찰해 보면 적절한 발견술의 사용이 문제해법의 구조를 파악하는데 크게 도움이 될 뿐 아니라 그들 자신의 모델을 구상하는데 큰 역할을 한다는 것을 알 수 있다(Novick,1990). 일부 실험결과를 보면 학생의 사고 발달에 큰 역할을 하는 조합 문제에서 수형도 사용은 조합을 구성하는데 시각적 조직구조를 제공해 주어 그 문제 해결에 효과적인 수단으로 작용한다는 것이다. 주의할 점은 문제에 알맞은 발견술을 적용하지 못했을 때는 오히려 발견술의 사용에 부정적인 면이 있다는 것이다. 다음 중학교 1학년 학생이 그림 그리기를 이용하여 문제를 해결하는 과정이다.

> 형이 도서관을 향해 분속 $60m$로 걸어간지 20분후에 동생이 자전거를 타고 분속 $300m$로 형이 간 길을 따라 출발하여 도중에 서로 만났다. 형이 만날 때 까지 걸린 시간은?

학생은 이 문제의 구조파악을 무척 어려워했다. 그가 최종 선택한 풀이 전략을 그림을 그려 문제를 해결하는 것이었다.

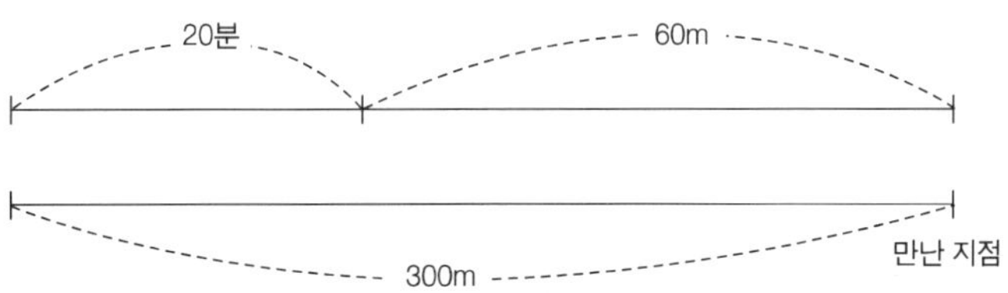

한참 후 풀이 과정을 쓰기 시작했다.

$$x = 24 - y$$
$$50x - 200y = 0$$

이 학생은 동생이 20분후 만날 때까지 걸린 시간과 형이 걸린 시간은 같다는 생각을 하지 못했다. 그림은 수직선의 한쪽은 시간, 다른 쪽은 거리로 생각했다. 이와 같이 구조적으로 이해를 못하는 학생에게 교사는 그림그리기(발견술)을 어떻게 수정해야 할 것인지 고민해야 할 상황이다. 다시 말하면 발견술은 문제의 표면에 나타난 자세한 사항보다 문제의 구조적 면을 안내하는데 활용되어야한다. 이렇게 접근한 발견술의 지도는 이후 유사구조를 가진 다른 문제를 해결 할 때 원 문제에서 사용한 발견술을 재생 할 수 있게 한다(Gholson, 1990).

발견술을 자유롭게 구사할 수 있는 학생은 확실히 문제해결의 속도나 아이디어 창출면에서 좋은 성취를 보인다(부속고등학교, 1993). 이들 기술이외에 메타인지의 과정도 교사에게 중요한 정보를 준다. 중학교 영재반에 입교한 학생은 성공적으로 다음 문제를 푼다(중학교 2학년 여학생, 2008).

어떤 수 x를 3진법으로 나타내면

$$12112211122211112222$$

이다. 이수를 9진법으로 나타낼 때 왼쪽에서 처음 나타내어지는 숫자는?

① 1 ② 2 ③ 3 ④ 4 ⑤ 5

이 학생은 문제구조를 파악하기 위해 수를 3진법으로 나타내어 보기도하고, 이를 10진법으로 고치려다 계산이 복잡하여 포기하였다. 한참 생각한 다음에

$$1 \times 3^{19} + 2 \times 3^{18} + 1 \times 3^{17} + \cdots\cdots + 2 \times 3 + 2$$

와 같이 표현하고, 자릿값 표시가 잘 되었는가? 전체 표현은 잘 되었는가? 와 같은

질문을 던지고(자기통제), 이것을 9진법으로 나타내면 될 것 같은데(해결계획, 인지전략사용)… 를 반복하면서 통찰을 얻었다(고등사고기술, 유연하고 창조적생각). 답은 5이다.

$$1\times3\cdot3^{18}+2\times3^{18}+1\times3^{17}+\cdots\cdots+2\times3+2$$
$$(1\times3+2)3^{18}+1\times3^{17}+\cdots\cdots+2\times3+2$$
$$5(9)^{9}+\cdots$$

또, 문제의 해결과정이 매번 옳은지 스스로 점검하는 것도 빼놓지 않았다(자기모니터링, 반성). 이 학생이 스스로 한 활동 즉, 인지전략사용, 자기통제, 반성 등은 교사에게 중요한 정보가 된다. 이들 활동을 메타인지라 한다.

Peterson(1988)는 초등학교 3, 4학년의 학생에 대한 연구에서 학생들의 자기진단과 모니터링, 인지적 전략 사용은 수학성취에 큰 영향을 준다는 결과를 얻었다. 이와 비슷한 여러 실험에서도 자기 모니터링에 대항 긍정적 효과를 얻었다는 보고가 있다. 학생들은 문제를 풀 때는 초기에 시행착오의 전략을 사용한다. 시행착오는 자기 행위에 대한 점검(반성)하는 활동이 없으면 더 좋은 시행착오를 할수 없다. 문제를 풀 때 초기에는 어른들이 많이 개입하나 학생이 스스로 문제해결을 진보적으로 해가면서 어른은 간섭을 줄여나간다. 이 절차에서 어른은 조심스럽게 조력자로서 역할을 해야 한다. 다음 학생의 풀이를 보고 어떤 도움을 줄까?

> 동네 어린이들에게 귤을 나누어 주는데 4개씩 주면 6개가 남고, 5개씩 주면 마지막 어린이날 1개 이상을 받게 되지만 3명은 한개도 받지 못한다고 한다. 이때, 어린이의 수 범위를 구하여라.
>
> 학생의 풀이
>
> $$5(x-3)+1\leq 4x+6\leq 5(x-2)+4$$

메타인지를 중요시하는 교사는 학생들의 풀이과정을 관찰하면서 너는 무엇을 하고 있니? 그 답이 어떻게 해답이 되나? 그것이 어떻게 도움을 주니? 와 같은 질문을 통해 자기 풀이에 대한 메타과정을 사용하도록 권장한다(Schoenfeld, 1992).

지금까지 여러 이야기를 했지만 학생의 문제해결의 특징을 설명하는데 부족하다. 앞의 3진법으로 나타낸 수를 9진법의수로 변경하는 문제에서, 중학교 학생이 보인 생각 중에 설명하기 어려운 활동이

$$(1\times 3^{19}+2\times 3^{18}+\cdots)$$

을 $(1\times 3+2)3^{18}+\cdots$로 변경하여 $(1\times 3+2)(3^{2})^{9}$로 바꾸는 그의 통찰이 신기하다. 이 학생이 왜 이런 생각을 했을까? 다른 학생은 10진법으로 고쳐서 생각하는데 이 학생은 지루한 계산을 피하면서 간단명료한 생각을 했을까? 이러한 생각이 내가 가르치는 교실의 모든 학생이 가질 수 없을까? 하는 생각을 교사는 가진다. 이점에 대해 Resnick(1988)은 "고등사고는 다양한 기준에 따라서 복잡한 상황의 미묘한 판단과 분석을 요구하는 세심한 정신활동의 집합체"라고 한다. 이러한 사고를 가진 학생은 분명 창의적이고 상상력이 풍부하게 사고를 하며 놀라운 유연성을 발휘한다. 이러한 사고기술로 이론가들은 (1)유연하고 창조적 사고 (2) 귀납적 연역적사고 (3) 공간적 시각적 사고, 패턴의 지각 (4) 비판적 사고 (5) 유추적 사고를 든다. 말하자면 이러한 사고 기술을 가진 학생들은 문제 해결에 독특한 시각을 갖는다는 것이다.

먼저 유연하고 창조적인 사고를 생각해보자.

학생들은 대안적인 여러 관점을 정한다든지 한꺼번에 여러 정보를 다루는데 어려움이 크다(Costa, 1989). 다음 문제를 보자.

> 개미 한 마리가 좌표평면의 원점에서 출발한다. 오른쪽으로 1단위만큼 옮겨 점 $(1, 0)$까지가고, 여기서 $90°$ 좌측(시계반대방향)으로 돌고 $\frac{1}{2}$단위 만큼 옮겨 점 $(1, \frac{1}{2})$에 도착한다. 이와같이, $90°$ 시계반대방향으로 돌아 바로 앞에서 간 거리의 $\frac{1}{2}$을 간다고 하자. 이 개미는 다음중 어느 점에 가까이 가는가?

유연한 사고를 가진 학생은 이 문제를 접근하는데, 빛을 발휘한다. 아마 문제 속에 있는 여러 정보를 정리하여 그림을 그릴 것이다. 그림을 보고 비교적 쉬운

$$1-\frac{1}{4}+\frac{1}{16}-\cdots=\frac{1}{1-(-\frac{1}{4})}=\frac{4}{5} \qquad (1)$$

$$\frac{1}{2}-\frac{1}{8}+\frac{1}{32}-\cdots=\frac{2}{5} \qquad (2)$$

방법으로 식 (1), (2)를 세울 것이다. 만일, 위의 식이 잘 진행이 안 될 때는 그림을 보고

직관적으로 점 (x, y)은

$$x>\frac{3}{4},\ y>\frac{3}{8}$$

을 얻고 정답을 선택할 것이다.

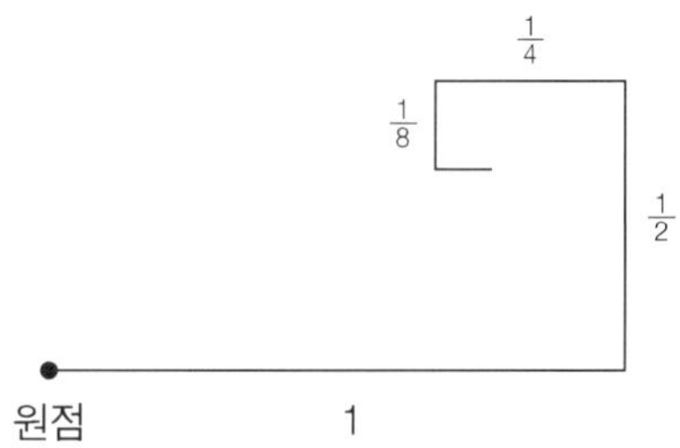

이렇게 관점을 바꿈으로 생소한 문제를 풀어도 덜 당황하여 유연하게 문제를 풀 것이다. 이러한 활동은 창의적인 사고를 기르는데 필요한 것이다. 직장생활에서 자주 대하는 개방형문제를 여러 각도로 사고하는데 유연한 사고는 큰 도움을 준다.

귀납적 사고는 발견술에서 약간 설명했지만 수학학습에서 너무 중요한 사고이다. 물론 문제해결에서 중심적인 역할을 한다. Nisbett(1988)은 "귀납은 우리의 지식을 확장하기 위한 가정들을 만들기 위해 추론을 이끌어 내는 것"이라고 말한다. 대부분의 귀납은 유추를 이용한다.

n개의 서로 다른 원소에서 중복을 허용하여 r개를 택하는 중복조합의 수는 $(\frac{n-1+r}{r})$이다.

귀납적으로 이를 증명할 수 있다.

[1] 햄버거집에서는 3종류의 빅맥, 불고기, 치즈를 판매한다. 6개의 햄버거를 구입하려면 서로다른 주문은 모두 몇 번인가? 이를테면,

치즈	불고기	빅맥
×	××××	×

이 주문은 ×/××××/×로 나타낼 수 있다. 결국 주문의 수는 막대(1)의 위치를 다르게 했을 때 서로 다른 부분집합의 개수와 같다.

$$\binom{6+2}{2} = \frac{8!}{2!6!} = 28$$

이 규칙을 확장하여 n종류의 서로 다른 햄버거에서 x의 개수는 r, 막대(1)의 개수는 $n-1$일 때를 생각하면 특정한 경우를 고려하여

$$x\,/\,xx\,/\cdots\cdots/\,x \text{ 막대는 } n-1\text{개}$$

와 같이 표현할 수 있고, 주문의 개수는 다음과 같다.

$$\binom{r+(n-1)}{n-1}$$

학생들은 이러한 귀납적 사고를 이용하여 수학의 정리를 구성하거나 여러 종류의 문제해결을 한다. 한편 연역적사고도 수학에서 자주 사용하는 사고이다. 학생들은 목표가 주어진 진술로부터 타당한 결론을 이끌어내는 체계적인 과정(증명 과정을 참고)을 사용한다. 이를 이용하여 수학의 타당성이 검증이 된다.

> 3자리수 $2a3$에다 326을 더하니 세자리수 $5b9$가 되었다. $5b9$가 9에 의하여 나누어지면 $a+b$의 값은?
>
> (1) 2 (2) 4 (3) 6 (4) 8 (5) 9

이 문제는 연역적인 방법을 이용하여 (3)이 답임을 보인다. 이때, 학생들이 사용

한 타당한 원리는 자연수를 9로 나누는 원리, 기본사항 $0 \leq b \leq 9$, 나누기 원리이다. 타당한 결론 (답 6)을 이끌어내는 체계적 과정은 다음과 같다.

$$\frac{5b9}{9} = 10\frac{(50+b)}{9} + 1$$

은 정수이므로 $(50+b)/9$도 정수이어야 한다. 즉, $b=4$, 또,

$$2a3 = 5b9 - 326 = 549 - 326 = 223,\ 즉,\ a=2$$

따라서 $a+b=2+4=b$

현재 학교에서 실시하는 문제해결은 대부분 연역적 생각을 사용한다. 수학분야 이외에도 과학, 기술, 사회관습과 문화활동 등이 밀접하게 연역적 사고에 연결된다.

연역적 추론의 복합성은 문제를 푸는 학생의 능력에 상당한 의미를 가진다. 다음 문제를 보라.

> $2x+2y+z=n$을 만족하는 양의 정수해 (x, y, z)의 개수가 28개일 때, 정수n의 값은?

이 문제는 학생들이 많은 수학적 정보, 논리적 추론, 평가, 문제의 표상 등이 복합적으로 연결하는 능력을 가지고 있어야 한다.

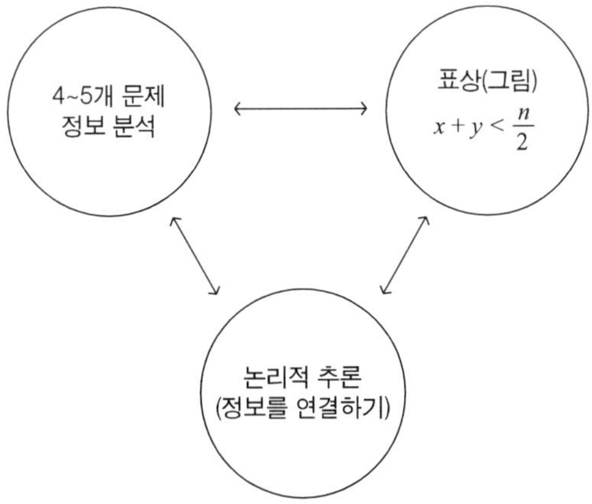

위와 같이 학생들에게는 문제 정보가 복합적으로 연결이 되었을 때, 이들을 요령

있게 연결하는 추론능력이 필요하다.

귀납과 **연역적 사고**는 추론에 강한 바탕을 두고 있지만 기하에 관련된 문제를 해결하는 데는 공간을 이해하고 활용하고 감각이 중요하다. 기하적인 패턴과 형태, 도표를 해석하는 기술, 구성과 변환, 분류에 관련된 능력이 문제해결에 깊숙이 관련된다. 다음과 같은 기하문제는 패턴과 형태, 해석기술, 구성과 변환을 함께 경험할 수 있는 문제해결이다.

정사각형 $AXYZ$ 내부에 그림과 같이 정삼각형 ABP가 변XA에 위치해 있다. 이 정삼각형은 시계바늘 방향으로 B에 관하여 회전한다. 이때, 점P가 정사각형의 4변을 따라 회전하고 제자리에 올 때 점P가 지나간 자취의 길이는? 정사각형의 한변의 길이 4, 정삼각형의 한 변의 길이는 2이다.

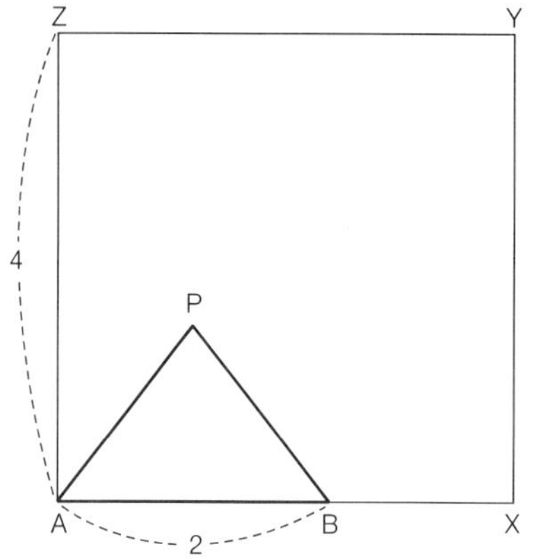

이 문제의 해결과정 속에는 많은 정신 활동이 포함되어 있다. 풀이과정은 다음 페이지에 있으며 해는 $(\frac{8}{3}+\frac{8}{12})4\pi=\frac{40}{3}\pi$이다. 마지막으로 비판적인 사고는 우수한 문제해결자의 특성이며, 문제 해결 중에 자기 행동에 대한 반성적인 활동을 하고 목표를 향한 방향과 행동에 대한 적절성을 의식적으로 제시한다. 비판적인 학생은 문제 해결 중에 무었을 묻고 있는지, 무슨 자료를 쓰는지, 무슨 가정이 존재하고 어떤 결론에 도달해야 하는지 자신있게 의사결정한다. 보통 문제 해결자에게는 이러한 특징이 드러나지 않는다.

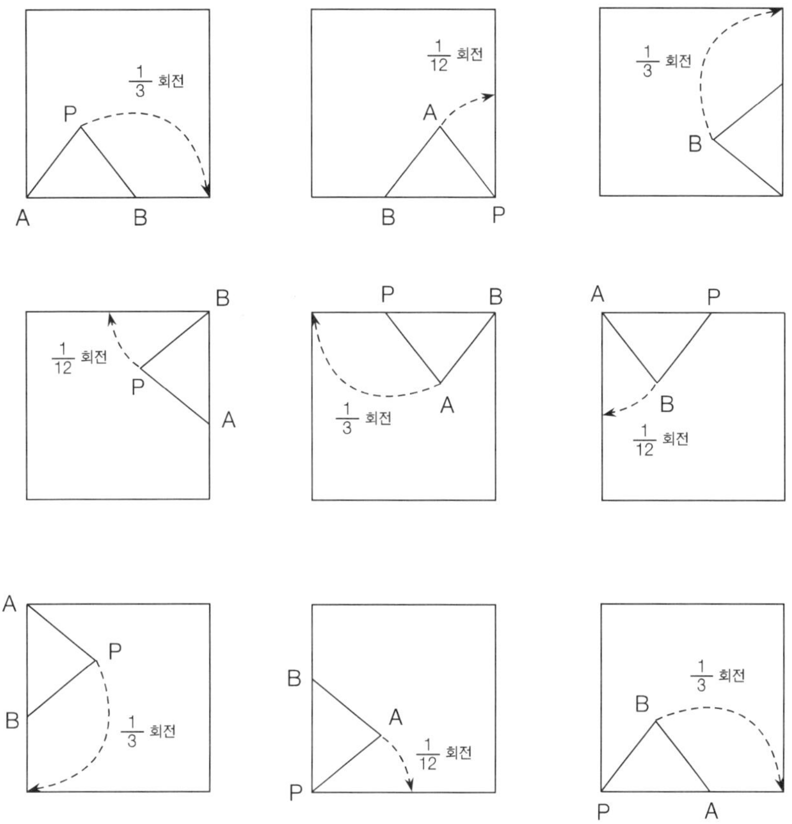

$$8\times\left(\frac{1}{3}+\frac{1}{12}\right)\times 4\pi=\frac{40}{3}\pi$$

그런데 위에서 제시한 유추적 사고는 모든 학생들에게 어느 수준까지는 나타나는 사고이다. 학생은 문제가 구조적으로 매우 유사하면 이미 해결했던 문제의 해법을 이용하려 한다(piercee Gholson,1994). 교실에서 교사는 학생들이 새로운 문제에 대한 건설적인 태도를 가지도록 돕는데 주로 유추적 사고를 이용한다(예, 같은 탑입의 문제로 분류).

최근의 문제해결에 대한 일련의 연구는 **문제설정**(만들기, 포즈)에 관심을 가졌다.

Brown과 월터(1983)가 제안한 "만약~경우가 아니라면"을 이용하는 방법도 문제설정의 한 기법으로 연구되었다. 이를테면,

기하판에서 만들어진 도형이 정사각형이 아니라면?

과 같은 질문인데 학생은 이 질문을 통해 전에 생각하지 못한 새로운 속성을 강조할 수 있다. 중학교 1학년에 다음 문제를 주고

> 이진법으로 나타낸 수 $N = 11000$의 바로 앞의 수는 얼마인가?
> 답 $10111_{(2)}$
> (1) 10001 (2) 10010 (3) 10011 (4) 10110 (5) 10111

교사가 학생들에게 "만일 바로 앞의 수가 아니라면?"을 던질 때 학생들은 여러 대답(문제)을 줄 것이다. 이 대답을 칠판에 적고 문제 설정을 학생들과 정리해보자. 또, 모둠별로 설정된 문제들을 풀어보아라.

학생들에게 문제정보를 (1) 충분히 주고 질문을 만들거나, (2) 부족한 정보를 주고 질문을 만드는 교실 활동도 모둠별로 문제설정을 하는 방법이다.

> A, B 두 사람이 원 모양의 트랙을 서로 반대방향으로 항등속도로 달린다. 첫 번째 만남은 B가 $100m$를 갔을 때 이루어졌고, 두 번째 만남은 A가 완전히 한 바퀴 돌기 전 $60m$ 지점에서 만났다.

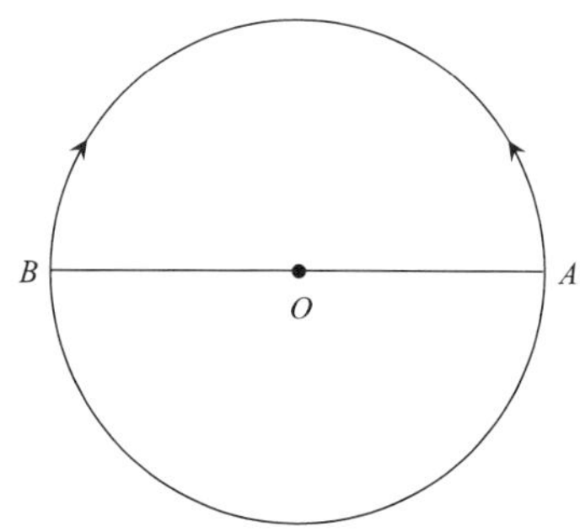

우수한 학생들은 문제구조를 파악한 다음이 구조에 알맞은 질문을 만들 수 있다. 실제로 중학교 학생이 다음과 같은 질문을 던지고 해를 제시했다.

> 원형 트랙의 길이는 얼마인가?

이 학생은 자기가 만든 질문이 문제구조에 알맞은 것임을 해를 보며 증명하였다.

$$\frac{\text{첫번째 }A\text{가 간거리}}{\text{첫번째 }B\text{가 간거리}}=\frac{\text{두번째 }A\text{가 간거리}}{\text{두번째 }B\text{가 간거리}}$$

둘레의 길이는 $480m$였다.

일부 학생은 문제정보를 바꾸어 한번은 반대방향, 또 한 번은 같은 방향으로 생각하든지, 한 지점에서 출발하는 것으로 해야 한다든지 여러 의견이 있었다.

두 번째 실험에서는 기본이 되는 문제를 주고 문제를 모둠별로 변형해보는 문제였다.

> 8%의 설탕물과 6%의 설탕물은 섞어서 7%의 소금물 $400g$을 만들었다. 8%의 소금물은 몇 g 섞었는가?

이 문제는 농도문제에서 기본문제에 해당하며 유사한 문제, 구조적으로 거의 다른 문제 등을 모둠별로 만들고 풀어보라 했다. 이 문제보다 구조가 복잡한 여러 문제들이 완성되었다. 이러한 활동은 학생들로 하여금 문제 구조를 인지하는 기술과 유추하는 기술을 개발시켜준다. 뿐만 아니라 문제의 물리적 상황(설탕물, 농도)만으로 두 문제가 비슷하다는 생각을 버리게 한다.

수업 절차

고등학생이 앞에서 소개한 문제를 해결하는 과정을 교사가 관찰하였다.

> 6명의 학생과 A, B, C 세 명의 선생님이 한 줄로 놓인 9개의 의자에 앉으려고 한다. 학생들이 오기 전에 선생님이 먼저 자리를 잡으려고 하는데 세 선생님 모두 두 학생사이에 앉도록 하려한다. 세 선생님 A, B, C의 자리를 정할 수 있는 방법의 수는?

이 학생은 문제를 2-3번 읽고 바로 두 가지 그림을 그렸다. 두 가지 그림으로 보아서

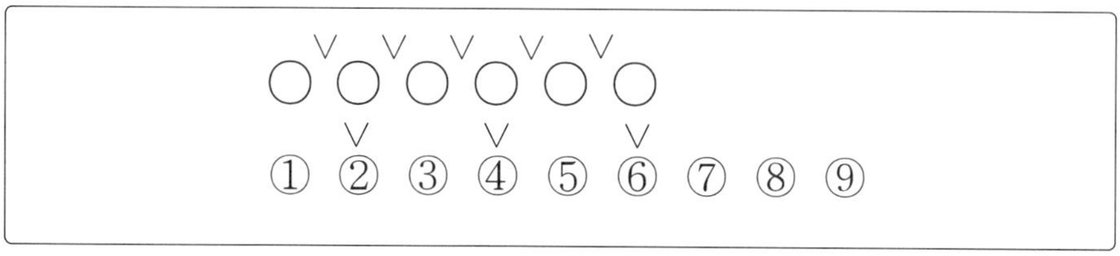

이 학생은 정확히 문제구조(이해)를 파악한 것 같다. 첫 번째 그림은 문제를 이해하기 위해 동그라미와 체크를 이용한 듯 하고, 두 번째 그림은 이와는 다르다. 즉, 해결계획을 수립해서 한 경우의 수를 표시하고 몇 가지가 있을까? 하는 질문을 스스로 던졌다. 이러한 계획이 있었음을 그의 풀이과정에서 엿볼 수 있다.

$$\begin{array}{l} (2,4,6),(2,5,7),(3,5,8) \\ (2,4,7),(2,5,8),(3,6,8)\ \ 10\text{가지} \\ (2,4,8),(3,5,7),(4,6,8) \\ \qquad\qquad\qquad (2,6,8) \end{array}$$

따라서 $6 \times 10 = 60(\text{가지})$

풀이를 끝마친 다음, 한참 생각한 후에 해결과정을 단순하고 경제적으로 표현하기 시작하였다.

즉, ${}_5P_3 = 5 \times 4 \times 3 = 60$

폴랴(1945)가 제시한 문제해결 4단계는 위의 학생의 풀이과정을 나타낸 것이다. 많은연구에서 4단계 해결과정을 훈련받는 학생들은 그렇지 않는 학생들에 비해 문제 해결능력이 향상되었음을 보여주었다.

문제해결의 단계

1. 문제의 이해
2. 해결계획
   - 전에 풀었던 비슷한 문제의 해법을 알고 있는가?
   - 이보다 단순한 문제를 풀 수 있는가?
   - 그림, 표, 수직선, 그래프 등을 만들 수 있는가?
   - 문제의 부분들을 해결 할 수 있는가?
   - 추측하고 점검할 수 있는가?
   - 패턴이 있는가?
   - 식으로 나타낼 수 있는가?
3. 실행
4. 반성
   - 점검하라.
   - 사용한 방법은 무엇인가?
   - 다른 해법이 있는가?
   - 발전된 문제를 풀 수 있는가?

교사가 4단계를 강조하는 수업이 모든 학생의 성공적인 문제해결을 보증할 수는 없지만, 학생들이 이들 단계를 계산 기능처럼 숙달했을 때는 막연한 해법에 어떤 실마리를 찾아준다. 앞의 실험에서 이 학생은 자발적이든, 선생님의 도움을 받았든 4단계 문제해결의 절차를 충실히 따라 갔음을 보인다. 지금부터 각 단계의 수업이 어떻게 진행되는지 알아보자.

- 문제이해 – 학생은 먼저 문제를 읽고 무었을 구하라는 것인지? 어떤 정보들이 주어졌는가? 잘 모르는 용어, 기호가 있는가? 와 같은 질문을 친구 또는 자신에게 던진다. 문제 구조의 파악에 많이 노출되었던 학생은 문제를 이해하는 감각이 발달하여 핵심내용을 줄친다든지 동그라미를 하고 유심히 음미하는 광경을 보인다.

- **계획수립** – 앞에서 제시한 질문을 이해하기 위하여 "5^{999}을 7로 나누었을 때 나머지는?"을 생각해보자. 만일 이와 비슷한 문제를 과거에 풀어본 경험이 있는 학생은 이 문제는 쉽게 풀 수 있어 연습에 불과하다. 과거에 푼 비슷한 문제의 해법을 기억하는 것은 주어진 문제를 풀 수 있는 강력한 수단이다(유추적 사고) 우리나라의 대부분 학생들이 새로운 문제를 보았을 때 과거에 경험한 비슷한 문제의 풀이를 연상하는 것으로 본다. 단순한 문제를 풀어보라는 $5^0 \div 7, 5^2 \div 7$ 와 같이 문제를 단순하게 조절하여 해법을 찾는 활동을 암시한다. 패턴이 있는가?는 $5^1 \div 7,\ 5^2 \div 7,\ 5^3 \div 7, \cdots$를 계산하면서 나머지에 어떤 패턴이 있는지 관찰하는 것이다. 다음에서 어떤 패턴이 있는지 조사하여라.

지수	나머지
1	5
2	4
3	6
4	2
5	3
6	1
7	5
8	4
9	6
10	2
·	·
·	·
·	·
999	

- **반성** – 앞의 순열 문제에서 학생은 또 다른 해법을 생각하는 시간을 가졌고, 보다 발전적으로 $_5P_3$을 도입했다. 이 학생의 이러한 시도는 보다 좋은 문제해결자가 되는 지름길이다.

중요한 점은 수업에서 학생들은 의도적으로 4단계 절차를 기능으로 숙달해야 한다는 것이다. 다음 문제의 4단계 절차를 생각하여라.

같은 크기의 정사각형 타일로 덮여진 정사각형 마루가 있다. 마루의 두 대각선은 검은색 타일이고, 그 외는 모두 흰색 타일이다. 검은색 타일이 101개 일 때, 이 마루를 덮고 있는 타일의 총 개수는?

① 121 ② 625 ③ 676 ④ 2500 ⑤ 2601

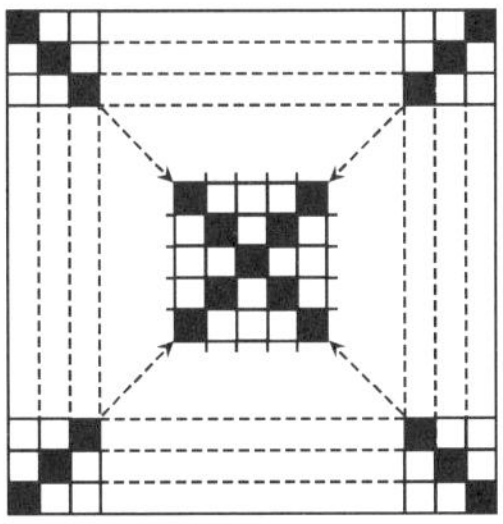

실제로 4단계를 이용하여 수업을 한 교실을 소개해보자(쉐엔필드, 1994).

T : 다음 주에 있는 우리 학급의 모임을 위해 그림과 같이 한 사람씩만 앉을 수 있는 책 T : 다음 주에 있는 우리 학급의 모임을 위해 그림과 같이 한 사람씩만 앉을 수 있는 상을 빌리려 한다. 현재 학급의 인원수는 30명이고 이들의 책상을 일렬로 붙여 준비하려 한다.(□□…□) 이러한 조건에서 가능한 한 적은 개수의 책상을 빌린다면 몇 개를 빌려야 하는가?

(교사는 얼마간 시간을 주어 한참 지난후에…)

T : 우리가 지금 무엇을 구하는 것이지?

철 : 한 책상에 네 명이 앉을 수 있으니 $30 \div 4$를 하면 $7\frac{1}{2}$, $7\frac{1}{2}$이 필요하다.

희 : 각 책상에 네 사람이 앉을 수 있다고 볼 수 없다. 그렇지 않는가?

철 : 왜?

희 : 이 문제에서 책상을 일렬로 붙여 놓는다고 했으며, 어떻게 $\frac{1}{2}$개의 책상이 필요하다고 말할 수 있는가?

T : 좋아요! 철, 너는 문제에 주어진 정보를 잊은 것 같다. 여기서 희가 말한 것을 생각해 보면 문제에서 우리가 찾으려 하는 것은 어떤 정보가 문제에 주어져 있는가 등과 같은 분석이 문제를 이해하는 데 중요하다.

철 : 30명이라… 책상을 일렬로 붙여 놓는다… 내 생각에는 한 책상에 네 명이 앉을 수 없다고 본다.

T : 책상이 $\frac{1}{2}$이 필요하다면 $7\frac{1}{2}$은 8개의 책상으로 하면 된다. 즉, 답으로써 양의 정수가 나와야 한다는 것이다. 여기까지 한 일은 문제를 이해하는 과정이었다. 우리가 원하는 것은 책상의 수(양의 정수)였고, 문제에 주어진 일렬로 붙여 놓는다는 것이다. 문제풀이 계획으로 들어가자.

T : 그러면 문제를 어떻게 풀어야 할까?

수 : 나는 문제를 풀기 위하여 책상을 네모 모양(□)으로 놓고 싶다.

T : 좋은 생각이다. 수, 그러면 어떻게 그림을 그려야 할까?

그림 그리기는 문제 풀이에서 중요한 전략이다. 이 전략은 문제를 시각화해 주고, 가능한 답을 시험해 보게 하는데 중요한 역할을 한다.

T : 책상이 $\frac{1}{2}$이 필요하다면 $7\frac{1}{2}$은 8개의 책상으로 하면 된다. 즉, 답으로써 양의 정수가 나와야 한다는 것이다. 여기까지 한 일은 문제를 이해하는 과정이었다. 우리가 원하는 것은 책상의 수(양의 정수)였고, 문제에 주어진 일렬로 붙여 놓는다는 것이다. 문제풀이 계획으로 들어가자.

T : 그러면 문제를 어떻게 풀어야 할까?

수 : 나는 문제를 풀기 위하여 책상을 네모 모양(□)으로 놓고 싶다.

T : 좋은 생각이다. 수, 그러면 어떻게 그림을 그려야 할까?

수 : 간단하게 그림을 그린다면 …□□□□… 그런데 이 이상은 얼마나 길게 그려야 할지 잘 모르겠습니다.

T : 이 그림에서 책상 수를 대신하는 방법은 없을까?

옥 : 선생님, 문자를 써서 책상을 표시하면 어떤가요?

수 : 그리고, 책상의 총 수를 n 이라고 쓰면 좋겠는데요.

T : 좋아요 수! 너의 그림에서 그림을 완성하는데 n으로 표시하여 그림을 완성 할 수 있는가?

수 : 다음과 같이 하겠습니다.

n = 책상의 수

T : 수가 그린 그림에서 이 문제를 풀 수 있는 좋은 아이디어가 나오지 않을까?

경 : 예. 이 그림에서 우리는 앉을 수 있는 사람을 셀 수 있습니다. 15개의 책상이 필요합니다.

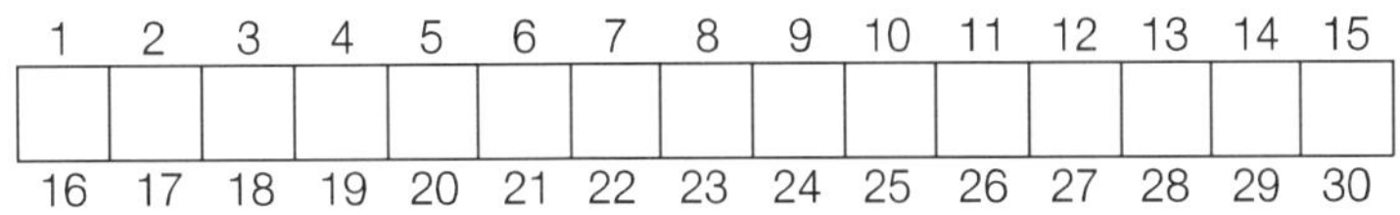

T : 경이 푼 문제를 보자. 이것이 최소한의 책상의 개수라 보는가?

옥 : 15개나 필요한 것 같지 않다. 왜냐하면 양쪽 두 사람이 더 앉을 수 있는데…

T : 좋아요. 최소한의 책상의 개수는 몇 개인가?

철 : 14개면 충분한 것 같다. 두 사람이 양쪽에 앉을 수 있기 때문이다.

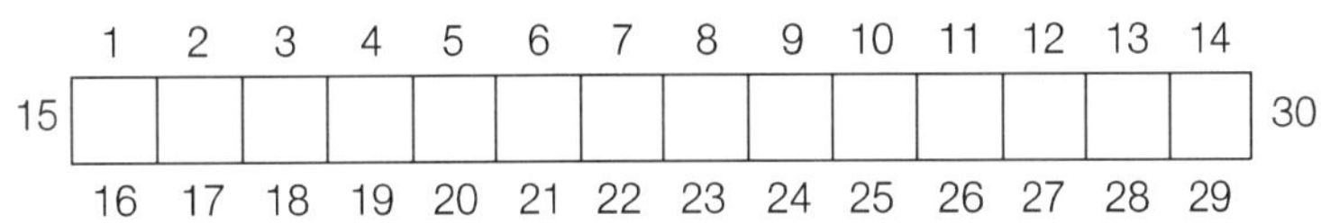

T : 문제에 알맞은 답이 나왔는지 점검해 볼까?

여기서 간단히 문제의 풀이가 주어진 문제에 알맞게 진행되었는지 검사해 본다.

T : 42명을 초대하면, 100명을 초대하면, 500명을 초대하면 어떻게 해야 할까?

교사는 주어진 문제를 푼 다음 발전문제를 제시한다. 발전문제로 본 문제를 일반화하는 장면을 선택하였다.

희 : 종전과 같이 그림이 불필요하다면 지우고 하면 어떨까요?

T : 좋아요! 어떤 규칙을 발견했어요?

희 : 어… 첫째로 주어진 인원을 2로 나누고 그림을 그린 다음 한 책상을 지워나가면…

옥 : 책상을 지운다는 것은 하나를 빼어내는 것과 같고…

T : 좋아요. 두 사람의 아이디어를 종합해 보면 사람 수를 2로 나누고 하나를 빼어, 즉 30명인 경우 $30 \div 2 = 15$, $15 - 1 = 14$(개)

수 : 나는 다른 방법으로 하고 싶은데요.

T : 좋아요. 수의 이야기를 들어볼까요?

수 : 두 개의 마지막 책상에는 세 사람이 앉을 수 있고 나머지 책상에는 두 명이 앉을 수 있으니,

$$[(\text{사람 수}) - 6] \div 2 + 2$$

T : 수! 정말 영리하구나. 난 아직 그렇게 생각을 못했어. 수의 생각대로 해보지! 30명의 경우

$$(30 - 6) \div 2 + 2 = 14$$

이후 교사는 짝수, 홀수인 경우에 어떤 규칙을 칠판에 종합한다.

Chapter 7
연습문제

PART I 학생들이 자주 범하는 오류에 답하여라.

01. 오른쪽은 선생님이 학생들에게 각의 크기를 재는 과정을 보인 것이다. 한 학생이 설명도중 다음과 같은 질문을 한다. “회전각으로 각의 크기를 재기 때문에 $\angle AOB$, $\angle COD$, $\angle EOF$는 각의 크기가 각각 다르다” 즉 그는 주어진 각의 크기가 변한다고 생각한다. 이 학생에게 어떤 설명이 필요한가?

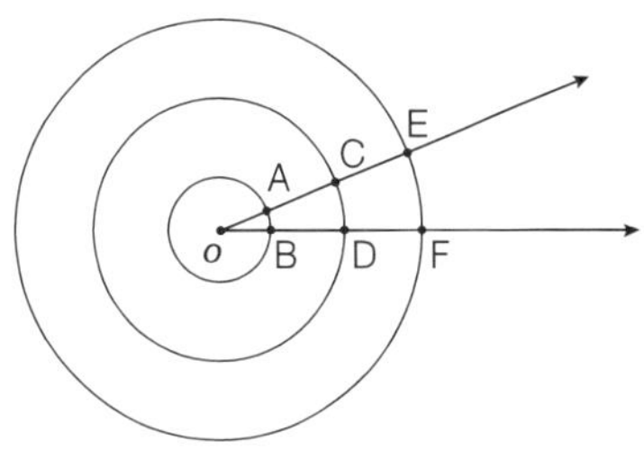

02. 어떤 학생이 교실에서 다음과 같은 질문을 한다.
“선생님 각은 두 반직선과 그를 공통점의 합집합으로 정의하고 삼각형은 이들 각을 포함하기 때문에 삼각형은 그림과 같이 그려져야 합니다”

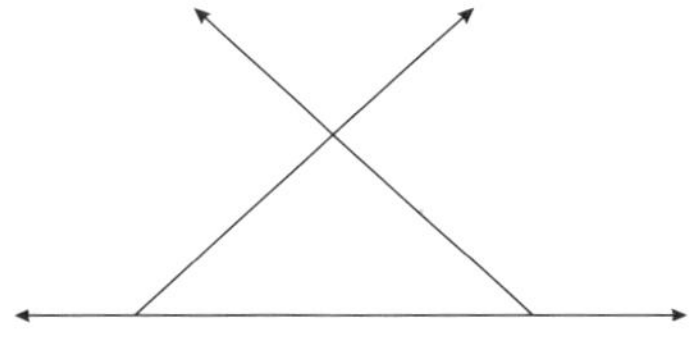

이 학생의 질문에 대해 어떻게 생각하는가?

03. 교실에서 직선을 지도할 때 한 학생이 “선생님 두 직선이 한 점 O에서 90°로 만나면 수직이라 했습니다. 그러면 두 직선은 한 평면에 있어야 합니까?”라고 질문한다. 여러분의 생각은? 이 학생에게 한 평면에 있다는 것을 보여주어라.

04. 각과 각도를 배우는 한 학생이 "선생님 각도를 잴 때 도(°)로 하지 말고 cm로 하면 안 될까요?"라는 이색적인 질문을 한다. 여러분의 대답은?

05. 평각(180°)도 교실에서 정의한다. 그러나 일부에서는 세 가지 문제점 때문에 평각을 정의 하지 말자고 한다. 여러분의 생각은?

> (1) 평각은 직선과 구분할 수 없다. 예각과 둔각의 경우는 그림에서 $\angle AOB = \overrightarrow{OA} \cup \overrightarrow{OB}$로 정의된다.
> (2) 평각은 각의 꼭짓점이 유일하지 않다.
> 마찬가지로, 각의 변, 내각, 외각이 유일하지 않다.
> (3) 평각은 유일한 평면에 포함되지 않는 각이다.
>
> 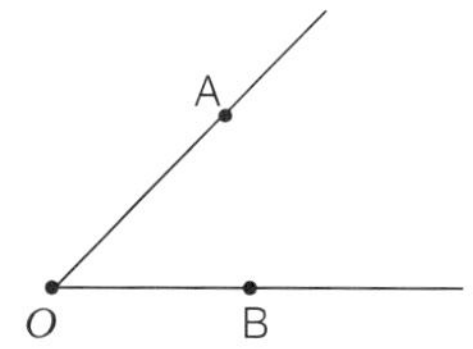
>

만일, 평각을 정의하지 않으면 현행교과서에 어떤 문제젬이 발생하는가?

06. 점, 선분, 평면을 배우는 학생이 큰 혼란에 빠져있다. 선생님이 그 이유를 물어보니 중요한 수학의 성질 때문인 것 같았다. 학생은 "선생님 점은 길이도 넓이도 없는 것이라고 했고, 한참 후에는 선분은 점의 집합이고 동시에 유한길이를 가졌다고 했습니다. 그런데, 길이 넓이도 없는 점을 무한해 놓으면 길이가 유한인 선분이 된다는 것일까요?"을 질문한다. 우수한 학생들이 수학을 배우면서 가지는 고민이다. 교육을 하는 교사로서 어떤 대답이 적절할까?

07. 모둠활동을 지켜본 선생님은 재미있는 대화를 발견했다.

> 학생 1 : 반지름이 5㎝인 원의 면적을 구할 수 있나?
> 학생 2 : 우리는 원의 면적을 구할 수 없다. 그러나 원의 둘레는 구할 수 있다.

두 학생의 대화에서 학생 2는 옳은가?

08. 수업 중에 어떤 학생이 “두 도형의 넓이와 둘레가 같으면 두 도형은 합동이다.”라고 동료들에게 말한다. 교사는 이 상황을 어떻게 통제해야할까?

PART II 다음 수학교육에 관련된 문제를 해결하여라. [1-3]

> 4 l 의 물이 가득들어있는 통에서 $1\frac{1}{2}\ell$를 떠낸다. 몇 번 떠낼 수 있을까?

01. 수직선을 이용하여 위의 문제 상황을 표현하여라. 또, 이러한 영상적인 소재로 개념을 표상하는 수준을 부르너는 무엇이라 했는가?

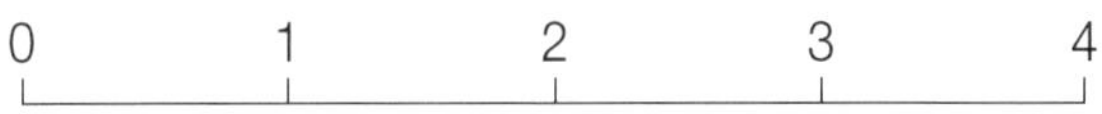

02. 위의 상황에서 4 l 에는 $1\frac{1}{2}\ell$가 몇 번 있는가?

03. 한 학생이 문제를 풀면서 다음과 같이 말한다. “$1\frac{1}{2}\ell$가 2번 들어있고 나머지는 $\frac{2}{3}\ell$이다.” 이 학생은 옳은 대답을 하고 있는가?

04. 현행교육과정에는 기본적인 평면도형으로 선분, 직선을 저학년에 도입한다. 점의 개념을 구성주의 관점으로 지도 계획을 짜라.

05. 다음 그림은 왼쪽에 있는 동그라미의 개수를 5진법의 수로 나타낸 표이다. 물음에 답하여라.

	5^3 (5×5×5)	5^2 (5×5)	5^1 (5×1)	1 Units
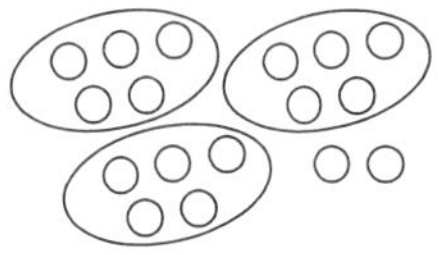			3	2
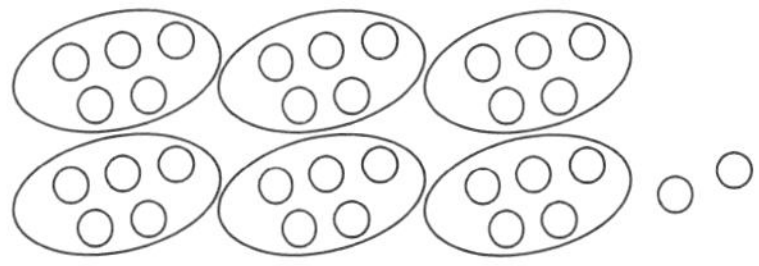		1	1	2
(　　　　　)	2	1	3	4

(1) $2134_{(5)}$에 알맞은 동그라미 수를 표의 왼쪽에 그려라.

(2) 다음 첫 번째 표에는 5진법의 덧셈 결과를, 두 번째 표에는 곱셈결과를 (　　)안에 써 넣어라.

+	1	2	3	4	10
1	2	3	4	10	11
2	3	4	( )	( )	
3					
4					
10					

× +	1	2	3	4	10
1	1	2	3	4	10
2	2	4			20
3	3				30
4	4				40
10	10				100

(3) (2)에서 만든 표를 보고 다음을 계산하여라.

$31_{(5)} \div 4$,　　$22_{(5)} \div 3$,　　$13_{(5)} \div 4$

$11_{(5)} - 5$,　　$13_{(5)} - 3$,　　$14_{(5)} - 10$

(4) 10진법의 수를 이해하기 위해 5진법, 2진법의 수를 배우는 것은 딘즈의 어떤 학습 원리에 의한 것인가?

Chapter 8

성취도 측정, 확률

01
성취도 측정

교실에서 수행하는 평가는 많은 의미를 두고 있다. 무엇보다 학생들의 학업성취도를 알아보고, 개별학습자 또는 학급전체가 안고 있는 학습 곤란점을 진단, 치료하고, 학생 개인의 진로기준을 위한 자료로 활용하는데 평가결과를 이용한다(김미현, 2006). 좀 더 교실 상황에 들어와 성취도 측정을 생각해보자. 여기서 측정은 어떤 대상이나 사건에 대하여 체계적으로 숫자를 부여하는 과정을 말하며, 이 성취도 측정은 학생들의 두 가지 측면에 바탕을 든다. 즉, 그들이 배운 계산, 기능(절차적 지식)을 얼마나 잘 이용하고, 수업에서 얻은 개념이해를 이용하여 문제해결을 잘하는지를 측정한다. 성취 테스트는 한차원의 측정보다 다 차원의 측정을 강조한다.

전통적으로 교실에서 사용한 테스트는 여러 정보를 분리된 상태로 기억하는 과정을 요구했고 시간도 가능한 제한적이었다. 짧은 시간에 많은 답변을 할수록, 많은 기억용량을 가질수록 학생의 성취 수준은 높은 것으로 생각했다. 이를 위해 학교에서는 주로 4지선다형 또는 5지선다형 객관식 문항을 선호 하는 방향이 있었다.

오른쪽 그림과 같이 중심이 O이고, 지름이 AD인 원이 있다. 선분 BC는 이 원의 접선이고, 선분 AB와 CD가 선분 BC에 수직일 때, 다음 보기 중에서 사각형 $ABCD$의 넓이가 정수가 되도록 하는 선분 AB와 CD의 길이는?

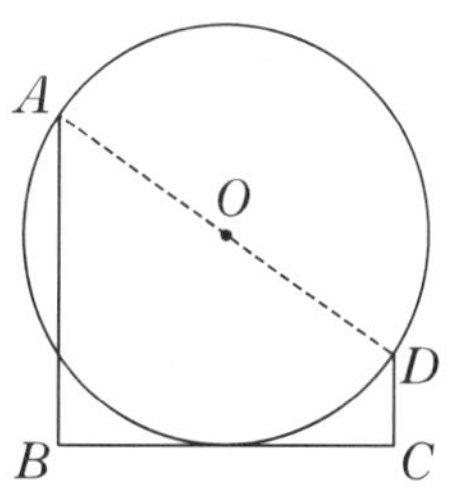

① $\overline{AB}=3$, $\overline{CD}=1$　② $\overline{AB}=5$, $\overline{CD}=2$
③ $\overline{AB}=7$, $\overline{CD}=3$　④ $\overline{AB}=9$, $\overline{CD}=4$
⑤ $\overline{AB}=11$, $\overline{CD}=5$

교실에서 학업성취도를 평가할 때 **이원분류표**를 활용한다. 고등학교의 경우 국립평가원(1997)에서 정리한 양식이 있다.

행동영역 / 내용영역	계산 (절차지식)	이해	추론		문제해결		문항수	비율
			귀납적 추론	증명	수학내적 관련성	수학외적 관련성		
집합과 명제		2			1	1	4	20
실수와 복소수	1	2	1				4	20
다항식	1		1		2		4	20
유리식, 무리식	1				2		3	15
방정식, 부등식		1		1	1	2	5	25
문항수	3	5	2	1	6	3	20	
비율(%)	15	25	10	5	30	15		100

이 해

초등학교와 중학교도 이와 비슷하게 행동영역을 정한다. 이 표에서 블룸이 제시한 이해 영역은 수학에서 논의하는 이해(understanding)의 낮은 수준을 의미한다. 그는 이해 영역에 수학의 추상을 구체적이며 일상생활의 용어로 설명하기 또는 긴 문장을 짧은 것으로 바꾸기, 그래프(그림) 그림을 보기, 경향 또는 패턴을 파악하기, 자료를 해석하기, 추론하기와 같은 활동을 포함한다. 그러나 수학의 학습에서는 이보다 훨씬 높은 수준을 제시한다. 다시 말하면, 그래프 또는 표를 읽는 활동은 기본이고 다양한 소재로 이루어진 적용과 문제해결의 수준을 포함한다. 다음은 확률의 이해를 묻는 문제해결의 수준이다.

> a, b는 집합 $\{1, 2, 3, \cdots, 99, 100\}$에서 임의로 택한 수라고 할 때, $3^a + 7^b$의 일의 자리의 수가 8일 확률은?
>
> ① $\frac{1}{16}$ ② $\frac{1}{8}$ ③ $\frac{3}{16}$ ④ $\frac{1}{5}$ ⑤ $\frac{1}{4}$

수학에서는 개념의 적용수준의 다양한 소재로 된 여러 문제를 풀었을 때 그 개념을 이해했다고 보며, 문제해결의 수준 문항도 이해력을 잴 수 있는 높은 수준의 문항으로 본다.

- 일차함수의 간단한 활용문제 – 거리, 넓이, 온도 등과 소재로 된 일차함수의 개념 적용문제

- 문제해결의 수준

직사각형 $ABCD$에서 점P가 점B를 떠나 변 BC를 따라 점C까지 매초 1.5㎝의 속력으로 움직인다. 점P가 점B를 출발한지 x초 후의 □$APCD$의 넓이는?

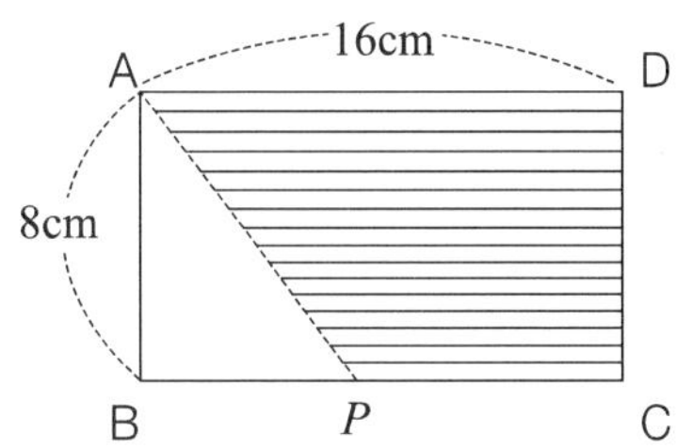

추 론

추론은 이유말하기 또는 패턴과 같은 여러 문항을 포함한다. 뿐만 아니라 추론의 가장 높은 수준은 증명이다.

- (귀납적추론) 다음 표에서 컴퓨터가 5대일 때 전화선의 개수를 써라.

컴퓨터대수	2	3	4	5
전화선의 개수	1	3		
그림		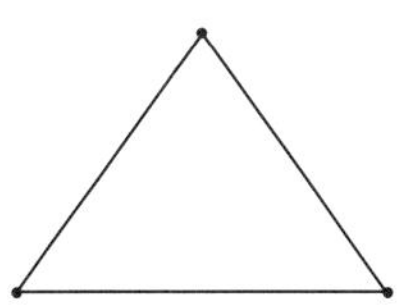	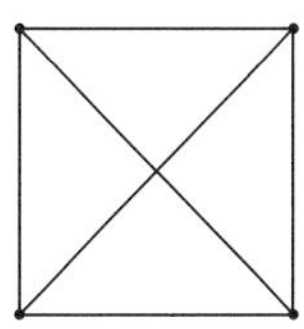	

또, 컴퓨터의 대수 사이에는 어떤 패턴이 있는가?

문제해결

문제해결의 능력을 잴 수 있는 문항은 여러 종류가 있다. 학교에서 가장 많이 취급하는 문항은 많은 개념의 연결을 알아보는 문항으로 추상문제라고 한다.

> 연속하는 두 짝수가 있다. 작은수의 3배에서 6을 뺀 것이 큰수의 3배 이상이라 할 때, 두 수의 합의 최소값은?

또, 열린문제라고 하여 학생들의 탐구능력을 알아보는 문제이다.

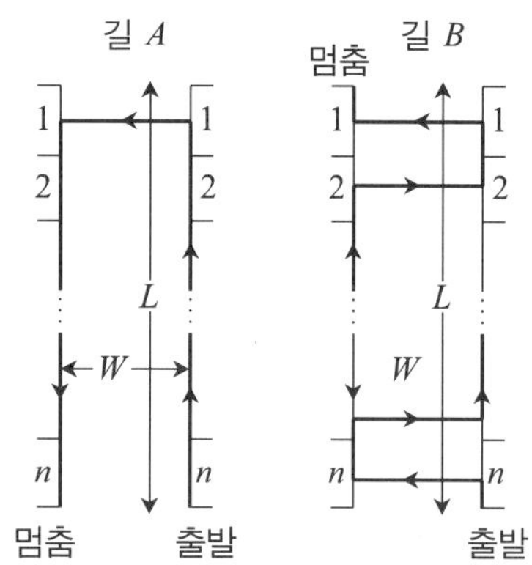

> 도시에서 우편을 배달하는 일은 시골보다 편리한 점도 있다. 왜냐하면 길 옆으로 집들이 틈도 없이 들어있기 때문에 편지나 소포를 전달하는데 집이 띄엄띄엄 있는 시골보다 쉽기 때문이다.
>
> 오른쪽은 길이 L인 도로의 양옆에 집이 $1, 2, \cdots, n$와 같이 들어있고 우편배달부 A씨가 두 가지 방법으로 우편을 배달하는 계획을 그린 그림이다. 통로 A는 오른쪽 도로변을 따라 출발에서부터 배달하고, 도로를 건너 맞은편 도로변을 딸 배달 업무를 마치는 그림(굵은 선은 배달부가 가는 길임)이고, 통로 B는 출발에서 시작하여 지그재그로 우편을 배달하는 그림이다. 어떤 방법이 우편배달부에게는 최선인가? (NCTM, 1993)
>
> 이 문제를 위해 몇 가지 가정을 정한 다음에 문제를 풀어보라.
>
> a. n개의 집이 양 옆에 있고, 각 집의 중앙에 우편함이 있다.
>
> b. 양 옆에 있는 집의 위치는 대칭이다.
>
> c. W를 도로의 폭이라 한다.

이와 같이 공식적으로 학교에서 사용하는 측정은 연필종이를 사용한 테스트가 주가 되지만 필드 테스트, 토의기법도 효과가 있는 것으로 알려졌다. 이들 기법으로 실제적 테스트, 학생의 설정한 테스트, 학생자율 측정 등이 있다. 실제적 테스트는 연필과 종이를 이용한 테스트의 한계를 극복하기 위한 것으로

> 실제적 테스트는 동기 유발을 촉진하고, 즉각적인 피드백과 높은 수준의 측정 정확도를 가진다. 다시 말하면 학생이 연습하는 과정에서 그들이 잘 계산했고 활용할 것이라는 확신을 측정한다.

평소 교실에서 행하여졌던 측정과 기하, 수와 연산, 규칙성과 함수, 방정식과 부등식, 확률과 통계에서 좋은 소재를 선택할 수 있다. 물론 지필검사에서 사용한 문항도 포함시킬 수 있다. 이를테면

> 다음 물체의 부피를 구하려 한다. 사용하는 도구(장비)를 말하여라.
> (1) 직육면체
> (2) 원기둥
> (3) 원뿔
> (4) 양복의 길이

또 교사가 매주 하나씩 계산기술을 가르친 다음에 어떤 복합적인 실생활 상황(백화점)을 주고 "몇 주동안 배울 계산기술을 이용하여 문제를 풀고 발표하여라"와 같은 질문을 던진다. 학생이 설정한 테스트는 말 그대로 모둠별로 만든 문제를 교실의 문제해결지도로 활용한다는 것이다.

학생이 만든 문제를 여러 동료들과 함께 해결한다는 것은 동료의 문제를 같이 해결하고 문제의 난이도를 토론하고, 여러 문제를 비교하면서 얻는 효과가 많다. 우선 문제의 구조를 다양하게 파악하는 기술을 문제 만들기와 친구들의 문제를 해결하는 동안 얻을 수 있고, 발견전략을 효과적으로 사용한다든지 등과 같은 여러 교육적 효과를 얻을 수 있다. 실험에 의하면 성공적인 이용법을 다음과 같이 나열했다.

- 모둠별로 나누어 공동으로 테스트 문항 3~5개를 만들도록 한다. 공동사고를 통해 각자 아이디어를 말하고 모둠의 토론을 통해 스스로 아이디어를 통합한다.
- 교사의 문제검토를 통해 용어, 문장, 기호를 수정하고 문제다운 것으로 수정을 한다.
- 각 모둠은 다른 모둠에서 만든 문제를 최소 1개를 선택하고 모범해결안을 제시한다.
- 학생들의 반성활동 즉, 여러 해법을 창안하는 시간을 가지고, 때로는 문제를 수정하는 시간을 준다.

학생들의 자율측정은 그들이 스스로 문제 만들기 또는 풀이과정을 모니터링하는 것이다. 선생님으로부터 배우는 학생들은 자기의 학습을 모니터하여 자기 풀이 과정을 검토하고, 또다른 해법을 창출하는 과정을 점수로 계산할 수 있다. 일종의 체크리스트로 학생들의 교사 평가도 될 수 있고 자신의 성취를 스스로 체크할 수 있다.

위에서 기술한 내용을 표로 간단하게 분류해 보자.

분류	설명	태도·가치관	구체적 방법
개별성취도(1)	전통적인 성취검사 • 이해, 문제해결, 계산, 추론, 문제의 풀이에 관한 테스트 • 간단한 창의력 테스트	• 수학에 대한 신뢰성 • 지적 호기심 • 동기유발, 좋은 성적으로 인한 자신감	• 학교성취검사 (사지선다형, 주관식, 구술발표 등)
개별성취도(2)	발전적 성취검사 •학생들의 문제해결의 계획, 유연한 사고, 창의성 등 관찰	• 동기유발 • 수학활용의 자신감 • 책무감 • 지적 호기심	• 교사의 관찰 • 체크리스트 • 교사의 점수화
단체성취(1)	대단위 확장검사 • 모둠의 문제해결(단체) • 두 사람의 협력 성취 • 아이디어의 교환 • 의사소통(탐구과제)	• 협력기술 • 동기유발 • 사고의 유연성 • 지적호기심·모니터링 기술 • 수학의 가치 인식	• 비디오 도입 • 단체 성취도 • 인터뷰 방식 성취검사
단체성취(2)	통합적 아이디어 • 창의력 • 일반화 • 오류발견, 비판	• 수학의 가치 인식 • 동기유발 • 지적 호기심	• 수행평가방식 • 자기보고서 • 면담성취 검사 • 포트폴리오

위의 표에서 성취 검사는 전통적인 학업성취를 포함하고 더 나아가 교실에서 성취도검사를 개별 또는 단체로 할 수 있는 기법을 나열하였다. 이들의 대표적 문항을 위의 성취도 검사의 과제구조를 구간별로 소개하면 다음과 같다.

전통적 성취검사

개별성취(1)은 전통적인 기법으로 실시하는 테스트 문항을 의미한다. 개념이해, 문제해결, 추론 및 계산 활동을 측정하는 문항은 많다. 이를테면,

> ○○씨는 지난주 동물사육장에서 진돗개 한 마리를 사서 뒷마당에 키우기로 했다. 필요한 울타리를 마트에서 80피트 사왔다. 이 울타리로 가능한 최대의 면적을 가진 직사각형의 모양을 만들려 한다. 어떤 모양이 될까? 설명하여라.
>
> 문제해결
>
> 전통적인 성취검사는 대개 학생 개인이 문제를 해결하는 태도를 기른다. 자신의 생각을 정리하여 계획을 세우고 실행과 반성을 반복한다. 이때 개인이 얻은 수학적 개념, 원리, 법칙 및 계산기술을 개인 성취에 크게 영향을 미친다.

발전적 성취검사

위의 문제를 발전적으로 만든 문제이며, 내용 구조가 복잡하고 많은 사고를 요하는 문제이다.

대단위 확장 과제

위의 개별 문제를 모둠별로 풀고 풀이과정은 발표하고 수확적인 아이디어를 토론하는 과정이다. 문제해결을 혼자 하는 것보다 집단으로 하고 풀이과정을 비교하는 활동을 중시한다. 이때 집단성취도 평가 방식을 택한다. Collison(1992)은 집단 과제 성취도를 잴 수 있는 양식을 발표했다.

집단 성취도 검사

거의모두	자주	보통	약간	안함
○	○	○	○	○

A. 집단참여

(1) 집단 학습활동에 참여했다.

(2) 타인의 발언을 방해했다.

(3) 공정하게 일을 분담했다.

B. 주제에 집중

(4) 다른 사람의 주장에 귀를 기울인다.

(5) 다른 사람의 주장에 적절한 코멘트를 한다.

(6) 주제에 벗어나는 말과 행동을 한다.

(7) 주제에 집중한다.

C. 유용한 아이디어 제공

(8) 집단에 도움이 되는 아이디어를 제공한다.

(9) 집단에 도움되는 비평과 제언을 한다.

(10) 집단 계획에 참여하고 이에 영향을 받는다.

D. 상대편 배려

(11) 집단 요원들에게 용기와 긍정적인 말을 준다.

(12) 타인의 발표에 박수 또는 의미를 인정해준다.

(13) 타인의 발언에 적대감 또는 불쾌감을 준다.

(14) 여러 사람이 주제의 논의에 포함되도록 배려한다.
(15) 2명 또는 3명이 주제를 같이 계획하게 한다.

E. 의사소통

(16) 명확하게 말하고 타인의 이해를 고려한다.
(17) 자기 아이디어를 확실하게 말한다.
(18) 동료와 소통을 원활하게 한다.

F. 부수적 경험

(19) 집단활동이 나의 이해를 촉진시킨다.
(20) 집단활동은 나에게 유쾌한 경험을 준다.

모둠(집단)성취도검사를 위한 과제로 NCTM(1993)에서는 재미있는 소재를 제시한 바 있다. 위에서 배운 검사항목을 검토하여 실제 모둠성취도를 측정하여라.

자동차 부속품을 생산해내는 ○○공장에서는 원통모양의 콘테이너 175개를 2개월간 보관할 창고를 찾고 있다. 한 개의 원통은 밑면의 반지름이 1이고 높이가 3이다. 그런데 창고는 세 종류가 있다고 한다.

(1) 한 단위의 면적이 11×11 … 월 임대료 67달러
(2) 한 단위의 면적이 11×22 … 월 임대료 105달러
(3) 한 단위의 면적이 11×33 … 월 임대료 130달러

이 창고는 높이 10까지 원통을 올려놓을 수 있다. 원통을 쌓는 방법을 고려하며 최소경비를 계산하여라.

02

확률교재

우리는 매일 수에 관련된 환경에 둘러싸여 살아간다. 이들을 살펴보면 영화등급으로부터 시작하여 음식의 영양을 수치로 나타내는 일, 종합지가지수, 소비자 선호지수, 경제성장률, 수출증가율, 공장에서 취급하는 한계생산량, 한계비용 등 우리가 쉽게 이해할 수 있는 영역도 있지만 공장에서 취급하는 한계생산량 및 한계비용 등은 전문가들의 복잡한 사고과정을 거쳐 도입된 개념이고 우리는 다만 그 결과를 보고 이해하려 노력한다. 이러한 모든 현상에서 통계적인 개념과 절차가 이어서 우리 생활을 수치적으로 해석하는 것이다. 때문에 통계적인 생각과 절차는 현대생활을 이해하는 데 필수적이고 일찍부터 대학에서 사회의 변화에 부응하는 의미에서 통계를 강조해왔다. 초·중등학교 교육과정에 통계를 강조하는 것은 자연스러운 현상이다. 왜냐하면 변화한 사회 속에 학교가 있기 때문에 교육과정도 이 변화를 수용해서 학생들이 사회에 쉽게 적응할 수 있도록 해야 하기 때문이다.

지금까지 학교에서는 실세계를 이해하는 통계적인 사고과정보다 통계적 공식 및 기교를 주로 하는 내용을 다룸으로써 수능과 같은 평가에 대비하는 경향을 보였다. 그래서 교사는 원리보다 특별한 부분, 넓은 방법론보다 좁은 기계적 결과, 일반정리보다 협소한 정리를 주로 강조했다. 통계에서 중요한 목표인 해석의 명확한 이해와 결과의 의사소통보다 교과서 강조와 같은 교육과정을 중시했다.

확률과 통계에서 맨 처음 대하는 문제는 자료수집 자료읽기, 자료분석을 하고 이들을 통해 추론과 미래 예측을 실시하는 것이다. 그래프는 유용한 수단이다. 이를테면, 다음은 어느 지역의 연봉(달러)을 막대그래프로 그린 것이다.

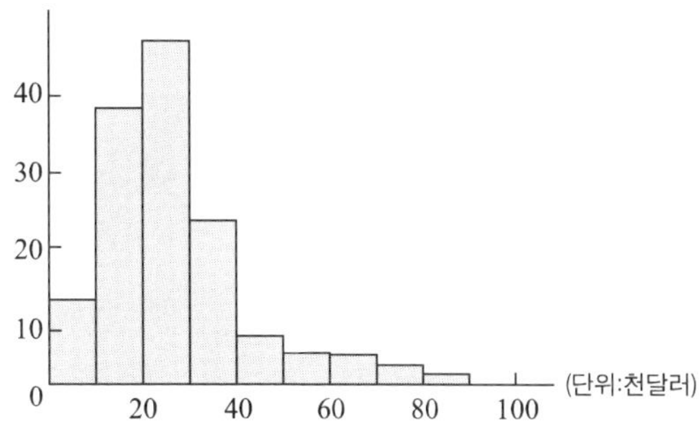

그래프에서 이 지역의 사람들 중에 몇%가 연봉이 30000달러 이하인가?

그래프를 활동하는 것은 정리된 자료를 요약하여 간편하게 나타냄으로서 자료의 경향을 쉽게 알 수 있고, 나아가서 미래를 예측하는 기술을 배울 수 있기 때문이다. 자료의 수립, 조직이 그래프그리기에 앞서 수행하는 활동이다. 이를테면,

학생 34명의 자료가 다음과 같이 모아졌다.

216	203	203	212	228	199	210
225	232	197	230	242	223	225
208	211	204	236	225	204	238
220	236	240	237	239	224	257
195	223	212	200	229	218	

이 자료를 이용하기 알맞게 도수분포표를 만들었다. 이 표에 알맞은 그래프는 어떤 것으로 해야 할까?

점수		도수
190-199	‖	3
200-209	卌 |	6
210-219	卌 |	6
220-229	卌 卌	10
230-239	卌 ‖	7
240-249	‖	2

때로는 자료전체의 경행을 대푯값으로 나타내는 경우가 있다. 대푯값으로 우리가 주로 사용하는 평균, 중앙값, 최빈값이 있다. 또, 두 양 사이에 상관이 얼마 있는가?를 그림으로 나타내는 것도 자료의 경행을 아는데 도움이 된다. 이를테면 표와 그래프는 어느 야구팀의 이긴 게임수를 나타낸다. 그런데 이긴 게임수는 너무 차가 심하게 변하기 때문에 일반적인 경향을 알아보는 데는 큰 도움이 되지 못한다. 따라서 그래프가 완만하게 진행되도록 자료를 수정할 필요가 있다.

년도	1977	1978	1979	1980	1981	1982	1983	1984	1985	1986
이긴게임수	54	59	53	67	37	78	89	89	99	86

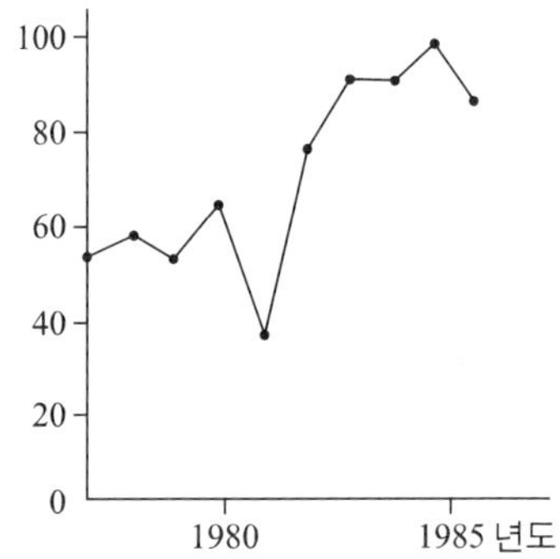

1단계 : 처음(1977)과 끝(1986)의 자료는 고정하고 매 년의 이긴 게임수를 양 옆에 있는 이긴 게임수를 포함한 중앙값을 택한다. 예를 들면 1978년인 경우 3개의 값 중에서 중앙값 54를 1978년의 수정된 값으로 택한다. 즉,

1977년	1978년	1979년
⑤④	59	53
중앙값		

이렇게 하면 수정된 값이 나온다.

년도	1977	1978	1979	1980	1981	1982	1983	1984	1985	1986
이긴게임수	54	59	53	67	37	78	89	89	99	86
수정된 값	54	54	59	53	67	78	89	89	89	86

2단계 : 수정된 값을 좌표 평면에 넣어 선분으로 연결한다. 이러한 완만한 곡선은 미래를 예측하는데 유리하다. 이 그래프로 1990년의 이긴 게임수를 예측하여라.

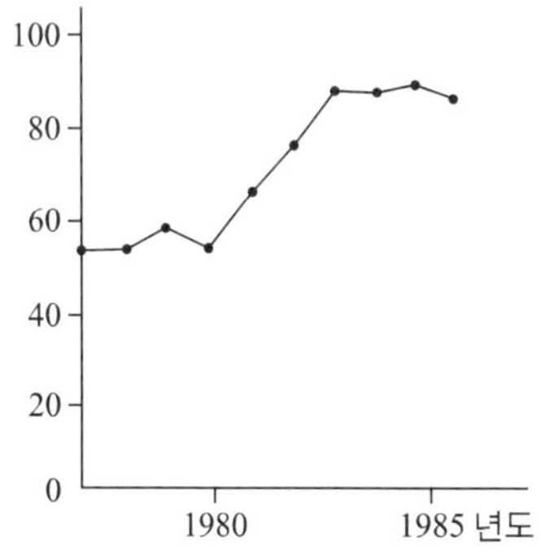

이후 본래 하고자 하는 상관도를 그래프로 나타내는 훈련을 한다. 위와 다른 자료를 생각해보라.

오른쪽 자료는 세계 16개의 공항에서 측정한 낮은 온도와 높은 온도의 관계를 나타낸 그림이다. 어떤 관계가 있다고 예측되는가? 또, 모여 있는 점들이 두 개 있는데 무엇을 나타내는가?

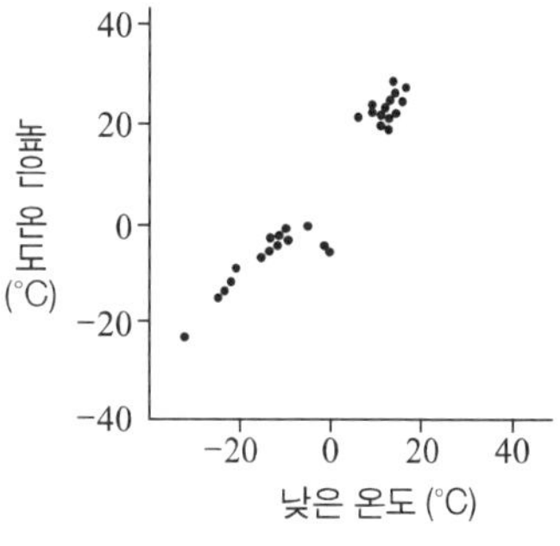

다음은 교육과정에 있는 교수요목이다.

1 분류하기

① 사물이나 사람을 미리 정한 한 가지 기준에 따라 분류하여 각각의 개수를 셀 수 있다.

1 표 만들기

① 실생활에서 찾을 수 있는 구체적인 자료의 크기를 조사하여 표로 나타낼 수 있다.

② 조사된 자료를 간단한 그림을 이용하여 그래프로 나타내고, 자료의 크기를 비교 할 수 있다.

1 자료의 정리

① 여러 가지 자료를 수집, 분류, 정리하여 표, 막대그래프, 간단한 그림그래프로 나타낼 수 있다.

② 표나 그래프에서 자료의 특성을 찾아보고, 이를 설명할 수 있다.

1 꺾은선그래프

① 연속적인 변량에 대한 자료를 수집하여 꺾은선그래프로 나타낼 수 있다.

② 막대그래프와 꺾은선그래프를 비교하여 각각의 특성과 용도를 안다.

③ 실생활에서 찾을 수 있는 자료를 목적에 맞는 그래프로 나타내고 해석할 수 있다.

위의 교수요목을 몇 가지로 정리 할 수 있다.

학생들이 실세계를 살아가면서 자료를 수립하고, 조직하며, 이를 해석하는 활동, 또 이러한 활동에 기초하여 의사결정을 하는 것은 현대인이 살아가는 필수요소이다. 통계와 확률은 실세계 문제를 제시하고 해결할 때 의문을 제기하고 추측하는 활동을 가장 잘 담고 있다. 아마도 저학년에서 처음 시도 할 수 있는 상황으로 "우리반 학생들의 취미는 무엇일까?"와 같은 학생주위의 생활문제를 들 수 있다. 학생 각자의 취미를 칠판에 적고 표시 ◎로 학생수 만큼 나타낸 그림을 그릴 수 있다. 신문잡지를 통해 자기가 살고 있는 지역의 온도를 표로 나타내는 것도 학생들이 비교적 쉽게 접근할 수 있는 소재이다. 또, 4가지 색깔을 칠한 동그란 판을 보고 처음에는 같은 넓이로 칠해진 원판을 돌리고 핀으로 맞추는 게임에서 특정한 색깔의 부분이 전체의 몇 분의 몇으로 볼 것인가?는 분수 놀이에 해당되면서 확률에 활용이 되는 소재이다. 또, 1에서 10까지 써있는 카드놀이를 통해 여러 경우의 수가 어떻게 나오는지 알아볼 수 있다.

지금까지 서술한 간단한 통계방법은 이후 고등학교에서 정규분포를 이해하는데 가장 기본이 되는 활동이다. 다른 말로 이야기하면 공장에서 일상생활에서 제기되는 문제를 통계적 방법으로 해결해야 하는데, 지금까지 배운 몇가지 통계적 방법은 기본이 되는 개념이다. 그런데, 고급 통계적 방법을 배우는데 필요한 개념이 하나 더 있다.

> 우리는 일상생활에서 매일 다음과 유사한 상황을 가진다.
> 내일은 비가 올 확률이 20%이다.

이 말은 기상조건이 오늘과 비슷한 상황이었을 때 비가 올 경우가 20%라는 뜻으로 해석할 수 있다.

이번에는 하나의 동전과 하나의 주사위를 던진다고 하자. 이때, 동전은 앞면(H)을 보이고 주사위는 짝수를 보이는 사건이 일어날 확률을 구하기 위하여 경우의 수를 알아본다.

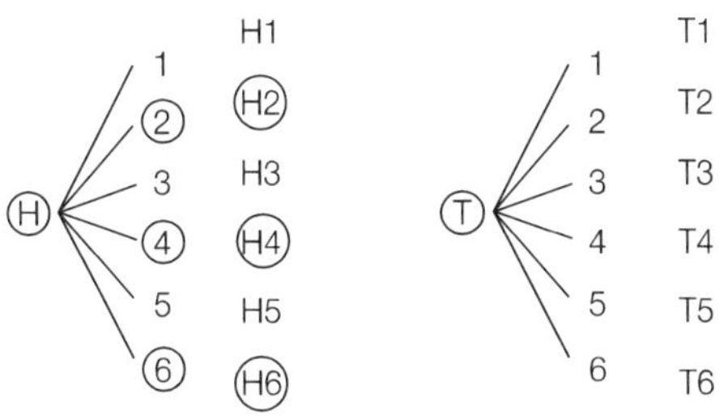

이런 표에 의하여

$$P(\text{앞면과 짝수}) = \frac{3}{12} = \frac{1}{4}$$

$$P(\text{앞면과 짝수}) = \frac{1}{2} \times \frac{3}{6} = \frac{1}{4} \text{ 이며,}$$

이것을 다른 방법으로 계산할 수 있다. 이와 같이 두 개 이상의 사건에 대한 확률을 구하려 할 때는 각 사건에 해당하는 확률을 곱한다.

위에서 연습한 바와 같이 상대도수를 이용하여 사건이 일어날 확률을 구하여라. 이때, 실험을 n번 반복했다면

$$(\text{상대도수}) = \frac{\text{어떤 경우가 일어날 회수}}{n}$$

a) 종이컵을 던질 때 종이컵이 위를 향하든지, 아래로 향하든지, 옆면이 땅에 닿든지 세 가지 결과가 나온다. 이때, 20번 던지는 실험과 50번 던지는 실험을 한 결과 다음과 같은 기록이 나왔다.

20번 던지는 실험

위	아래	옆면
|||	卌 |	卌 卌

50번 던지는 실험

위	아래	옆면
卌 |	卌 卌 卌 |	卌 卌 卌 卌 卌 |||

위의 두 실험에서 각각 세 가지의 경우에 대한 상대도수를 각각 구하여라. 또, 두 실험에서 나온 값을 비교하여라. 어떤 결론을 얻었는가?

그런데, 1000번 던질 때 위, 아래, 옆면을 예측하는 경우가 생긴다. 20번 던지는 실험에서 나온 상대도수를 사용하면 아래의 경우는

$$1000 \times 0.3 = 300$$

으로 계산하고, 50번 던지는 실험에서는 320을 얻을 수 있다.

$$1000 \times 0.32 = 320$$

이와 같이 예측이라는 것은 어떤 실험에서는 상대도수를 사용하느냐에 크게 그 값이 달라진다. 이를 정의로 나타내라.

어떤 실험에서 사건에 대한 실험확률은 그 실험을 아주 큰 수로 반복했을 때 그 사건이 일어난 상대도수로 정의한다. 이러한 이유 때문에 이론적 확률이 사용된다. 따라서, 이론적 확률을 사용하는 경우에는 수학적 예측을 한다고 말한다. 이것은 다음 규칙을 바탕으로 한다.

(i) $P(A)$가 사건 A에 대한 이론적 확률이라면, $0 \leq P(A) \leq 1$.

(ii) $P(A) = 0$은 사건 A가 불가능한 경우를 말한다.

(iii) $P(A) = 1$은 사건 A가 확실히 일어나는 경우를 말한다.

b) 52개의 잘 정돈된 카드 상자에서 두 개의 카드를 비복원(뽑은 카드를 넣지 않을 때) 방법으로 뽑아 19번 반복했을 때 다음 사건의 상대도수를 구하여라.

• A : 두 카드 모두 다이아몬드

표본공간과 사건

한 개의 동전을 던지면 그 결과는 H 또는 T이다. 이때, 가능한 결과의 집합 {H, T}를 그 실험의 표본공간이라 한다. 이를테면, 두 개의 동전을 던지는 실험에서는 네 개의 가능한 결과가 나온다.

HH, HT, TH, TT

이 실험의 표본공간은 {HH, HT, TH, TT}이다.

a) 두 개의 주사위를 던지는 실험에서 표본공간을 구하여라.
이 표본공간을 구하기 위하여 $\{(i, j) \mid 1 \leq i \leq 6, 1 \leq j \leq 6\}$을 이용한다. 또, 확률 P(두 개의 앞면), P(한 개의 앞면과 다른 전개의 뒷면)를 구하여라.

b) 모두 어떤 사건을 구성하고 있는 결과 $O_1, O_2, \cdots, O_n$에 대하여 그 사건의 확률은

$$P(A) = P(O_1) + P(O_2) + \cdots + P(O_n)$$

과 같이 구한다. 한 개의 주사위를 던질 때 확률 P(눈의수가 2이상)을 구하여라.

c) 어떤 사건 $\overline{E}$에 대하여 $\overline{E}$를 E가 일어나지 않는 사건이라 한다. 이때 $P(E) + P(\overline{E}) = 1$이다. 다음을 읽고 물음에 답하여라.

> 오른쪽 그림에서 두개의 다트가 같아질 때, 확률을 구하여라.
>
> i) 두 개의 다트가 짝수에 맞추어지는 일이 없는 사건
> ii) 적어도 한 다트가 짝수에 맞히는 사건
> iii) 적어도 한 다트가 색깔 있는 짝수에 맞히는 사건
>
> 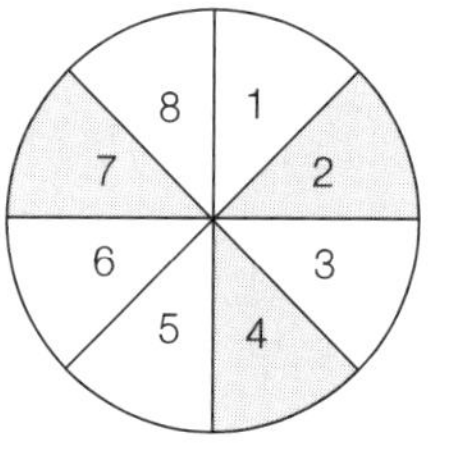
>

다음은 확률의 관련된 교육과정의 교수요목이다.

1 자료의 표현과 해석

① 자료를 정리하여 줄기와 잎 그림이나 그림그래프로 나타내고, 자료의 특성을 파악 할 수 있다.

② 평균의 의미를 알고, 주어진 자료의 평균을 구할 수 있다.

③ 목적에 맞게 자료를 수집하고 정리하여 적절한 그래프로 나타내고, 자료의 특성을 설명할 수 있다.

1 비율그래프

① 띠그래프와 원그래프의 의미를 알고, 이를 활용할 수 있다.

② 비율그래프에서 자료의 특성을 찾아보고, 이를 설명할 수 있다.

2 경우의 수와 확률

① 경우의 수의 뜻을 알고, 이를 구할 수 있다.

② 경우의 수를 바탕으로 확률의 의미를 이해한다.

위의 교수요목을 보면 실생활에서 얻어지는 정보를 수집하고 분석하여 자료 및 정보의 경향을 쉽게 알 수 있는 표현을 강조한다. 다른 한편으로는 경우의 수를 이용하여 확률의 뜻을 이해하는 과정으로 짜여있다.

학생들은 거리에서 "오늘 비가 올 확률은 50%이다."와 같은 미래를 예측하는 수치를 자주 볼 수 있다. 내가 응원하는 야구팀이 우승할 확률은 80%라는 발표를 듣고 이를 해석하려한다. 이와 같이 사건의 가능성을 측정하는 확률은 실험적 또는 이론적으로 결정된다. 이때, 경우의 수는 앞으로 확률을 배우는데 매우 중요한 기초지식이다. 주사위나 동전은 확률의 개념을 명확하게 이해하는 소재로 중요하다. 게임을 통해 주사위를 세 번 던지는 실험을 통해 경우의 수와 확률정의를 바로 연결할 수 있다.

이들의 바탕으로 중등에서는 고등학교의 확률분포를 이해하기위해 히스토그램, 도수분포다격형을 도입하고 분포의 확률을 구하는 과정을 들어간다.

Chapter 8
연습문제 (1)

PART I 학생들이 자주 범하는 오류에 답하여라.

01. 숙제를 점검하는 중에 선생님은 학생이 $\frac{1}{x}+\frac{1}{x}$를 다음과 같이 해 왔음을 알았다.

$$\frac{1}{x}+\frac{1}{x}=2$$

이 학생의 문제는 어디에 있는가?

02. 선생님이 교실에서 다음을 간단히 하라고 학생들에게 과제를 주었다.

$$\frac{3^2+7^2}{(\frac{58}{10})^2}$$

이때, 한 학생이 나와서 칠판에 다음과 같은 풀이를 제시하였다.

$$\frac{3^2+7^2}{(\frac{58}{10})^2}=\frac{10}{(\frac{58}{10})^2}=\frac{100}{58}$$

이 학생을 도울 수 있는 방법은?

03. 간단한 지수법칙을 개인별로 이해한 학생이 “선생님 $2^{\frac{2}{3}} = (\frac{1}{2})^{-\frac{2}{3}}$라고 말할 수 있습니까?” 라고 질문한다. 여러분의 생각은?

04. 한 학생의 발표시간에 그는 동료들 앞에 그가 만든 분수계산법을 소개하고 있다.

$$5\frac{1}{2}\cdot 5\frac{1}{2} = 5\cdot 6 + \frac{1}{4} = 30.25$$

이 학생의 생각은 옳은가?

PART Ⅱ 다음 수학교육에 관련된 문제를 해결하여라.

01. 다음은 초등학교 수학 학습 활동의 일부분이다. 물음에 답하시오. (기출문제)

(가) 〈활동 1〉 평면사변형의 변의 길이와 각의 크기를 알아보시오.

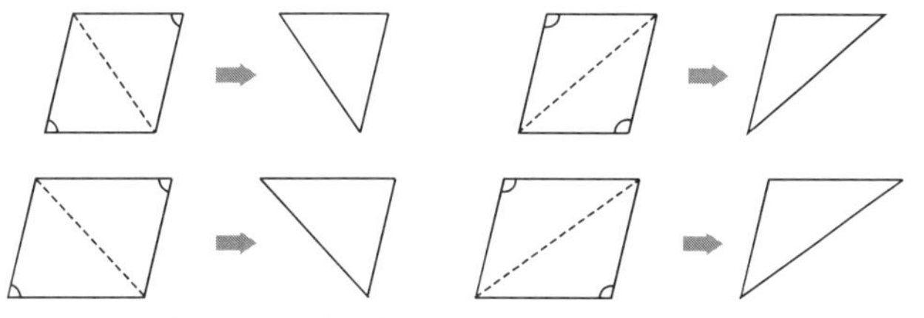

- 평행사변형 종이를 그림과 같이 잘라서 겹쳐 보시오.
- 평행사변형의 마주 보는 변의 길이는 같습니까?
- 평행사변형의 마주 보는 각의 크기는 같습니까?

〈활동으로 알게 된 것〉

- 평행사변형의 마주 보는 변의 길이는 같고, 마주 보는 각의 크기는 같다.

(나) 〈활동 2〉 정사각형, 직사각형, 마름모가 서로 어떻게 관련되는지 알아보시오.

- 정사각형은 직사각형입니까?
- 왜 그렇게 생각합니까?
- 정사각형은 마름모입니까?
- 왜 그렇게 생각합니까?

(1) (가)와 (나)의 관련된 수학적 추론이나 수학적 사고 과정이 무엇인지 쓰시오. (2점)

(가) ______________추론(사고) (나) __________________추론(사고)

(2) 반 힐레(Van Hieles)는 기학적 사고가 다섯 수준을 거쳐 발달한다고 주장하였다. (가), (나)의 활동은 반 힐레의 기학적 사고 수준의 어디에 해당하는지 그 수준의 구체적인 명칭을 쓰시오. 단, 답을 '제1수준'과 같이 숫자로 쓰지 마시오. (2점)

(가) ______________수준 (나) __________________수준

02. 수학과의 교수 · 학습에서 문제 해결의 단계를 구분할 때에는 일반적으로 Polya가 제시한 4단계를 따르고 있다. 이 4단계 중에서

〈보기〉

- 보다 일반적인 문제는 없는가?
- 그 문제를 전에 본 적이 있는가?
- 문제의 일부분을 풀 수 있는가?
- 이 문제를 푸는 데 도움이 되는 정리를 생각할 수 있는가?

(1) 위의 보기에 알맞은 단계는 이해, 계획·실행, 반성 중에서 어느 것인가?

(2) 다음 문제를 풀 때 위의 교사의 권고중에서 어느 질문이 가장 적절한가? 이유를 써라.

(3) 4장의 숫자카드 3, 0, 5, 8이 있다. 이 4장의 카드를 한 번씩만 사용해서 만들 수 있는 네 자리 수는 모두 몇 개인가?

03. 다음은 어떤 연산을 처음 도입하기 위해 만든 상황 또는 문장제이다.

〈보기〉

㉠ 나뭇잎이 4장씩 3묶음
㉡ 가로가 4cm, 세로가 3cm인 직사각형의 넓이
㉢ 연필을 5자루씩 넣은 통이 4개 있다. 연필은 모두 몇 자루,
㉣ 라면이 한 상자에 50개씩 들어 있다고 한다. 30상자에는 몇 개,

(1) ㉠, ㉢에 알맞은 수학적 모델을 써라.

(2) (1)의 모델의 학습(개념)에서 계산기를 사용하면 바람직한가?

04. 다음 그림은 실세계 상황을 수학적 모델로 표현하여 문제를 해결하는 수학적 모델링 과정이다.

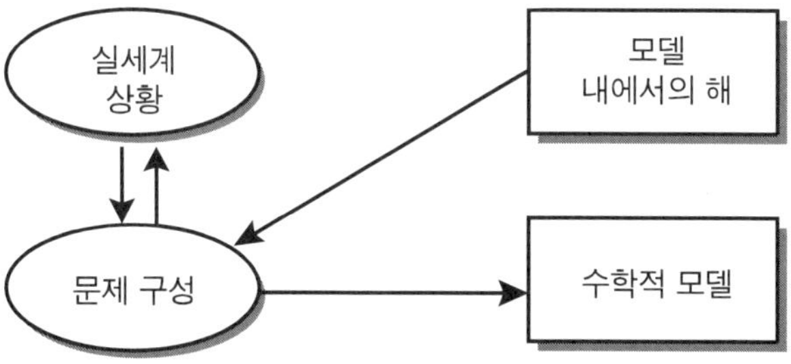

다음 물음에 답하여라.

실제상황 : 연호는 1m짜리 끈의 0.6m 를 잘라서 꽃을 만들었고, 종미는 2m 짜리 끈의 $\frac{3}{5}$ 을 잘라서 물건을 묶는데 썼다. 구하려는 질문 : ( )

(1) 구하려는 질문을 하나 써라.

(2) 그림그리기는 문제를 이해하는데 중요한 수단이다. 이 상황에 알맞은 그림을 그려라.

(3) 이 문제에 관련하여 알맞은 활동 하나만 써라.

Chapter 8

연습문제 (2)

PART I 학생들이 자주 범하는 오류에 답하여라.

01. 다음은 '평균'에 대한 이해 및 문제해결 능력을 평가하기 위한 문항과 채점 기준이다. 이 기준에 따라 채점할 때, 아래에 제시된 답안의 평가 결과로 가장 적절한 것은?

〈문항〉

어떤 네 수의 평균이 17이다. 그 네 수 가운데 세 수는 15, 18, 16이다. 나머지 한 수는 얼마인가? 풀이 과정을 모두 제시하고 구한 값이 답이 되는 이유를 설명하시오.

등급	채점기준
A	· 평균의 의미를 이해하고 있다. · 사용한 전략이 적절하며 정확하게 사용되었다. · 옳은 답을 제시 하였다.
B	· 평균의 의미를 이해하고 있다. · 사용한 전략은 적절하지만 전략 사용에서 사소한 실수나 생략이 나타났다. · 답을 옳을 수도 있고 틀릴 수도 있다.
C	· 평균의 의미를 부분적으로 이해하고 있다. · 전략의 사용이 부분적으로 불완전하거나 부정확하다. · 답은 옳을 수도 있고 틀릴 수도 있다.
D	· 평균의 의미에 대한 이해가 초보적이다(□□자료의 합만 구한 경우) · 문제해결 과정에 분명히 드러나 전략이 없다. · 답은 옳을 수도 있고 틀릴 수도 있다.
E	· 평균의 의미를 전혀 파악하지 못했다. · 의미없는 계산이 제시되어 있고, 설명이 제시되지 않았거나 설명이 단순히 문제를 재진술하고 있다. · 답은 옳을 수도 있고 틀릴 수도 있다.

〈답안〉

먼저 알고 있는 세 수를 다 더한 뒤
네 번째 수를 찾기 위해
여러 가지 수를 더해서 평균을 구해봤다.

15
16
\+ 18
49

49 + 17 = 56

4) 56 = 14
4
16
16
0

49 + 20 = 69

4) 69 = 17
4
29
28
1

답은 20이다.

① A ② B ③ C ④ D ⑤ E

02. 의사소통을 위한 평가로써 쓰기 분야의 개인의 성취를 평가할 수 있다. 다음 보기를 읽고 알맞은 답을 쓰고 이유를 말하여라.

> 제시된 문제에 대한 풀이의 발견은 원래의 문제를 해결하는데 도움을 줄 수 있는 적절한 보조문제에 좌우되는 경우가 많다. 보조문제를 생각함으로써 여러 가지 이득을 얻을 수 있다. 보조문제의 결과가 현재의 문제해결의 실마리가 될 수도 있고, 보조문제를 해결한 방법이 현재의 문제해결에 이용 될 수도 있다.

〈보기〉에서 ①이 ②의 보조문제가 될 수 있는지 판단하고, 그 이유를 구체적으로 쓰시오.

〈보기〉

① 1부터 100까지의 자연수의 합을 구하기
② 첫째항이 a이고 공차가 a인 등차수열의 첫째항부터 제 n항까지의 합 구하기

· 판단 :

· 이유 :

03. A 교사는 인터뷰를 통해 개인의 이해평가를 하기로 했다 그는 '평행사변형의 두 대각선은 서로 다른 것을 이등분한다'는 성질을 가르치고 있다. 스켐프(R. Skemp)가 제안한 '이해'의 유형 가운데 철수의 대답과 가장 관련이 깊은 것은?

> 김교사 : 여기에 평행사변형이 있습니다.([그림 1]). 평행사변형의 두 대각선을 그렸을 때 ([그림 2]), 이 두 대각선은 어떤 성질이 있는지 이야기 해볼까요?
>
> 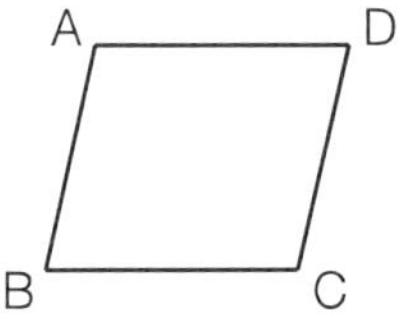
>
> [그림 1]
>
> 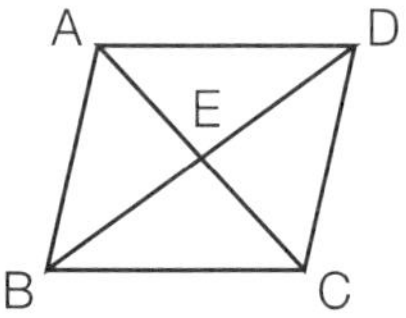
>
> [그림 2]
>
> 철　수 : 두 대각선은 서로 다른 것을 이등분해요. 그러니까 선분 AE의 길이와 선분 EC의 길이가 같고, 선분 BE의 길이와 선분 ED의 길이가 같아요.
>
> 김교사 : 아! 그렇군요. 그럼 어떻게 그렇다는 것을 알 수 있지요?
>
> 철　수 : 그림에서 보면 바로 똑같다는 것을 알 수 있어요. 초등학교 때 그렇게 배운 것으로 기억하고 있는데, 그 이유는 잘 모르겠어요.

① 도구적 이해　　② 관계적 이해
③ 논리적 이해　　④ 형식적 이해
⑤ 기호적 이해

R·E·F·E·R·E·N·C·E

교육부, 수학과교육과정, 서울 : 교육부, 2007
고상숙 외 5인, 수학사, 서울 : 경문사, 2005
신현성, 수학교육론, 서울 : 경문사, 2007
______, 수학교재 연구 및 지도, 서울 : 교유사, 2008
이우영, 수학사, 서울 : 경문사, 2005

Afekenstam, A. L. Some aspects of children's ability to solve mathematical problem, Educational studies in mathematics, 14, 1983
Anghileri, J. An investigation of young children's understanding of multiplication. Educational Studies in Mathematics, 20, 1989
Ball, D. Constructing and using representational contexts in teaching fraction, In, T.P. Capenter, E. Fennema, & T.A. Romberg(Eds). Rational number ; A integration of research. Hillsdale. NJ ; Lawrence Erlbaum Associates. 1993
Baroody, A.J. Children's difficulties in subtraction ; Some cause and question. JRME, 15, 1984
______________, The development of Counting strategies for single dight addition. JRME, 18, 1987
______________, How and when should place-value concepts and skills be taught?. JRME, 21(4), 1990
______________, The relationship between initial meaningful and mechanical knowledge of arithmetic, In J. Hiebert(Eds), conceptual and procedural knowledge. The case of mathematics. Hillsdale, NJ : LEA
Bednarz, N. & Janvier, B. The understanding of numeration in primary school. Educational Studies in Mathematics, 13, 1982.
Behr, M, J. Rational number, ratio, and proportion. In D, A Grouws(EDi), Handbook of research on mathematics teaching and learning, New York : Macmillon. 1992.
Bell, A, Fishbein, E, & Greer, B. Choice of operation in verbal arithmetic

problem ; The effects of number size, problem structure and context. Educational Studies in Mathematics, 15, 1984.

_____________, Children's performance on multiplicative word problem : Elements of a descriptive theory, JRME, 2015, 1989

Brown, A. L & Kane, M. J. preschool children can learn to transfer ; Learning to learn and learning from example, Cognitive Psychology, 20, 1988.

Bruner, J. S. The process of Education. Cambridge, MA; Harvard University press, 1960

_____________, Representation and mathematics Learning. In Society of Research in Child Develpment, Cognitive development in Children, Five monographs. Chicago ; Chicago University press, 1965.

_____________, on Learning Mathematics. The Math. Teacher. Vol. 53, 1960.

Burton, L. Implications for constructivism for achievement in mathematics. In J.A. Malone & D.C. Taylor(Eds.) constructionism interpretations of teaching and learning mathematics. Perth, Western Australia ; Science and Mathematics Education Center, Carin University

Carpenter, T. P, Ansell, E. Models of problem solving : A study of kindergarten children's problem solving processes, JRME, 24(5), 1993.

_____________, Problem structure and first grade children's initial solution processes for simple addition and subtraction. JRME 12, 1981.

Clement, J. Algebra ward problem solutions : Thought processes underlying a common misconception. JRME, 13, 1982.

Davis, R, B. Cognitive processes involved in solving simple algebraic equations. JCMB, 1(3), 1975.

_____________, Learning mathematics : The cognitive science approach to mathematics education. London ; Croom Helm.

_____________, The interplay of algebra, geometry, and logic. Journal of mathematical behavior

De Corle, E. Influence of number size, problem structure, and response mode on children's solution of multiplication word problem. JME, 7, 1988.

English, L. D. Children's construction of mathematical knowledge in solving novel isomorphic problem.

Hoffer, Conference on mathematics resource Materials. ERIC NO. ED 10323. washington, D. C. Educational Resoucess Center, 1975.

Lamon, S. J. Ratio and propotion ; Connecting content and children's thinking. JRME, 24(1), 1993

Larkin, J. H. Expert and novice performance in solving physics problem, Science, 208, 1980.

Maher, C, & martino, A. M. The construction of mathematical knowledge by individual children working in groups. In p. Boero(Ed.), proceedings of the 15th annual conference of IGPM. assissi, Italy : PME, 1991.

Matz. M. Towards a process mode of high school algebra errors. In D. sleeman & J. S. Brown (Eds.) Intelligent tutoring system 5. New York : academic Press.

Nathan, M. J. & Young. F. A theory of algebra word problem conprehension and its implications for the design of learning, environments. Cognition and Instruction 9(4), 1992.

Novick, C. R. Analogical transfer, problem similarity and expertise, Journal of Experimental Phycology ; Learning, Memory, and Cognition, 14, 1988.

Ohlsson. S. The function of conceptual understanding in the learning of arithmetic procedures, Cognition and Instruction, 8(2), 1991

Silver, E. A. Stimulating problem posing in mathematics instruction through open problem and what-if-nots In G. W. Blume & M. K. Heid(Eds.) Implementing new Curriculum and evaluation standards. University park, PA : PCTM

Van Engen. Rate Pairs, fraction and rational numbers. Arithmetic Teacher, Vol. 7, 1960

I·N·D·E·X

신현성
미국 아이오와대학교(Ph.D, 수학교육)
교육부 7차 교육과정시안 참여
수학교육 국제학회 ERCME, NCTM, ICME 참여
수학교과서 저자(10-가·나, 수 I·II, 이산수학, 미적분)
현재 강원대학교 수학교육과 교수

초·중등 예비교사, 현직 교사를 위한
수학교육 및 교재론

2010년 1월 8일 초판 인쇄
2010년 1월 15일 초판 발행

저 자 / 신현성
발행자 / 오판근
발행처 / 교우사

주 소 / 서울 동대문구 제기2동 148-19
전 화 / 925-2861(代), 편집부 / 925-2825
팩 스 / 925-2860
E-mail / kyowoo@kyowoo.co.kr
http://www.kyowoo.co.kr

등록 / 1994. 3. 24 제6-0256호

ISBN 978-89-8172-829-8 (93410)

값 18,000원